Un año
con
Dios

365
devocionales del
Antiguo Testamento
para la

Mujer

ORIGEN

Penguin
Random House
Grupo Editorial

Un año con Dios en el Antiguo Testamento
Primera edición: agosto de 2024

Penguin Random House Grupo Editorial USA, LLC ,2024 ©
SW 74th Court, Suite 2010 8950
Miami, FL 33156

Editora en general: Keila Ochoa Harris,
(Contribuyentes: Keila Ochoa Harris (ko), Margie Hord de Méndez (mh
(Mayra Gris (mg), Yuri Flores (yf)
Diseño de cubierta: Penguin Random House Grupo Editorial
Foto de cubierta: Shutterstock.com

Impreso en Colombia / *Printed in Colombia*

ISBN: 978-1-64473-814-6

ORIGEN es una marca registrada de Penguin Random House Grupo Editorial

24 25 26 27 28   10 9 8 7 6 5 4 3 2 1

¿Cuándo fue la última vez que leíste el Antiguo Testamento?

Quizá has leído toda la Biblia una vez o más. Sin embargo, en esta ocasión, queremos proponerte enfocarte en el Antiguo Testamento: un capítulo o sección a la vez, masticando y saboreando lentamente el Pentateuco, luego los libros históricos. Disfruta los salmos y deja que los profetas te consuelen y confronten. Ciertamente algunos pasajes nos resultarán complicados o inquietantes, pero recuerda que estas cosas se escribieron como «una advertencia a los que vivimos en el fin de los tiempos» (1 Corintios 10:11, NTV). Pero también están ahí para animarnos y recordarnos que Dios «recompensa a los que lo buscan con sinceridad» (Hebreos 11:6, NTV).

Nuestra oración es que la lectura bíblica toque tu vida y que estas breves reflexiones te ayuden a poner en práctica lo aprendido.

Con cariño,

LAS AUTORAS

Enero 1

Nostalgia

Así que el Señor Dios los expulsó del jardín de Edén y envió a
Adán a cultivar la tierra de la cual él había sido formado.
(Génesis 3:23, NTV)

Siete casas en catorce años de casada. Cuatro años en otro país. A veces quisiera no tener que mudarme nunca más. En el siglo dieciocho se consideraba a la nostalgia como una causa de enfermedad y de posible muerte. De hecho, la nostalgia viene de la palabra *nostos*, regresar a casa y *algia*, dolor: el doloroso anhelo por un hogar.

Quizá hoy la nostalgia ya no se considere una enfermedad, pero nada nos ha curado de este anhelo. La autora Jen Pollock dice que podríamos resumir la historia de la Biblia así: «Dios nos preparó un hogar, los seres humanos, al pecar, nos fuimos del hogar y el resto trata de cómo volver».

Dios desde el principio plantó un huerto, no para las aves o los peces, los animales o las plantas, sino para el hombre y la mujer que había creado. Tenían todo lo que necesitaban, no solo para sus necesidades físicas, como comida, sino también las espirituales, mediante una constante conversación con Dios. Pero cuando el pecado entró en el mundo, todos perdimos nuestro hogar.

Desde entonces, todos sufrimos de nostalgia. Si aún no encuentras el camino de vuelta al hogar, recuerda que Jesús es el camino de regreso a casa y, si ya has creído en Él, recuerda que aún no llegamos al hogar final de su presencia. Por ahora, somos peregrinas y extranjeras. Así que, este año, al recorrer el Antiguo Testamento, mi oración es que encontremos el camino de vuelta al hogar o la inspiración para permanecer firmes en nuestro peregrinaje.

Señor, llévame de vuelta a casa.

KO

Enero 2

Mucho más que un asistente

El día en que Dios creó al hombre, lo hizo a su semejanza.
Los creó hombre y mujer, y los bendijo.
(Génesis 5:1-2, RVC)

En el ajedrez, el jaque mate es una jugada que consiste en amenazar al rey adversario de forma que no pueda defenderse y que pone fin a la partida. En inglés se usa el término *helpmate* para referirse a una situación en la cual ambos lados cooperan para lograr la meta de poner al otro en jaque mate. Esa misma palabra es utilizada en algunas traducciones inglesas de la frase hebrea *ezer kenegdo*, traducida como «ayuda idónea» en español.

Algunos critican el concepto de una ayuda idónea porque pareciera que la mujer es solo una asistente del hombre, en una posición inferior. Pero Dios hizo al hombre y a la mujer «a su semejanza» (Génesis 5:1, RVC).

«No está bien que el hombre esté solo; le haré una ayuda a su medida», dice Génesis 2:18. La palabra *ezer* significa ayudante o compañero, alguien que trabaja al lado de otro e incluso lo protege. Cuando David dice «el Señor es mi ayudador», usa el mismo término, que incluye el concepto de la fortaleza. Por supuesto, ¡Dios no es inferior!

Por lo tanto, la frase *ezer kenegdo* significa algo así como «una compañera semejante a él». Como mujeres, colaboramos con los varones. Les damos fortaleza. Valemos lo mismo y como en el ajedrez, ambos lados cooperamos. ¡Que Dios nos haga más conscientes de esta función tan importante! Gózate en ser una compañera con fortalezas que complementan las de tu esposo. ¡Qué alegría participar en los propósitos divinos!

Gracias, Señor, por poder formar equipo con los varones en mi vida
y de esa manera servirte.

MH

Enero 3

Cuando Dios cierra la puerta

Entraron un macho y una hembra de cada especie, tal como Dios se lo había mandado a Noé. Luego el Señor cerró la puerta del arca.
(Génesis 7:16, NVI)

Hoy en día, hay puertas que se abren por medio de tarjetas electrónicas, una contraseña o el sistema «Alexa». Las de los automóviles tienen un seguro para los niños que les impide abrir desde adentro. Curiosamente, la puerta de la llamada «Casa de los Poderes» en Guanajuato, alguna vez sede del gobierno de la República, ¡sólo puede abrirse por dentro!

En el caso de la interesante odisea de Noé, Dios mismo cerró las puertas del arca. Adentro, toda la familia lidiaba expectante con multitud de animalitos posiblemente asustados por la tormenta. Afuera, la muchedumbre, antes incrédula, buscaba desesperadamente entrar para salvarse. Noé y su familia sintieron la presencia y protección de Dios cuando Él mismo selló la puerta.

Hay momentos en nuestras vidas en los que Dios nos protege «cerrándonos el seguro de la puerta». A veces lo hace para que tomemos otro camino; uno que nos llevará a un mejor destino y propósito. Otras, nos da prohibiciones claras de no abrir puertas que nos dan acceso al pecado o al peligro. Apocalipsis 3:7 dice: «Esto dice el Santo, el Verdadero, el que tiene la llave de David, el que abre y nadie puede cerrar, el que cierra y nadie puede abrir» (RVR60).

Noé respondió con una obediencia impecable a las instrucciones de Dios y pudo sentir alivio al ver que el Padre cerraba la puerta. Ocasionalmente no nos será fácil identificar el camino por el cual nos está guiando, pero podemos actuar en obediencia y fe confiando en su amor y protección.

Señor, en las tormentas de mi vida, toma el control de mi barca.

MG

ENERO 4

Lectura diaria: Génesis 10, 11, 12

OBEDIENCIA VS. REBELIÓN

*Por esto fue llamado el nombre de ella Babel, porque
allí confundió Jehová el lenguaje de toda la tierra,
y desde allí los esparció sobre la faz de toda la tierra.*
(Génesis 11:9, RVR60)

«¿Por qué tuvo que suceder lo de la torre de Babel?», exclamó Youngsong Jung, una chica coreana, deprimida porque no hablaba el inglés con fluidez, al igual que yo. Nuestra llegada al barco Logos II fue traumática porque nos encontrábamos en medio de doscientas personas de cuarenta nacionalidades diferentes y la única manera de comunicarnos era en inglés.

La Biblia cuenta que, al no obedecer la orden de multiplicarse y llenar la tierra, los hombres se rebelaron contra Dios. Quisieron construir «una torre que llegara al cielo», quizá con la idea de salvarse de otro posible diluvio, olvidando la promesa de que nunca más habría otro. Lo más grave: quisieron «hacerse un nombre» y rechazaron invocar el nombre del Señor.

Así que, Dios entra en escena y confunde su lenguaje. ¡Cuántas calamidades nos hubiéramos ahorrado si hubieran obedecido al Señor desde el principio! Del mismo modo, cuando Dios da una orden, espera nuestra obediencia. No sólo para cumplir sus propósitos eternos, sino también para formar nuestro carácter.

A veces nos mueve de lugar geográfico, en otras, nos pone a personas que retan nuestro carácter. Obedecer nos llevará a la madurez. Como dijo Henry Blackaby: «Si sabes que Dios te ama, nunca cuestionarás sus directivas. Siempre serán correctas y las mejores. Cuando te dé una orden, no se trata de discutirla o debatirla, sino de obedecerla».

Señor, crea dentro de mí un corazón obediente.

YF

ENERO 5

Lectura diaria: Génesis 13, 14, 15

DECISIONES

Pero los habitantes de esa región eran sumamente perversos y no dejaban de pecar contra el Señor.
(Génesis 13:13, NTV)

«La habilidad para elegir nos hace humanos», dijo Madeleine L'Engle. Sin embargo, abundan las opciones. Tantos cereales para elegir, tantas películas que ver, tantas alternativas de comida. Lot, sin embargo, se enfrentó a una decisión trascendental: dónde viviría su familia.

Después de analizar seriamente sus opciones y ver que realmente solo eran dos, eligió el oriente: el terreno que se parecía más al Edén. Sin embargo, la Escritura nos menciona un pequeño detalle: los habitantes de esa región eran sumamente perversos. Este detalle provocó que la región participara en una guerra y Lot y sus siervos terminaran como rehenes.

¿Qué podemos aprender de Lot? En primer lugar, recordemos que tenemos la capacidad de decidir. Muchas personas viven como si no tuvieran opciones, ¡pero siempre las hay! Dios nos dio la libertad de escoger. Segundo, recordemos que casi todo es ruido y solo muy pocas cosas en esta vida son valiosas. De entre las muchas opciones frente a nosotras, solo unas pocas tienen el sello de la eternidad. Finalmente, que no lo podemos tener todo.

Lot olvidó preguntarse: ¿qué problema prefiero enfrentar? Quizá la tierra que le dejó a Abraham requería pozos, pero la región de Sodoma necesitaba algo más crucial: salvación. Así que, la próxima vez que nos encontremos en una disyuntiva, recordemos a Lot. No se puede tener todo. Debemos elegir. Debemos renunciar a algo. Abraham eligió lo de más valor: su relación con su sobrino y con Dios, y le fue bien. ¿Qué elegimos hoy?

Señor, enséñame a tomar buenas decisiones.

KO

ENERO 6

Lectura diaria: Génesis 16, 17

EL DIOS QUE ME VE

Y Agar llamó el nombre del Señor que le había hablado:
Tú eres un Dios que ve; porque dijo: ¿Estoy todavía
con vida después de verle?
(Génesis 16:13, LBLA)

La República Popular China es el país que tiene el sistema de vigilancia más completo del mundo. Ya sea Internet, sus cámaras de vigilancia u otras tecnologías digitales, monitorea las actividades y comportamientos de sus ciudadanos. Antes de eso, se usaba a los vecinos y aun familiares para reportar acciones «inapropiadas» según el gobierno comunista.

En los días del Antiguo Testamento, cuando no existía una tecnología avanzada, Agar descubrió que aún donde no se encontraban otros seres humanos, alguien la vigilaba. Agar, una esclava embarazada, que seguramente se sentía sola y desprotegida, había huido al desierto. Y en medio de la nada, descubrió que alguien estaba con ella.

El ángel del Señor se dirigió a ella por su nombre: «Agar, sierva de Sarai, ¿de dónde has venido y a dónde vas?» (Génesis 16:8, LBLA). Le pidió que regresara y le aseguró que el Señor había oído su aflicción. Asombrada, Agar reconoció que el Dios de Abraham era un Dios que ve, uno atento y cuyos ojos se posan sobre mujeres en dificultades.

Cuando estamos afligidas, podemos sentir que nadie más entiende y nadie ve nuestro sufrimiento. No vemos una salida a nuestro problema. Incluso podemos tratar de huir. Sin embargo, aun en ese «desierto», Dios nos ve y nos escucha. Puede revelarnos su plan y hacernos entender el próximo paso a dar. ¡Confía en el Dios que te ve!

Señor que todo lo ves, enséñame a verte y escucharte.

MH

Enero 7

Visitantes celestiales

Abraham entró en su tienda de campaña y le dijo a Sara:
—¡Rápido! Toma unos veinte kilos de la
mejor harina y haz unos panes.
(Génesis 18:6, DHH)

Aunque William Shakespeare tituló su obra, *El mercader de Venecia*, aludiendo a un buen hombre llamado Antonio como su personaje principal, ha sido Shylock, el villano de la obra, quien ha cobrado mayor protagonismo. El corazón mezquino del codicioso usurero daba mayor valor al contrato y a las monedas que a la vida de aquel hombre cuyo infortunio no le permitía cumplir con el pago convenido.

A diferencia de Shylock, Abraham le dice a Sara que prepare pan en abundancia y de la mejor calidad para los visitantes. Ella lo hace con diligencia y a pesar de no conocer a quienes resultaron ser dos ángeles y el Señor Jesús. Su hospitalidad le concedió su mayor anhelo: un hijo.

Dios pesa los corazones. Conoce a los mezquinos como Shylock, a los generosos como Abraham y a los serviciales como Sara. Cuando damos algo a nuestro Señor, Él nos devuelve mucho más, sin embargo, las personas más generosas dan en silencio sin esperar recompensa. Incluso dan sin pedir nada a cambio.

Jesús y los ángeles pueden visitarte hoy con el rostro de un niño vestido con andrajos, de una mujer que pide pan o de un empresario desesperado. ¿Cómo podemos recibirle? «No os olvidéis de la hospitalidad, porque por ella algunos, sin saberlo, hospedaron ángeles» (Hebreos 13:2, RVR60).

Señor ¿qué puedo darte si lo que tengo es tuyo? Me has dado vida,
la usaré para servirte.

MG

Enero 8

Lectura diaria: Génesis 20, 21, 22

El dolor de un padre

Y Abraham se levantó muy de mañana, y enalbardó su asno, y tomó consigo dos siervos suyos, y a Isaac su hijo; y cortó leña para el holocausto, y se levantó, y fue al lugar que Dios le dijo.
(Génesis 22:3, NVI)

Don Richardson, su esposa Carol y su bebé de siete meses llegaron a la isla de Nueva Guinea en 1962 como misioneros entre los Sawi, conocidos como caníbales y cazadores de cabezas. Don aprendió el idioma y cuando pudo contarles la historia de la traición de Judas al Señor Jesús, quedó desconcertado. ¡Ellos valoraban la traición como una virtud y Judas llegó a ser su héroe!

Los Richardson decidieron dejar el lugar debido a las constantes guerras entre tribus. Pero los Sawi se habían visto beneficiados con su presencia. Tenían medicamentos y herramientas y Carol, como enfermera, ayudaba a los heridos y a las mujeres en los partos.

Cuando los Sawi les pidieron que no se fueran, Don les advirtió que las guerras tenían que cesar. Las tribus pactaron la paz en una ceremonia donde el jefe de la tribu dio su hijo al enemigo. Mientras el niño viviera, habría paz. Don aprovechó este evento para volver a presentar a los Sawi el evangelio: Dios también había dado a su Hijo. Entonces los Sawi entendieron el amor de Dios y se formó una iglesia en ese lugar.

¿Qué siente un padre al dar a su hijo? ¿Cómo estaba el corazón de Abraham mientras caminaba obediente para sacrificar a Isaac? Seguramente dolido, pero amaba más a su Dios y por agradarle fue capaz de todo, incluso de ofrecer a su propio hijo. ¿El amor que tienes por Dios es suficientemente grande como para hacer un gran sacrificio?

Señor, Tú mereces todo de mí, hasta lo que más valoro.

YF

ENERO 9

Lectura diaria: Job 1, 2

UN MUNDO ENORME

*Un día los miembros de la corte celestial llegaron
nuevamente para presentarse delante del Señor,
y el Acusador, Satanás, vino con ellos.*
(Job 2:1, NTV)

Al final del *Hobbit,* Gandalf el mago le pregunta a Bilbo: «No supondrás, ¿verdad?, que todas tus aventuras y escapadas fueron producto de la mera suerte, para tu beneficio exclusivo. Te considero una gran persona, señor Bolsón... pero en última instancia ¡eres solo un simple individuo en un mundo enorme!»

Lo mismo pudo haberle dicho Dios a Job. Sus sufrimientos, sus pérdidas, su enfermedad y su dolor no pasaron desapercibidos. Las cosas que padeció no fueron producto de la suerte, ni las bendiciones finales fueron para su beneficio exclusivo. Detrás de los cuarenta y dos capítulos de Job hay un tema trascendental: la soberanía de Dios.

La historia de Job nos muestra tras bambalinas un vistazo del drama cósmico del universo. Mientras Job vivía en Uz y pedía por sus hijos, en la corte celestial Satanás pedía permiso para tentarlo. Dios, sin embargo, tenía todo bajo control y no dejó que nada se saliera de los límites que Él mismo estableció. De ese modo, Job, aunque no recibió una respuesta a sus sufrimientos, recibió algo mejor: a Dios mismo.

Quizá hoy estamos pasando por momentos difíciles. No vemos con claridad los *porqués* o los *hasta cuándos*. Sin embargo, recordemos que nada es producto de la suerte ni para nuestro beneficio exclusivo. Un plan divino se está entretejiendo que conecta la tierra con el cielo y somos solo un individuo en un mundo enorme.

Gracias, Señor, porque soy parte de tu enorme plan.

KO

Lectura diaria: Job 3, 4

ANTE EL DOLOR

Antes alentabas a mucha gente y fortalecías a los débiles...
Sin embargo, ahora que las desgracias te acosan, te desanimas.
(Job 4:3-5, NTV)

¿Cómo enfrentas el dolor? Quizá hemos animado a otros en sus pesares, pero en una prueba propia nos desalentamos fácilmente. Tal vez solemos aconsejar a otros cuando se deprimen, pero no sabemos reaccionar cuando nuestras lágrimas nos traicionan. Job conoció lo más profundo del dolor. Llegó a maldecir el día que nació, pero nunca aceptó, como le sugirió su esposa, maldecir a Dios.

El capítulo 3 de Job incluye lo que se llama un lamento, una expresión de tristeza y confusión. Muchos salmos también son oraciones de lamento, lo cual nos indica que ante Dios es aceptable expresar los sentimientos de dolor. Elifaz probablemente, como muchos de nosotros, se escandalizó ante las palabras de Job. En su opinión, ofendían a Dios.

Sin embargo, la Biblia está llena de lamentos. El lamento no es una canción lenta, sino es, sencillamente, derramar nuestros corazones delante de Dios. Al hacerlo, nuestro corazón se fortalece. ¿Por qué? Porque hablamos con sinceridad delante de nuestro Padre, nos apoyamos en Jesús, el Varón de dolores y dependemos de su consuelo.

Resulta normal desalentarnos y aun deprimirnos ante las crisis de la vida, pero cuando estemos tristes u otros estén luchando con las aflicciones presentes, demos un lugar al lamento y leamos los salmos o cantemos del fondo de nuestro corazón nuestra pena. Dios acepta nuestros lamentos, pues nos creó con la capacidad de expresar nuestros sentimientos.

Padre, permite que sea comprensiva con mis amigas
que enfrentan aflicciones.

MH

Enero 11

Paréntesis de paz

Cuando me acuesto, la noche me parece interminable;
doy vueltas en la cama sin poder pegar los ojos,
y me pregunto cuándo amanecerá.
(Job 7:4, TLA)

«Terribles noches de insomnio en las que se cuenta el toque de las horas que van al vacío». Así declama Miguel de Unamuno en su poema *Noches de insomnio*. En esas horas aumentan los temores, los dolores, las dudas y el cansancio. Paradójicamente, nos aturde tanto el silencio de la soledad como el ruido de nuestra conciencia.

Una noche fue mi turno velar a mi padre cuando estaba internado en el hospital. Él no podía dormir a causa del dolor. Busqué a la doctora y me dijo que lo más probable era que él muriera durante esa noche. Clamé a Dios con todas mis fuerzas mientras regresaba al cuarto y repentinamente se abrió un sobrenatural paréntesis de paz. La molestia de papá disminuyó y platicamos y le dije que lo amaba. No murió aquella noche.

Podemos imaginar a Job en aquellas interminables noches de dolor y angustia con las úlceras supurando en su cuerpo, deseando que las horas pasaran pronto o el sueño profundo le ayudara a olvidar. ¿Has tenido esas horas oscuras de aflicción en las que se ansías la aurora?

La mañana llegará. No hay mejor remedio que esperar en Dios y buscarle en oración. Ten la seguridad de que Él te escuchará y reconfortará. Estará contigo, a tu lado, aun cuando no lo sientas, y te cubrirá bajo sus alas. Podrás decir: «En paz me acostaré y, asimismo, dormiré; porque solo tú, Jehová, me haces vivir confiado» (Salmos 4:8, RVR60).

Mi Dios, no temeré mal alguno porque Tú estás conmigo.

MG

Enero 12

Lectura diaria: Job 8, 9, 10

¡Maravillosa creación!

Él creó la Osa y el Orión, las Pléyades y las constelaciones del sur.
(Job 9:9, NVI)

Cuando era niña, mi madre me enseñó el nombre y la ubicación de algunas estrellas. No recuerdo todas, pero, en ese tiempo llamaron mi atención «Los tres Reyes Magos», que son las tres estrellas que forman el cinturón de Orión. Sin embargo, existen muchas más. Algunas brillan más en invierno. Otras solo se observan con un telescopio. Sin embargo, Job no necesitó de la tecnología para concluir algo trascendental.

Cuando sufrió lo indecible al perder sus posesiones, a sus hijos y su salud, seguramente agachó la vista y miró el suelo en más de una ocasión. ¿No nos pasa cuando sufrimos? Resulta más sencillo ver hacia abajo. Por eso mismo, llama la atención que Job alzó la vista y miró los cielos.

La Biblia nos describe a un Job conocedor de las estrellas por nombre. ¿Se guiaba con ellas para sus labores del campo? Cuando levantó la mirada concluyó: «Si Dios hizo todo esto, seguramente está en control del universo». Se sintió pequeño ante la inmensidad y poder de ese gran Dios maravilloso y no relacionó a las estrellas con las leyendas que se contaban de ellas, sino que atribuyó su creación al único Dios, aquel en quien confiaba.

¿Alguna vez has observado el cielo buscando a la Osa Mayor, al Orión o a las Pléyades? Si tienes la oportunidad, hazlo en un lugar donde no haya mucha luz artificial. Te vas a quedar maravillada por tanta hermosura. Y cuando estés triste, eleva la vista al cielo. Te ayudará a tener la perspectiva correcta.

Señor, eres inmensamente grandioso. ¡No puedo comprenderte!

YF

Enero 13

La sabiduría del silencio

¡Si tan solo se quedaran callados!
Es lo más sabio que podrían hacer.
(Job 13:5, NTV)

Los síntomas siempre son los mismos. Siento calor, luego un ardor en el estómago y finalmente todo explota en mi boca por medio de las palabras. Cuando me doy cuenta, ya dije lo que no debía. ¿Y cuándo me pasa? Particularmente en las discusiones con las personas con las que me cuesta convivir.

Tristemente, esas palabras, aunque pida perdón, surgieron de mis entrañas y me recuerdan mi falta de dominio propio y de sabiduría. Supongo que lo mismo pasó con los amigos de Job. ¿Se sintieron consternados por el aspecto de su amigo o enfadados por lo que ellos entendían como una consecuencia de su pecado? En su intento por ayudar, solo causaron más daño.

Job los reprende en el capítulo 13. Les pide que se queden en silencio y lo dejen en paz. Incluso les pide que le permitan hablar y afrontar las consecuencias. Ansiaba decir lo que realmente pensaba. Su esperanza, a final de cuentas, estaba en Dios y no en los hombres. ¿Hemos sentido lo mismo? ¿O hemos estado en el lugar de los amigos de Job?

Probablemente tengamos una opinión al respecto de todo lo que sucede en las vidas de los demás y la nuestra, pero siempre recordemos que no lo sabemos todo ni vemos todo. Los amigos de Job, por ejemplo, ignoraban lo que había sucedido en la corte celestial entre Dios y Satanás. Por lo tanto, cuando experimentemos esas ganas de compartir, primero guardemos silencio y pidamos dirección y control a Dios antes de abrir la boca.

Señor, ayúdame a callar de amor.

KO

Lectura diaria: Job 14, 15, 16

TE RESPONDERÉ

Cuando tú me llames, yo te responderé;
y te deleitarás en la obra de tus manos.

(Job 14:15, RVC)

Diferentes videos muestran una realidad impactante: las ovejas solo responden a la voz de su dueño. Otras personas las llaman con la misma palabra o frase y siguen paciendo como si nada. Después, el pastor mismo las llama. Levantan la cabeza y, de repente, salen corriendo apresuradas hacia su amo. No es solo la palabra que se usa, ya que no les hacen caso a los desconocidos. ¡Es la voz!

Jesús mismo dijo: «Mis ovejas reconocen mi voz, yo las conozco y ellas me siguen» (Juan 10:27, RVR60). En seguida, subraya lo siguiente: «Yo les doy vida eterna» (v. 28). Los pastores procuran el bien de su rebaño; les dan alimento y cuidan de su salud. Los extraños no se interesan en realidad por las ovejas.

En el capítulo 14, las reflexiones de Job son en su mayoría deprimentes, ya que se enfocan en lo corto de la vida y lo lleno que está de sufrimiento. Pero también contienen destellos de luz, sobre todo cuando le exclama a Dios: «Cuando tú me llames, yo te responderé» (v. 15, RVC). Job quizá pensó en las ovejas y en su actitud de obediencia cuando su dueño las llama.

Humanamente, nos es fácil concentrarnos en la brevedad de la vida y lo dolorosa que puede ser. Pero oigamos la voz del Pastor cuando pasemos por los valles de sombra y por los despeñaderos de muerte. Dirijamos nuestra atención a quien nos ama y dirige. Como Job, somos obra de sus manos y se gozará en nosotros.

Señor, ¡quiero responder siempre a tu voz y acercarme a ti!

MH

ENERO 15

SÓLO ES LA PORTADA

*Yo sé que mi redentor vive, y que al final
triunfará sobre la muerte.*
(Job 19:25, NVI)

Si pudiéramos resumir en una palabra lo que C.S. Lewis plasmó en las últimas páginas de *Las crónicas de Narnia*, esta sería: eternidad. Escribió: «Para nosotros, este es el fin de todas las historias... más para ellos fue el comienzo de la verdadera historia. La vida de ellos en este mundo... ha sido tan solo el título y la portada».

Dios ha puesto eternidad en nosotros y estaremos con Él en gloria porque Cristo triunfó sobre la muerte. Aunque probado de la manera más extrema, Job nunca renegó. Dios estaba tan seguro de que no lo haría que quiso demostrar al enemigo que Job lo amaría a pesar de todo.

En esto Job encontró la fortaleza: «Más aún es mi consuelo y me regocijo en el dolor sin tregua, que no he negado las palabras del Santo» (Job 6:10 LBLA). También el corazón de Dios anhela nuestro amor y fidelidad incondicional. Y es que Dios nos creó para su gloria, nos hizo su familia y ha provisto el camino para que podamos estar con Él para siempre. Está escribiendo esa historia de vida eterna que nadie ha leído en la tierra.

A veces Dios permite nuestro sufrimiento, el que no será más de lo que podamos soportar y otras veces también nos dará pequeñas probaditas del *Te amo, no importa lo que pueda venir, yo te amaré hasta el fin.* Él cumple su propósito en ti. La portada de tu historia es hermosa porque nuestro Redentor vive y triunfará sobre la muerte.

¡Señor, con tu amor puedo soportarlo todo!

MG

Enero 16

¿Cuánto necesitas para ser feliz?

¿Por qué viven los impíos, y se envejecen, y aun crecen en riquezas?
(Job 21:7, RVR60)

Se hizo un estudio con dos mil personas que poseían al menos un millón de dólares. Debían indicar, en una escala del 1 al 10, cuánto dinero necesitaban para ser felices. La gran mayoría dijo que dos o tres veces más era necesario para la dicha total. Los investigadores se dieron cuenta de que esos millonarios, aunque tienen más dinero del que pueden gastar en su vida, quieren más. ¿Cuánto es suficiente?

Si nos hicieran la misma pregunta, ¿qué contestaríamos? Seguramente todas mencionaríamos que unos miles de dólares más nos traerían tranquilidad. Probablemente ninguna respondería que tenemos lo necesario. ¿Qué tan vacíos pueden estar nuestros corazones que buscamos llenarlo con cosas materiales? ¿Hemos caído en la codicia de "un poquito más"?

Ahora bien, Job había sido rico. Una breve lectura del capítulo 1 nos cuenta que era un ganadero acaudalado. Sin embargo, cuando lo pierde todo, lamenta lo que muchos de nosotros. ¿Por qué los ricos parecen prosperar y los que tenemos poco sufrimos? Job, sin embargo, olvidó por un momento lo que él sabía bien. Las riquezas no satisfacen al alma humana. Los ricos también sufren y la pasan mal. No son felices.

Seguramente, si le hubieran preguntado a Job qué quería que Dios restaurara en su vida, no habrían sido sus rebaños, sino a sus hijos y su salud. No caigamos en la trampa de pensar que un poquito más nos dará lo que realmente ansiamos: a Dios mismo. Job aprendió que al tener a Dios lo tenía todo. ¿Y nosotras?

Señor, gracias porque estás de mi lado y haces justicia.

Enero 17

Lectura diaria: Job 22, 23, 24

La mirada de la cruz

¡No! ¡Se debe a tu maldad! ¡Tus pecados no tienen límite!
(Job 22:5, NTV)

Desde niña, cada vez que entro a una iglesia católica para admirar su arquitectura desvío la mirada del crucifijo al frente, pues no me gusta el arte que muestra las heridas de Cristo sobre la cruz. Pero ¿no son un recordatorio de que el Dios en el que creemos es un Dios que entiende y conoce el sufrimiento?

A veces me pregunto cómo habría sido la conversación de Job y sus amigos si hubieran vivido después del año 33 de nuestra era. ¿Cómo habrían reconciliado sus argumentos con la cruz? Elifaz, por ejemplo, no duda en que Job debió haber hecho algo muy grave para padecer tanto. Pero ¿qué hizo Jesús para recibir los azotes y las marcas de la cruz? ¿Cómo habría respondido Elifaz ante la muerte atroz del único hombre verdaderamente inocente?

Job, por su parte, al no encontrar ningún pecado digno de tan grande castigo, concluye que Dios lo estaba atormentando. ¿Qué hubiera pensado de saber que Dios solo desamparó a su propio Hijo cuando Él cargó sobre sí los pecados de todos, incluidos los de Job?

A diferencia de Job y sus amigos, nosotras podemos tener una perspectiva diferente del sufrimiento pues hemos visto con los ojos de la fe el madero. Cualquier cosa que suframos debe evaluarse a un costado de la cruz del Calvario y seguramente obtendremos una perspectiva diferente. Nuestro dolor adquiere otros matices si lo comparamos con el de Jesús, así que no desviemos la mirada de la cruz. Observemos y recibamos consuelo.

Señor, ayúdame a mirar y ver que no hay otro sufrimiento como el tuyo.

KO

ENERO 18

Lectura diaria: Job 25, 26, 27

¡INOCENTE!

Insistiré en mi inocencia; no cederé.
(Job 26: 6a, NVI)

Después de ser sentenciado por homicidio a los veintiséis años, Richard Phillips escribió poesía por primera vez. Se preguntaba por el color del cielo y de la lluvia, de su corazón y de las palabras. Extrañaba abrazar a sus hijos y entendía que para hacerlo tendría que probar su inocencia.

Después de una apelación tras otra, casi perdía la esperanza. Aprendió a pintar para olvidar la realidad nefasta que lo rodeaba. A lo largo de los años produjo 500 cuadros. Al final, después de cuarenta y seis años, salió libre, a un mundo que apenas conocía. Había sobrevivido la sentencia equivocada más larga de la historia en Estados Unidos. Con el tiempo pudo reunirse con su hijo adulto, pero su hija no quiso tener nada que ver con él.

Los amigos de Job dudaban de su inocencia y aseguraban que su indecible dolor y sus pruebas se debían a algún pecado que había cometido. Job no sabía que Satanás había pedido permiso de probar su fe y no estaba consciente de ningún pecado «grave» que hubiera cometido. Defendió su inocencia. Al final, aprendemos en este libro que el sufrimiento no siempre es un castigo.

Sin duda, muchas hemos sufrido alguna aflicción y nos hemos preguntado si es por algún mal que cometimos. Sin embargo, si Dios no nos revela un pecado específico, es muy probable que el propósito sea otro. Por un lado, vivimos en un mundo caído e imperfecto. A la vez, en el crisol el Señor refina y purifica nuestra fe, como descubrió Job. Aprendamos de él.

Padre mío, enséñame a conocerte más en medio de las pruebas.

MH

ENERO 19

LA MEJOR OPCIÓN

*Y dijo al hombre: He aquí que el temor del Señor
es la sabiduría, y el apartarse del mal, la inteligencia.*
(Job 28: 28, RVR60)

Si te gusta jugar «UNO» sabes que cuando te toca la carta de
«Toma 4», tienes que hacerlo; no puedes librarte de ello. Así sea
ajedrez, dominó o damas españolas, al jugar, tenemos que seguir
las reglas. Para ganar legítimamente y sin hacer trampa, hay que
ir tomando las mejores decisiones. La vida es algo parecido pues
se tiene que «jugar» con sabiduría e inteligencia.

Dios nos ha dejado claramente las reglas del juego, explicán-
donos lo que podemos y lo que no podemos hacer para ganar:
«Nunca dejes de leer el libro de la Ley; estúdialo de día y de
noche y ponlo en práctica, para que tengas éxito en todo lo que
hagas» (Josué 1:8, TLA).

Tenemos que conocer las reglas y no ejecutar jugadas prohibidas.
El problema es cuando consideramos la desobediencia como una
opción. Si una chica considera la posibilidad de tener un novio
inconverso, tal vez decida tenerlo. Cuando los matrimonios consideran el divorcio como una opción, pueden terminar llevándolo
a cabo.

Se pueden empezar a hacer pequeñas trampas, pero no podemos
engañar a Dios ni al sistema. Las malas jugadas tendrán malas
consecuencias y nos harán perder. Es importante comprender
que aunque no se trata de un juego, nos jugamos la vida, el gozo
y nuestra paz con Dios. Job dijo: «Inteligencia es apartarse del
mal». No te dejes engañar por el enemigo o las excusas de tu
propia mente. No hay atajos ni tarjetas «comodín». Lo que sem-
bramos, cosecharemos.

Dios, quiero ser sabia e inteligente, temerte y apartarme del mal.

MG

Lectura diaria: Job 30, 31

RESPUESTA CON CRECES

A ti clamo, oh, Dios, pero no me respondes;
me hago presente, pero tú apenas me miras.
(Job 30:20, NVI)

Rosario y José Luis, con hijas adolescentes, estaban enfrentando una gran crisis económica como misioneros y se ayudaban vendiendo playeras. Las dos chicas eran aficionadas a la música de Lilly Goodman, una cantante cristiana y querían con ansia asistir al concierto programado en su ciudad. Las chicas y su madre oraron por un milagro.

Queriendo complacer a sus hijas, sin dinero y sin gasolina, José Luis cargó su camioneta con playeras y llevó a las niñas al concierto. Pensaba vender algunas y pagarles la entrada. No había vendido nada cuando un matrimonio salió discutiendo del concierto y les regalaron sus entradas a las niñas en primera fila. Mientras tanto, un joven no quiso entrar al concierto con su familia. José Luis se acercó y se hizo su amigo. Al salir del concierto, el papá se quedó sorprendido de que José Luis estuviera evangelizando a su hijo.

¿Te ha pasado que oras y parece que Dios no te responde? Job se sintió así en el capítulo 30. Faltaba todavía para que Dios se acercara a conversar con él sobre astronomía y biología, pero en el intermedio, se sintió abandonado. ¿Y nosotras? ¿Oramos y nos damos la media vuelta con pesimismo?

Dios se deleita al ver que esperamos su intervención sobrenatural en lo que le pedimos. Él quiere que clamemos y está dispuesto a contestar. No te desanimes si hoy parece estar en silencio. Abre los oídos de tu corazón y da el siguiente paso en fe.

¡Gracias, Señor precioso, por tu respuesta a mi oración!

Enero 21

Lectura diaria: Job 32, 33

La tierna voz del Salvador

Pues Dios habla una y otra vez, aunque la gente no lo reconozca.
(Job 33:14, NTV)

Los técnicos acudieron prontamente a nuestro llamado. La compañía de Internet llevaba a cabo una campaña de instalación así que no tuvimos problema en conectarnos. Sin embargo, un mes después empezamos a tener fallas y llamamos al número de quejas. Nadie respondió. Tuvimos que ir a unas oficinas y cancelar el servicio.

Quizá en ocasiones sentimos que con Dios funciona de la misma manera. Acudimos a Él y recibimos su perdón, pero cuando vienen los problemas, marcamos su número y no hay respuesta. Eliú, el más joven de los amigos de Job, le pregunta a Job: «¿Por qué dices que (Dios) no responde a las quejas de la gente?»

Entonces hace eco de lo que más tarde escribiría el autor de hebreos: «Hace mucho tiempo, Dios habló muchas veces y de diversas maneras a nuestros antepasados por medio de los profetas» (1:1, NTV). Job y sus amigos seguramente también oyeron la voz de Dios al observar la creación. Sin embargo, no tuvieron este privilegio: «Y ahora… nos ha hablado por medio de su Hijo» (1:2, NTV).

Cuando sientas que Dios no te escucha o responde, recuerda que Dios habla una y otra vez a través de sus siervos, de su creación, pero sobre todo de Jesús y el Espíritu Santo que mora en nosotras. Abre tus oídos y escucha la voz del Hijo de Dios que dio su vida por ti en la cruz. Cualquier situación por insoportable que parezca encuentra consuelo en la tierna voz del Salvador. ¡Escucha lo que hoy te dice!

Habla, Jesús amante y dime que no me has de dejar.

KO

Lectura diaria: Job 34, 35

RELACIONES TÓXICAS

Él escoge como compañeros a hombres malvados;
pasa su tiempo con hombres perversos.
(Job 34:8, NTV)

La consejera Suzanne Degges-White escribe acerca de amistades tóxicas y comenta que pueden afectar la salud. Por ejemplo, pueden subir nuestra presión y bajar nuestras defensas inmunes. También afectan la salud mental.

Este tipo de amistades pueden actuar como superiores, ser deshonestos, buscarnos solo en tiempos de necesidad, tratar de controlarnos y retarnos a hacer cosas indebidas. Algunas son chismosas e hipócritas. No practican el apoyo, la bondad y el respeto mutuo. En resumen, dice la autora, debemos decidir poner límites, explicar lo que nos disgusta y en ocasiones cortar las relaciones con la persona.

En este pasaje, Eliú regaña a Job por tener compañeros «malvados», pero los únicos amigos que aparecen para consolarlo son Eliú y los demás. ¿Habrán sido ellos un tanto tóxicos? Hemos visto cómo estos amigos trataban de encontrar una razón para los sufrimientos de Job y lo acusaron sin mucha evidencia de pecados ocultos. Probablemente actuaron con buenas intenciones, pero se equivocaron.

Un buen amigo se atreve a señalar nuestras acciones y actitudes indebidas, pero con amor. A Eliú y sus compañeros no fueron sensibles al sufrimiento de Job. Les faltó respeto y comprensión. Y nosotras, ¿somos amigas tóxicas o saludables? Que Dios nos permita dar aliento a otros y, si damos alguna crítica, que sea siempre constructiva. Y si descubrimos alguna relación tóxica en nuestra vida, seamos sabias y apartémonos.

Señor Jesús, usa mis palabras para bendecir a otros.

MH

Lectura diaria: Job 36, 37

No rechaza a nadie

Dios es poderoso, y todo lo entiende; no rechaza a nadie.
(Job 36:5, TLA)

El 8 de marzo se conmemora el Día Internacional de la Mujer en muchos países. Tiene su origen en las manifestaciones de las mujeres que a comienzos del siglo xx reclamaban su derecho al voto, mejores condiciones de trabajo e igualdad entre los sexos. Este día se celebran los logros de las mujeres en diversos ámbitos.

Actualmente también es un llamado a la acción, un llamamiento a la sociedad a estar al lado de las mujeres para reivindicar sus derechos, protegerlas de la explotación, el abuso, la misoginia y los feminicidios. Todos estos padecimientos, junto con la discriminación de género tienen su raíz en el rechazo, la ignorancia, el menosprecio y el pecado.

En la marcha de este año en mi país, México, un contingente en especial llamó mi atención. Su causa: protestar en contra de la «gordofobia» o el rechazo hacia las mujeres «grandes». Posiblemente algunas personas no entienden su causa y hasta les parezca risible, pero a diferencia del hombre, Dios «todo lo entiende y no rechaza a nadie». Así lo declara el versículo de hoy.

Es necesario trabajar juntos para hacer también de la iglesia un lugar más inclusivo y justo para todas las personas independientemente de su sexo o su apariencia. Si has experimentado rechazo por ser delgada, rellenita o por cualquier otro motivo, puedes estar segura de que Dios te entiende y no te rechazará. ¿Puedes creer que alguien te ame tanto al grado de dar su vida por ti? Jesucristo ya lo hizo.

Dios, gracias por no rechazarme, quiero demostrarte mi amor con mi obediencia.

MG

Enero 24

Lectura diaria: Job 38, 39, 40

El misterioso abismo

> *¿Has visitado el misterioso abismo*
> *donde tiene sus fuentes el océano?*
> (Job 38:16, DHH)

Hace unos días, una amiga me invitó a visitar un acuario. ¡Quedé impresionada por la diversidad de criaturas del océano! Había hermosos peces de colores fluorescentes y tortugas gigantes descansando junto a tiburones de diferentes formas y tamaños. Imagínate que existe un tiburón que brilla en la oscuridad, que mide treinta centímetros y no pesa más de novecientos gramos.

Existen peces que forman figuras geométricas en el fondo del mar para atraer a su pareja. Encontramos serpientes marinas, medusas, caballitos de mar, mantarrayas, crustáceos, erizos y muchísimo más. De la vida marina solo se conoce el uno por ciento. ¡El hombre no ha podido explorar ese misterioso abismo! ¿Cuántas maravillas nos faltan por conocer?

Cuando Job se queja porque le parece injusto que esté sufriendo, el Señor en pocas palabras le hace ver a Job que Él es mucho más sabio y poderoso y tiene el control de todo lo que existe. Job había entregado su vida para honrar a Dios cada día, así que, Dios podía decidir sobre su vida. De hecho, Él quiere tener el control de las vidas de las personas porque lo merece y porque sus criaturas son bendecidas por eso. Cada ser humano debe decidir si pone su vida en las manos de Dios.

¿Qué respondemos a la pregunta de Dios? ¿Hemos visitado el abismo? ¿Conocemos las criaturas marinas? ¿Acaso no podemos confiar en un Dios tan sabio y perfecto? Pongamos nuestras vidas en sus manos.

Señor, quiero entregarte todo lo que soy.

YF

ENERO 25

CON EXACTITUD

Después que el Señor terminó de hablar con Job, le dijo a Elifaz el temanita: «Estoy enojado contigo y con tus dos amigos, porque no hablaron con exactitud acerca de mí, como lo hizo mi siervo Job».
(Job 42:7, NTV)

Me encanta enseñar. Me encanta predicar. Cuando comparto con otras personas lo que he aprendido siento una emoción incomparable con otras cosas que me producen gozo. Sin embargo, debo confesar que en ocasiones lo he hecho de manera irresponsable y he caído en el error de Elifaz y sus amigos. ¿Cuál fue ese?

Una vez que el Señor quita la aflicción de Job porque su siervo ha finalmente confesado que no sabe nada, Dios se dirige a los amigos de Job y los reprende. No los regaña por lo que argumentaron contra Job, sino por lo que dijeron acerca de Dios. ¿Y qué hicieron mal? No hablaron con exactitud acerca de Dios.

¿Qué será no hablar con exactitud de Dios? Tal vez hablar de su amor y no de su santidad, o de su juicio y no de su gracia. Quizá involucre dictaminar las consecuencias del pecado en la vida de las personas sin tomar en cuenta los planes de gracia de Dios. Probablemente implique etiquetar la enfermedad como castigo o la abundancia como un premio.

Quizá todas necesitamos arrepentirnos y pedir intercesión pues probablemente hemos hecho lo mismo. Hemos hablado acerca de Dios, pero no de la manera exacta, correcta y perfecta. ¿Y cómo podemos corregir este error? Imitando a Job. En vez de hablar acerca de Dios, Job pidió hablar «con» Dios. En otras palabras, hablemos más con Dios y así, cuando hablemos sobre Dios, diremos lo correcto.

Padre, ayúdame a pasar más tiempo en oración cuando tenga que hablar sobre tu Palabra.

KO

Enero 26

Peregrinos de por vida

Extranjero y peregrino soy entre vosotros.
(Génesis 23:4, LBLA)

En América Latina es común que las personas hagan peregrinaciones religiosas para rendirle culto a alguna imagen o santo. En ciertas fechas podemos observar a peregrinos que caminan con mucho esfuerzo por las carreteras o viajan en bicicleta hacia ciertos templos; pueden pasar la noche en el campo, aun en tiempos de mucho frío.

Una definición de la palabra peregrino es «persona que anda o viaja por tierras extrañas que presentan dificultades». En muchas ocasiones se refiere a quien hace un viaje largo a algún lugar sagrado, para mostrar la fe y el compromiso con Dios. Algunos de estos individuos actúan con el deseo de que Dios o algún santo le conceda sanidad o la respuesta a alguna petición; consideran que su sacrificio los hace merecedores de un milagro.

Abraham, en cambio, solo salió por obedecer a Dios «para un lugar que había de recibir como herencia; y salió sin saber adónde» (Hebreos 11:8, LBLA). Vivió en tiendas y «esperaba la ciudad que tiene cimientos, cuyo arquitecto y constructor es Dios» (v. 10). Nunca tuvo propiedades en la Tierra Prometida, aparte del terreno que compró para la tumba de su esposa Sara. Su destino real era el cielo.

Así como Abraham, seamos peregrinos que tengan los ojos puestos en nuestro hogar final, no en destinos terrenales. Caminemos por fe en obediencia, no para ganar méritos con Dios. Recordemos que el Señor no nos promete comodidad; no es un viaje turístico. ¡Que su presencia constante sea nuestro mayor deleite!

Gracias, Señor, por ser mi compañero en este hermoso peregrinaje.

MH

Enero 27

Futuro asegurado

Y exhaló el espíritu, y murió Abraham en buena vejez,
anciano y lleno de años, y fue unido a su pueblo.
(Génesis 25:8, RVR60)

John Dee, sabio, alquimista y asesor de la reina Isabel I de Inglaterra, utilizaba un espejo para predecir el futuro. Este espejo de obsidiana proviene de la región mexicana de Pachuca y actualmente se encuentra en el British Museum. El Códice Tepetlaoztoc incluye dibujos de espejos similares que los aztecas usaban para adivinar lo que vendría.

La incertidumbre que puede causar un futuro desconocido puede hacer nacer en nosotros un deseo por conocer el porvenir. Recuerdo a las gitanas que acampaban en un campo cercano. Ofrecían a mi mamá leer su futuro de la palma de su mano. Ella me explicaba que a Dios no le gustaba que consultemos con adivinos.

Muchos años antes de lo que nos describe el versículo de hoy, cierto día, a la puesta del sol, un profundo sueño y terror cayeron sobre Abrahám. Ahí Dios hizo un pacto con él y entre otras cosas le dijo: «Tú irás a tus padres en paz; y serás sepultado en buena vejez» (Génesis 15:15, RVR60). ¡Dios había predicho su futuro muchos años atrás! Y las cosas se cumplieron al pie de la letra.

Aun teniendo esta promesa y otras, Abraham dudó. Mintió al decir que su esposa era su hermana pensando que lo matarían, pero Dios ya le había dicho que moriría viejito y en paz. Cuando sentimos duda, curiosidad, temor y hasta terror por nuestra suerte, podemos hacer nuestra la promesa de Dios en Génesis 15:1 que nos dice: «No temas, yo soy un escudo para ti, tu recompensa será muy grande» (RVR60).

«Muchas cosas no comprendo del mañana con su afán, más un dulce
amigo tengo, que mi mano sostendrá».

MG

ENERO 28

Lectura diaria: Génesis 27, 28

¿AYUDAR A DIOS?

Ahora bien, hijo mío, escúchame bien, y haz lo que te mando.
Génesis 27:8 (NVI)

Rebeca no esperó la promesa que Dios le había hecho. En Génesis 25:23 Dios le había dicho que el pueblo de Jacob sería más fuerte que el pueblo de Esaú y que Esaú serviría a Jacob. Sólo faltaba esperar el tiempo de Dios. Pero cuando Isaac decidió bendecir a Esaú, Rebeca actuó por sí misma sin pensar en que habría consecuencias, e involucró a su hijo Jacob en un engaño contra su padre.

¿Qué hubiera pasado si Rebeca hubiera esperado la promesa de Dios? Seguramente Jacob no habría huido de su hermano, no habría sufrido a manos de su tío Labán, no habría albergado durante veinte años temor y ella hubiera disfrutado a sus hijos. Sin embargo, ella perdió mucho.

Quizá nos ha pasado algo parecido. Tal vez no hemos querido esperar el tiempo de Dios o no hemos creído del todo que las cosas sucederán como Dios ha dicho. ¿Qué le faltó a Rebeca? Lo mismo que a nosotras: fe y paciencia. La fe nos confirma que Dios hará lo que ha dicho porque ha sido su compromiso con nosotras. La paciencia nos frena cuando queremos hacer las cosas a nuestra manera y nos ayuda a esperar.

¿Recuerdas alguna vez en la que quisiste ayudar a Dios? Todo salió mal, ¿verdad? Lo bueno es que podemos rectificar y esperar el tiempo en el que Dios quiere actuar. ¿Qué te impacienta hoy? ¿Qué promesa de Dios estás aguardando? Espera en Él y encomiéndale tu camino. Él actuará.

Señor, ayúdame a esperar en tus promesas a su tiempo.

YF

ENERO 29

EL VACÍO

*Viendo que Raquel no daba hijos a Jacob, tuvo envidia
de su hermana, y decía a Jacob: Dame hijos, o si no, me muero.*
Génesis 30:1 (RVR60)

«Cuando tenga novio seré feliz. Cuando me case seré feliz. Cuando tenga un hijo seré feliz...» Así se podría resumir la vida de una mujer, siempre esperando que algo suceda para tener una felicidad completa. Sin embargo, la historia de dos mujeres nos muestra la realidad.

Lea se casó primero y tuvo hijos primero, pero no se ganó el amor de Jacob. Raquel consiguió el amor de Jacob, pero al ver que no tenía hijos, tuvo envidia de su hermana. ¿Qué necesitaban estas dos mujeres para ser felices? Lea lo descubrió primero. Cuando nació su primer hijo, pensó que su esposo la amaría, pero no sucedió. Cuando nació el segundo hijo, supo que el Señor la recompensaba por el menosprecio que debía soportar.

Cuando llegó el tercer hijo, aseguró que su marido se uniría con ella, pero, aunque la Escritura no lo especifica, podemos deducir que no fue así. Finalmente tuvo al cuarto niño y su actitud cambió radicalmente. «Esta vez alabaré a Jehová» (Génesis 29:35, RVR60). Lea, finalmente, decidió elevar los ojos y dar las gracias al verdadero héroe de su historia: Dios.

La madre Teresa lo dijo dijo: *Solo cuando te das cuenta de tu nada, de tu vacío, Dios puede llenarte de sí mismo.* Lea y Raquel tuvieron que entender esta verdad: hasta que comprendieron que ni Jacob ni los hijos podían llenar el vacío interno, dejaron que Dios las amara y las llenara. Dejemos de esperar el siguiente paso para ser felices y dejemos que Dios nos complete hoy.

Padre, solo Tú llenas mis vacíos.

KO

Enero 30

Lectura diaria: Génesis 31, 32

Las preocupaciones

Porque Tú me dijiste: «De cierto te haré prosperar,
y haré tu descendencia como la arena del mar
que no se puede contar por su gran cantidad».
(Génesis 32:12, NBLA)

«La preocupación es comida chatarra para tus temores y está llena de calorías huecas», acota la escritora Katherine Schafler. Piensas solo en las consecuencias negativas, sin procurar la solución creativa de problemas. Los temores son naturales, pero la preocupación alimenta esos temores de forma negativa.

Cuando Jacob vio por última vez a su hermano Esaú, este lo había amenazado con matarlo porque Jacob se quedó con su primogenitura, aunque de hecho Esaú se la había vendido. Habían pasado veinte años y ambos hombres habían madurado, pero Jacob no podía estar seguro de que su gemelo lo hubiera perdonado. Parecía natural temer que siguiera molesto, así que dio pasos para mostrar que volvía a Canaán con deseos de reconciliación.

Jacob envió presentes para asegurar a su hermano que iba en son de paz. ¡Y no cualquier presente! Eran cientos de ovejas, cabras, camellos, vacas y asnos. Aun así, no confió completamente en sus propias «soluciones». Sobre todo, recordó que Dios le había dicho: «Vuelve a la tierra de tus padres y a tus familiares y Yo estaré contigo» (Génesis 31:3, NBLA). Al acercarse a la tierra de su nacimiento, oró, basándose en la promesa de Dios: «De cierto te haré prosperar» (v.12).

La mejor manera de enfrentar el temor y la preocupación es aferrarnos a las promesas de Dios. Por ejemplo, Él ha prometido estar con nosotros y nunca abandonarnos. Oremos confiando en que siempre cumple.

Te alabo, Abba, porque puedo orar basándome en tus promesas.

MH

Enero 31

El rostro de Dios

Jacob insistió: «Por favor, te ruego que aceptes este regalo. Nos has recibido con mucha amabilidad, y verte cara a cara ¡es como ver el rostro de Dios!»
(Génesis 33:10, TLA)

Calcas, el guerrero, convence a los griegos de ofrecer a los troyanos el «caballo de Troya». El sacerdote troyano Laocoonte desconfía del presente y advierte a sus conciudadanos de no aceptarlo y exclama: *Timeo Danaos et dona ferentes,* una frase latina que significa: «Temo a los griegos incluso cuando traen regalos». Tenía razón.

Jacob también pensó en acercarse a Esaú con un generoso presente; solo que, a diferencia de los troyanos, sus intenciones eran buenas. Después de haber trabajado para Labán, Jacob viajaba de regreso a Canaán. Tenía temor de lo que él pudiera hacerle a él y a su familia pues veinte años antes, cuando se separaron, Esaú había amenazado con matarlo. Jacob mostró evidencia de humildad al inclinarse ante su hermano y usó un lenguaje respetuoso.

¿Puedes imaginarte lo que Esaú sintió al ver los esfuerzos de su hermano para establecer la paz con él? Al percibir tanta amabilidad y amor, no desconfió. ¡Le pareció ver el rostro de Dios! Ante eso, corrió a su encuentro, lo abrazó, lloró con él, aceptó su regalo y le dio la bienvenida. Con ello, demostró que había superado el pasado y había perdón en su corazón.

Abundar de amabilidad con personas desconocidas puede ser más fácil que demostrar humildad en acciones y palabras entre personas distanciadas o que albergan ofensas añejas. Nuestro corazón es desconfiado, sin embargo, podemos aprender e imitar las actitudes de estos dos hermanos.

Jesús, que mi rostro refleje el regalo de tu amor.

MG

Febrero 1

Un Padre perfecto

Y amaba Israel a José más que a todos sus hijos, porque lo había tenido en su vejez; y le hizo una túnica de diversos colores.
(Génesis 37:3, RVR60)

Mi sobrino Nehemías tiene una preciosa niña llamada Nataly y un bebé que nació sordo. Desde pequeña, Nataly ha sido impulsada por Nehemías a razonar y a conocer su entorno. Sin embargo, con Nathan las cosas han sido diferentes.

Mi sobrino ha hecho lo humanamente posible para que el bebé tenga los implantes cocleares que necesita para oír y le dedica mucho tiempo para ayudarlo a conocer el mundo. Probablemente, Nataly en algún momento pensará que su padre no la ama tanto como a Nathan, pero espero que comprenda que ella y su hermano son, simplemente, diferentes.

La atención que Jacob le daba a José no era la misma que a los demás. Amaba a José porque lo había tenido en su vejez. Invirtió toda su vitalidad en criar a sus primeros hijos, pero ahora tenía al hijo de la esposa amada y sólo podía mostrar su amor con regalos. Eso no significaba que no amara a los otros, pero sus demás hijos se volvieron celosos y agresivos.

Cuando nos comparamos con otros, pensamos que Dios no es justo y deducimos que no nos ama como a los demás. Pero nuestro Padre eterno es muchísimo más bueno, rico, justo y amoroso de lo que podemos imaginar y más perfecto que Jacob o mi sobrino. Sabe lo que necesitamos y el momento exacto de dárnoslo. ¡Confía en sus decisiones para tu vida! Él te ama a ti. Él me ama a mí. Pero probablemente nos muestre su amor de maneras, simplemente, diferentes.

Señor, gracias por amarme de forma especial.
No quiero compararme con nadie.

YF

Febrero 2

Está contigo

Más el jefe de los coperos no se acordó de José,
sino que se olvidó de él.
(Génesis 40:23, (BLA)

Nos encontrábamos en una pequeña fiesta y organizamos un intercambio. Había preparado mi regalo con esmero, pero cuando terminó la actividad y no recibí ningún obsequio me sentí devastada. La otra persona había olvidado el compromiso de traer un presente para mí. Sinceramente me sentí bastante mal, aunque fingí restarle importancia.

A nadie le gusta que la gente importante en su vida se olvide de su cumpleaños o su aniversario. No nos agrada ser pasadas por alto en la repartición de recompensas o gratitudes. José debió sentirse mucho peor cuando el copero salió de la cárcel y no supo más de él hasta dos años después.

Sin embargo, hubo alguien no lo olvidó en ningún momento. Repetidas veces el texto bíblico nos recuerda que: «el Señor estaba con José». La presencia de Dios en la vida de José quizá no lucía palpable, al menos no para el joven que debía limpiar pisos y ventanas en palacios y prisiones. Sin embargo, la presencia de Dios producía un fruto evidente: José tenía éxito en todo lo que hacía. José prosperaba en todo.

¿Te sientes olvidada por los demás? ¿Crees que nadie te ve o te toma en cuenta? El mismo Dios que estaba con José está hoy contigo. Quizá, como a José, te cueste trabajo percibirlo en tu diario vivir o en medio de tu sufrimiento, pero abre tus ojos y mira el fruto de su presencia: las bendiciones que no puedes explicar. El Señor está contigo y no dejará de mostrarte su amor jamás.

Señor, gracias por tu presencia en mi vida.

KO

Febrero 3

Lectura diaria: Génesis 41, 42

No soy yo

*—No soy yo quien puede hacerlo —respondió José—, sino que es
Dios quien le dará al faraón una respuesta favorable.*
(Génesis 41:16, (}NVI)

El hijo de una amiga entrenaba fútbol todos los días. Un día,
sin imaginarlo, lo entrevistaron a él y a varios compañeros para
elegir un grupo que iría a la Copa del Mundo. Preguntaron, por
ejemplo, quiénes tenían todos sus papeles en orden y quiénes sabían inglés.

El jovencito cumplió con los requisitos, ¡y formó parte del puñado de chicos que fue a Qatar! Se trató de un gran sueño cumplido, pues ni siquiera pertenecía al equipo de fútbol de su propia
escuela. No lo logró por sus habilidades ni por sus logros; todo
fue obra de Dios.

En este pasaje vemos cómo el faraón de Egipto pidió a José que
interpretara sus sueños, pues su copero recordó que en la prisión
José había desentrañado su sueño y, efectivamente, aquel había
sido liberado a los tres días. «Me he enterado de que, cuando tú
oyes un sueño, eres capaz de interpretarlo» (Génesis 41:15, NVI),
indicó el máximo dirigente del país. José no aceptó la honra
para él mismo, sino que dijo: «No soy yo quien puede hacerlo…
sino que es Dios quien le dará al faraón una respuesta favorable"
(v. 16, NVI).

Hoy en día se ha popularizado la frase: «No se trata de mí; se
trata de Él», refiriéndose a Jesucristo. ¿Podemos ver la mano
de Dios más allá de nuestras fuerzas y nuestras circunstancias?
¿Hemos entendido que en nuestra vida lo importante es que Él
sea glorificado y no nosotras mismas? Que así sea.

No soy yo, Señor. ¡Quiero que el que reciba la gloria en mi vida seas tú!

MHM

Febrero 4

Sueños cumplidos

Como pueden ver, no fueron ustedes los que me enviaron acá,
sino que fue Dios quien me trajo. Él me ha convertido en amo
y señor de todo Egipto, y en consejero del rey.
(Génesis 45:8, TLA)

Los expertos nos dicen que el ojo humano puede distinguir alrededor de un millón de colores distintos. ¿Podrías nombrar más de veinte? Muchos ni siquiera logramos redactar una lista de cien. ¡Qué maravilla es el ojo humano! ¿Cuántos colores habrá tenido la capa de José?

Con aquel regalo, José se sintió amado, pero su confianza no vino de una prenda, ni de su padre Jacob, sino de la presencia de Dios. Él comprendió, al final de su vida, que Dios y no los hombres, había entretejido los hilos de su vida para formar un tapiz con propósito: uno que salvaría de la muerte a un pueblo entero. Por eso afirmó: «No fueron ustedes los que me enviaron acá, sino que fue Dios quien me trajo» (Génesis 45:8, TLA).

Cuando Dios pone un sueño en tu corazón, se hará realidad si pones todo tu empeño y vives con integridad como lo hizo José. Incluso las circunstancias más adversas pueden ser usadas por Dios para cumplir su propósito especial en tu vida. Solo tienes que creerlo, ponerte la capa de hija amada y escuchar con atención la voz de Dios diciendo: «Con amor eterno te he amado» (Jeremías 31:3, RVR60).

Recuerda el carmesí de la sangre que por amor a ti derramó tu Salvador. Que el verde de la naturaleza te inunde de esperanza. Vístete de púrpura porque eres linaje real. Conserva blanco tu corazón y piensa en el dorado de las calles celestiales, tu morada eterna. Encomienda al Señor tu camino y ¡sueña los colores!

Padre, toma el control de mis sendas y cumple tu propósito en mí.

MG

Febrero 5

Una elección

Yo descenderé contigo a Egipto, y yo también te haré volver;
y la mano de José cerrará tus ojos.
(Génesis 46:4, RVR60)

Un joven de 27 años experimentaba un miedo terrible a la muerte, a tal grado que ya no quería salir de su casa. Su vida cambió, pues siempre estaba preocupado y sufría de insomnio. Al visitar al psicólogo, le diagnosticaron «ansiedad anticipatoria» o miedo al futuro. Las personas llegan a tener pensamientos trágicos o funestos que los mantienen en situaciones esclavizantes. Llegan a tener síntomas físicos como taquicardia o problemas estomacales y dolores de cabeza o del pecho.

Pareciera que Jacob también padecía este mal. Tenía un temor aterrador a que algo le pasara a su hijo Benjamín. Había sufrido demasiado con la desaparición de José y no quería perder al otro hijo que le había dado Raquel. Cuando por fin supo que José estaba vivo y decidió ir a Egipto para verlo, Dios le habló y le prometió ir con él.

¿Por qué razón, durante trece años, Dios guardó silencio y no le dijo a Jacob que José vivía? Pudo haberle ahorrado mucho sufrimiento, ¿no crees? Como vivimos en un mundo caído, las cosas malas sucederán inevitablemente, pero es nuestra decisión «sufrir».

Si conocemos profundamente al Dios en el que creemos, sabremos que todas las cosas están bajo su control, inclusive la muerte. Nada se le escapa al Señor y por esa razón, sufrir no debe ser nuestra opción. Si la ansiedad anticipatoria te tiene esclavizada, entrega esos miedos al Soberano de todo. Él tiene el control de las cosas y tiene planes perfectos para nosotros.

¡Gracias, Señor, por estar en control de todas las cosas, incluso del futuro que desconozco!

YF

Lectura diaria: Génesis 49, 50

Un arco firme

Pero su arco permaneció firme y sus brazos fueron
ágiles por las manos del Poderoso de Jacob.
(Génesis 39:24, LBLA)

Los expertos en arquería dicen que la forma ideal de agarrar el arco es con la suficiente fuerza, pero sin usar toda la tensión en el agarre. Si aprietas todos los músculos de los dedos y la mano, por ejemplo, empezarás a temblar y el arco se moverá. Dudo que José haya sido arquero, pero su padre supo que su hijo había estado en una guerra.

Los adversarios lo habían atacado ferozmente. Le dispararon y lo hostigaron. Tristemente, sus enemigos fueron sus propios hermanos. Sin embargo, el arco de José permaneció poderoso, es decir, listo para defenderse. ¿Pero cómo logró tener fuerza en medio de tanto dolor? Su padre Jacob lo supo sin ninguna duda.

Los brazos de José fueron fortalecidos por el Poderoso Jacob. En otras palabras, Dios no abandonó al hijo de Jacob. Veamos los tres títulos que usa el patriarca para describir a su Dios: Poderoso, Pastor y Roca. El Dios Fuerte le dio energía al desfalleciente José. El Pastor guio sus pasos y lo cuidó para que nada le faltara. La Roca de Jacob sostuvo a su hijo durante las tempestades.

¿Sientes que estás empezando a temblar y tu arco titubea? Recuerda, no necesitas desgastarte. Mantén un agarre suave, sin olvidar de dónde proviene tu fortaleza. El Poderoso, el Pastor y la Roca, en otras palabras, el Dios de Jacob que mantuvo a salvo a José, que lo bendijo y «tornó en bien» el mal que otros pensaron contra él, está contigo.

Señor, dame fuerzas para soportar la prueba.

KO

Febrero 7

Dios sana y da vida

Y como las parteras tuvieron temor de Dios,
él hizo que sus familias prosperaran.
(Éxodo 1:21, RVC)

El peruano Martín de Porres, de padre español y madre africana, nació en el siglo XVII. Se formó como médico empírico, barbero y herborista antes de volverse monje. En el monasterio se le confió el oficio de la limpieza. Su escoba fue la gran compañera de su vida y representaba su humildad. Popularmente, era conocido como Fray Escoba.

Llegó a ser conocido por sanar, ya fuese con remedios naturales o con otros métodos, incluyendo la oración. Cuando se maravillaban de ello, respondía: «Yo te curo, Dios te sana». Todo esto en medio de la discriminación por ser mulato. ¿Has oído hablar de él? ¿Y de las parteras de la historia de hoy?

Sifra y Fúa salvaron a los bebés hebreos cuando el Faraón ordenó matar a los bebés hebréos varones. ¿Por qué lo hicieron? Porque temieron a Dios. Estas mujeres, las obstetras de su era, quedaron inmortalizadas en el canon bíblico porque comprendieron que ellas solo recibían bebés, pero es Dios quien da vida. Ellas no se atrevieron a destruir o matar y Dios las bendijo con una familia.

¿Qué podemos aprender de Martín de Porres y de estas parteras? En primer lugar, la santidad de la vida. No podemos destruir lo que Dios ha dado. En segundo lugar, es Dios quien otorga la salud, pero puede usar médicos y parteras para el proceso. Si eres un profesionista de la salud, pon tus servicios en manos de Dios. Y nosotras: recordemos siempre que es Dios quien sana y da vida.

Señor, da sabiduría a los médicos para que cumplan tus propósitos.

MHM

Febrero 8

Lectura diaria: Éxodo 4, 5, 6

Ponte en marcha

Anda, ponte en marcha, que yo te ayudaré a hablar
y te diré lo que debas decir.
(Éxodo 4:12, NVI)

Danna y Brandon forman una pareja emprendedora. En poco tiempo han iniciado negocios y ministerios. A Brandon le encanta el café de especialidad y después de practicar con esmero, ha logrado preparar un café tan delicioso que podría abrir una cafetería. ¿Qué ha hecho a esta pareja tan productiva? Se pusieron en marcha.

Moisés tuvo que enfrentar un momento complicado. Podía poner pretextos y negarse a participar en el plan de Dios. Pudo haber pedido un curso de capacitación o una época más oportuna, pero Dios tuvo que intervenir y, después de recordarle quién era, le dijo una sola palabra: «Ve» (Éxodo 4:12, RVR60). Pero añadió: «estaré con tu boca… y te enseñaré». Dios le recordó que estaría a su lado. No era el plan de Moisés, sino el del Rey del universo.

Podemos identificarnos con el sentimiento de Moisés ante un reto especialmente importante. Sentir inseguridad y nerviosismo puede ser normal para algunos temperamentos. Lo importante es cómo reaccionamos ante ello. ¿Nos paraliza? ¿Lo posponemos indefinidamente? ¿Encontramos una excusa ideal para no salir de nuestra zona de confort?

¿Qué te ha pedido Dios hacer que hayas considerado demasiado importante? Tal vez hablarle de Cristo a esa persona a la que has deseado evangelizar, o iniciar un ministerio o un negocio. Simplemente hazlo. Dios te respaldará, te ayudará a hablar, te dirá lo que debas decir. En su Palabra, están los principios y consejos que necesitamos. Solo debemos confiar.

Padre, no quiero sentir temor. Haz tu obra en mí.

MG

Lectura diaria: Éxodo 7, 8

Un corazón duro

Pero el faraón volvió a ponerse terco y se negó
a dejar salir al pueblo.
(Éxodo 8:32, NTV)

¿Te comerías un pedazo de pan sobre el que hay cinco o seis moscas? Por lo general no nos gustan estos pequeños insectos. ¿Sabías que hay más de 120 mil especies? La más grande puede medir hasta 6.4 cm. Aunque tienen dos ojos con 4 mil lentes, no tienen buena visión, así que usan sus lenguas para detectar comida.

Los egipcios probablemente honraban a las moscas. Los arqueólogos encontraron en la tumba de la reina Ahhotep un collar con tres grandes moscas de oro que le regaló su hijo, el faraón Amosis. ¿Pero qué habrán sentido los egipcios cuando densos enjambres de moscas llenaron sus casas? El Faraón, como en otras ocasiones, pidió a Moisés que las eliminara, pero no por eso liberó al pueblo.

Ocho veces nos dice la Biblia que el faraón del Éxodo «endureció su corazón» a lo que Dios pedía. Las últimas tres veces, Dios mismo le endureció el corazón. Es decir, ya que el Faraón insistió una y otra vez en ir en contra de Dios, Dios lo entregó a esa rebelión. En otras palabras, todos tenemos el corazón duro, pero no todos nos endurecemos.

¿Te ha pasado que dejas el pan a la intemperie y al otro día es una roca? No dejemos nuestros corazones fuera de la protección de la obediencia a Dios. No permitamos que las moscas de la incredulidad, la rebelión y la amargura nos contaminen. Confesemos nuestro pecado; Dios ablandará nuestros corazones con el agua de su Palabra y su presencia. ¡Seamos humildes!

Señor, dame un corazón sensible y obediente a tu voz.

YF

FEBRERO 10

Lectura diaria: Éxodo 9, 10

LA LUZ NO FALTÓ

*Durante todo ese tiempo las personas no pudieron
verse unas a otras ni se movieron. Sin embargo,
la luz no faltó en ningún momento.*
(Éxodo 10:23, NTV)

Cuando la energía eléctrica falla, mis hijos se enfurecen y creo que yo también. No solo se puede descongelar el refrigerador, sino que los aparatos eléctricos de los que tanto dependemos, no funcionan. Sin embargo, una vela puede brindarnos paz y ayudarnos a vernos unos a otros. Cuando así pasa, le he dicho a mis hijos que demos gracias porque en casa no falta la luz.

Los israelitas también tuvieron que soportar un momento aterrador cuando las tinieblas cubrieron Egipto, pero a diferencia de los egipcios, en sus casas no faltó la luz. Probablemente, ninguna de nosotras ha experimentado la oscuridad total. Los expertos nos dicen que sin la luz solar la vida no sería posible.

Sin embargo, hay otra densa oscuridad cubriendo nuestro mundo el día de hoy: se llama pecado. El pecado distorsiona la manera en que vemos y nos paraliza. El pecado hace que las tragedias, sean el terrorismo o un huracán, un terremoto o una guerra, nos roben de toda esperanza. ¿Lo más triste? Los hombres han rechazado la luz, pues han amado las tinieblas.

Pero los creyentes en Jesús no tenemos que vivir así. Cuando Dios forma parte de nuestras vidas, en nuestros corazones no falta la luz. No importa lo terrible de las circunstancias externas, Jesús ha alumbrado nuestros corazones con su amor y su paz, su esperanza y su gozo. ¿Qué debemos hacer? Amar la luz y mostrarla a quienes todavía viven en tinieblas. ¿Encendemos nuestras velas y compartimos con otros?

Gracias, Señor, por tu luz.

KO

Febrero 11

Lectura diaria: Éxodo 12, 13

El único sobreviviente

*Cuando el Faraón dejó ir al pueblo, Dios no los guio
por el camino de la tierra de los filisteos, aunque estaba cerca,
porque dijo Dios: «No sea que el pueblo se arrepienta
cuando vea guerra y se vuelva a Egipto».*
(Éxodo 13:7, NBLA)

«Se me hizo tarde ese día». «Perdí mi vuelo». «Se descompuso mi coche». «Se me olvidó mi credencial para entrar al edificio». Estas explicaciones y otras se escuchan de los sobrevivientes del ataque a las Torres Gemelas de Nueva York el 11 de septiembre del 2001, en el que murieron casi tres mil personas. La mayoría atribuye todo a la suerte, a decisiones aleatorias o al destino.

Pero los creyentes, en muchos casos, vieron la mano de Dios, aunque nadie puede explicar por qué algunos fallecieron y otros no. Stanley Praimnath, por ejemplo, fue el único sobreviviente de la zona de impacto del avión que chocó con la Torre Sur. Él se preguntaba cuál sería el propósito de Dios en dejarlo vivir y al fin, agradecido, decidió servirle como pastor.

Los israelitas se quejaron constantemente por las penurias que pasaron durante cuarenta años en el desierto, rumbo a la Tierra Prometida. Se les olvidó que Dios los salvaba de peores sufrimientos, como la esclavitud. De hecho, Dios hizo que fueran por un camino más largo ¡para que no enfrentaran luego la guerra y así se desanimaran más!

No comprendemos muchas cosas que nos pasan en esta vida. Pero si creemos que Dios está en control, podemos estar agradecidos por los retrasos o por «tomar el camino largo». Incluso en lo que no tiene explicación humana, Dios tiene un propósito.

Gracias, Señor, porque obras en todo para bien.

MHM

FEBRERO 12

Lectura diaria: Éxodo 14, 15

EXODUS

Ustedes no se preocupen, que el Señor va a pelear por ustedes.
(ÉXODO 14:14, DHH)

El mar Rojo o Mar de los Juncos se menciona en un documento egipcio del siglo XIII a.C. Se encontraba cerca de Tanis, lugar que puede haber sido el de la liberación de Israel. El milagro divino de abrir el mar es la manifestación de poder más dramática y memorable en la historia de Israel. Ahí los egipcios gritaron: «¡Huyamos de los israelitas, pues su Dios está peleando contra nosotros!» (Éxodo 14:25, TLA).

La palabra Éxodo proviene del latín *exodus* que vino del griego antiguo y significa «salida», «partida» o «camino hacia fuera». Es impresionante darnos cuenta de lo que Dios puede hacer para proveer una salida o un camino para protegernos. Él pelea por nosotros. ¿Puedes imaginar la voz de Moisés ante el mar exclamando: «Ustedes no se preocupen»? Dios también nos dice: «No te afanes».

Dios es fiel. Cada día se renuevan sus bondades y su fidelidad. Incluso mientras duermes, Dios se ocupa de ti, de tus problemas, tu pareja, tus hijos, tu economía y hasta de tus «enemigos». El Dios que puede controlar el viento y el mar, puede tomar el control de nuestra vida y porvenir.

Esto no quiere decir que nuestra actitud deba ser pasiva y de contemplación. Nuestra manera de luchar es diferente. Debemos hacer lo que hizo el pueblo de Israel: dejar a un lado el miedo, permanecer firmes y ver la salvación de Dios. Después, cuando veamos el poder de acción de Dios, podemos estar tranquilas. ¿Lo hacemos hoy?

Oh, Dios, tú eres mi fortaleza, mi cántico y mi salvación.

MG

Febrero 13

Pan del cielo

Entonces el Señor le dijo a Moisés: «Voy a hacer que les llueva pan del cielo. El pueblo deberá salir todos los días a recoger su ración diaria. Voy a ponerlos a prueba, para ver si cumplen o no mis instrucciones».
(Éxodo 16:4, NVI)

Existen de todos los tipos, tamaños y sabores y nadie lo puede resistir. Nos referimos al pan. ¿Sabías que el horno más antiguo data del año 4.000 antes de Cristo? Al pensar en pan podemos nombrar el indispensable pan de molde con el que preparamos sándwiches o la famosa *baguette*, inventada en Francia en el siglo xix y que significa bastón.

Lo interesante es que la palabra compañero significa «comer del mismo pan». El compañerismo, entonces, viene cuando haces la misma actividad o estás en la misma situación que otro. Los israelitas, en sus cuarenta años en el desierto, comieron del mismo pan: el pan del cielo. Fueron compañeros de travesía.

Y evidentemente, Dios diseñó el maná con todos los nutrientes que el cuerpo puede asimilar y lo dio a los israelitas, pues no tendrían variedad de comida durante cuarenta años. Sin embargo, en Juan 6:33 y 35, el Señor Jesús, hablando de sí mismo, dice: «Porque el pan de Dios es aquel que descendió del cielo y dio vida al mundo. Yo soy el pan de vida; el que a mí viene, nunca tendrá hambre» (RVR60). Por lo tanto, el espíritu necesita nutrientes espirituales que sólo Jesús puede dar.

¿Has probado el pan del cielo, es decir, has creído en Jesús? Entonces somos compañeras. Compartimos el mismo pan y, ciertamente, atravesamos el mismo desierto de aflicciones en este mundo. Pero animémonos hoy, pues tenemos al pan del cielo que nos dará todo lo que necesitamos para sobrevivir la travesía.

Señor Jesús, Tú eres todo lo que necesito.

Febrero 14

Lectura diaria: Éxodo 19, 20

Peligroso

Se mantuvieron a distancia, temblando de miedo.
(Éxodo 20:18, NTV)

Cuando el señor Castor le habla a los niños Pevensie sobre Aslan el león, en las Crónicas de Narnia, Susan dice: «Entonces es peligroso». El señor Castor responde: «¡Por supuesto que es peligroso! Pero es bueno. Es el Rey». ¿Cómo pensamos nosotras de Dios?

Los israelitas sabían que Dios era bueno y poderoso, porque vieron cómo abrió un mar y los alimentó con maná. Fueron testigos de las diez plagas y comprendieron que Dios cumplía sus promesas. Sin embargo, quizá olvidaron que Dios no es un invento humano. Cuando en el monte Sinaí retumbaron los truenos y destellaron relámpagos y una nube densa descendió, tuvieron temor.

No soportaron lo que veían y se mantuvieron a distancia. Incluso temblaron. ¿Qué le pidieron a Moisés? «¡Háblanos tú y te escucharemos, pero que no nos hable Dios directamente, porque moriremos!» (20:19, NTV). ¿Por qué Dios apareció como un León rugiente y no como el Cordero redentor en esta escena? Moisés mismo responde: «Dios ha venido de esta manera para ponerlos a prueba y para que su temor hacia él les impida pecar» (v. 20, NTV.)

Así como Aslan no es un león domesticado, nuestro Dios no puede caber en una casilla. Necesitamos recordar que es un Dios poderoso, fuerte, más grande que todo lo que podemos imaginar y, por lo tanto, una de nuestras respuestas hacia Él debe ser una profunda reverencia. Que el temor y respeto que nuestro Dios inescrutable provoca en nosotras nos ayude a no pecar hoy. Y no olvidemos que Él es bueno.

Señor, solo Tú eres Dios.

KO

FEBRERO 15

NO AL MALTRATO

*No maltrates ni oprimas a los extranjeros en ninguna
forma. Recuerda que tú también fuiste extranjero
en la tierra de Egipto.*
(Éxodo 22:21, NTV)

Raúl Dersé y su familia huyeron de Venezuela en búsqueda de
mayor seguridad. Su vida peligró al cruzar el Tapón de Darién,
una zona selvática entre Colombia y Panamá. Raúl llevaba a sus
tres hijos a cuestas y varias veces estuvieron a punto de morir.
Pero Raúl nunca perdió la fe en Dios.

En Costa Rica, Lucy Nájera y otros cristianos han sacrificado
mucho para ayudar a extranjeros como esta familia. En un refugio para migrantes, ofrecen un lugar para descansar, apoyo médico y alimentos. Sienten que Dios los ha llamado para socorrer a
estos extranjeros en sus necesidades. Subraya Lucy que la Biblia
dice que el que no ama, no ha conocido a Dios.

Entre las leyes de la Torá judía se incluye la de Éxodo 22:21 que
exhorta a los judíos a no maltratar ni oprimir a los extranjeros,
sobre todo al recordar las penurias que pasaron ellos mismos
durante su tiempo en Egipto. Debían mostrar misericordia a los
que vivían experiencias semejantes. Tampoco debían explotar a
otras personas vulnerables como las viudas y los huérfanos.

Nosotras hoy también somos extranjeras; estamos de paso en
este mundo. Por lo tanto, podemos empatizar con los migrantes en nuestros países. ¿Cómo podemos obedecer el mandato de
Dios el día de hoy? ¿Podemos tender la mano a los que han dejado sus países por causa de la inseguridad y la pobreza? ¿Oramos
por ellos? Que Dios nos mueva a compasión.

*Padre de los desamparados, enséñame a amar a los que pones
en mi camino.*

MHM

Febrero 16

Lectura diaria: Éxodo 23, 24

¡Fiesta!

Tres veces en el año me celebraréis fiesta.
(Éxodo 23:14, LBLA)

Tres parábolas, tres fiestas y una palabra en común: gozo. ¿Te acuerdas? En la parábola del hijo pródigo, cuando el hijo regresa, el padre dijo: «¡Hagamos fiesta!» y hubo música y danzas. En el relato de la mujer que pierde una moneda, cuando la encuentra, reúne a sus amigas y vecinas para celebrar juntas. Cuando el pastor encuentra a la oveja perdida, la pone sobre sus hombros y reúne a sus vecinos y festeja.

El énfasis es claro: Jesús se alegra cuando el perdido es encontrado. Cuando un pecador se arrepiente hay gozo y fiesta en el cielo. Leemos en la porción de hoy que Dios mismo instituyó tres fiestas durante el año para celebrarlo a Él y para recordar al pueblo la salvación que provino de su mano.

En la fiesta de la Pascua pensaban en el cordero que tomaba su lugar y en su salida de Egipto. En la fiesta de Pentecostés celebraban la cosecha y la abundancia de una tierra árida. En la fiesta de los Tabernáculos debían acordarse de sus años en el desierto, en los que nunca faltó Dios.

Nuestra realidad cotidiana puede no ser fácil, pero al menos un día a la semana, el domingo, podemos dejar en casa las caras largas y celebrar con cánticos de gozo y agradecimiento al recordar lo que Dios ha hecho. Podemos también contar con nuestras propias celebraciones, como el día que conocimos a Cristo o las fechas especiales. ¿Festejamos hoy?

Miro al pasado no con tristeza; me gozo por lo que en mi vida has hecho.

MG

FEBRERO 17

Lectura diaria: Éxodo 25, 26

DE CORAZÓN

Di a los israelitas que recojan una ofrenda para mí.
Deben recogerla entre todos los que quieran darla
voluntariamente y de corazón.
(ÉXODO 25:2, DHH)

Cuando era niña, me encantaba ir a la iglesia. Todavía recuerdo una canción para el momento que se recogía la ofrenda. Juntábamos nuestras manos y hacíamos sonar las monedas dentro mientras cantábamos: «La ofrenda, la ofrenda, la ofrenda del Señor. Si doy un centavo, el Señor me da dos».

Y, aunque la canción es alegre y me trae gratos recuerdos, me doy cuenta de que tiene una enseñanza inconsistente y que es muy común en muchas iglesias, donde desde pequeños se nos enseña que, si le damos a Dios algo, Él va a darnos mucho más. Es decir, se nos enseña a ser interesados y esperar recibir algo a cambio.

En nuestra lectura, el Señor está pidiendo una ofrenda a quien quiera darla voluntariamente y de corazón, no con el interés de cobrarla con creces. Cuando damos un regalo, lo damos sin esperar recuperarlo. Es más, si damos un regalo, es porque apreciamos a quien lo recibe y queremos mostrar nuestro cariño de esa manera. Con esa actitud de disposición debemos ofrendar.

No tratemos de convencer al Señor de bendecirnos económicamente solo porque le damos una ofrenda. Démosle para mostrarle cuánto le amamos. Ya nos da demasiado. Si Él nos da más, lo hará cuando quiera y como quiera. Nosotras demos con libertad y generosidad. Quizá el canto debería sonar algo más así: «La ofrenda, la ofrenda, la ofrenda del Señor. La doy con alegría; la doy de corazón».

Señor, toma todo de mí. Todo lo que tengo es tuyo.

YF

FEBRERO 18

Lectura diaria: Éxodo 27, 28

BELLEZA Y ESPLENDOR

> *Hazle a Aarón vestiduras sagradas*
> *que irradien belleza y esplendor.*
> (Éxodo 28:2, NTV)

¿Sabías que la mujer promedio pasa entre quince y diecisiete minutos eligiendo qué ponerse? Si lo sumamos, eso equivale a cuatro días al año, o seis meses desde que te gradúas del bachillerato hasta tu jubilación. ¿Qué tan importante es para ti verte bien? Me parece que no está mal lucir bellas y elegantes.

En el pasaje bíblico de hoy, leemos que Dios quería que sus sacerdotes trajeran los mejores vestidos. No solo ocupó a los mejores artesanos, sino que además apartaron las telas más finas. Hicieron diseños hermosos en ellas y coronaron el pectoral con piedras preciosas. ¿Para qué tanta elegancia en medio de un desierto? Para los ojos de Dios.

Quizá hoy cada mañana tardamos en elegir el mejor atuendo. Buscamos la ropa más cara y de calidad, o nos preocupamos porque sea de buena marca. No olvidemos, sin embargo, vestirnos internamente, que a fin de cuentas es incluso más importante porque no lo hacemos para los ojos de los hombres, sino para los de Dios. Y si Dios se complace, se repercutirá en los demás.

¿Y de qué nos podemos vestir? Colosenses nos dice: «Dado que Dios los eligió para que sean su pueblo santo y amado por él, ustedes tienen que vestirse de tierna compasión, bondad, humildad, gentileza y paciencia» (3:12, NTV). Pasar un tiempo de lectura y oración antes de salir de casa nos puede ayudar a centrarnos en estas cualidades y prepararnos para lucir más que bellas. ¿Lo hacemos?

Señor, quiero vestirme hoy de Cristo.

KO

FEBRERO 19

OLOR GRATO

Luego quemarás todo el carnero sobre el altar,
pues es un holocausto de olor grato en honor del Señor.
(Éxodo 29:18, RVC)

A todas nos gusta oler bien. Muchas gastamos cantidades importantes en cremas y perfumes para provocar una buena reacción en los demás. Además, aromatizamos el auto y la casa con aceites y esencias. Por otro lado, evadimos ciertos aromas de descomposición. No queremos asociarnos con olores de putrefacción o decadencia.

El tabernáculo, sin embargo, no solo olía al incienso que se quemaba en el lugar santo, sino que también olía a «chamuscado». En Éxodo se nos dice que el carnero sacrificado para la consagración de los sacerdotes era «de olor grato en honor del Señor» (Éxodo 29:18, RVC). Se dice lo mismo del pan que se quemaba en el altar (v. 25). Pero seguramente no olía a una tienda departamental.

En realidad la frase en estos casos no se refiere tanto al aroma físico, que no era exactamente fragante, sino al significado del holocausto: la expiación por el pecado. Satisfacía los requisitos de Dios y por tanto era agradable para Él. Del mismo modo, ¿cómo olió el sacrificio de Cristo en la cruz por nosotras? A sangre, a muerte, a dolor.

Lo que hizo nuestro Señor no fue placentero para Él, pero satisfizo los requisitos de Dios ¡y nos hizo justos ante sus ojos! Demos gracias a Dios porque Jesús no evitó la cruz, así como Dios no modificó los sacrificios solo para que olieran bien. Se requería de sangre para la remisión de pecados y Jesús pagó el precio. ¡Qué Salvador más grande tenemos!

¡Te honro, Jesús, por entregarte por mí!

MHM

Febrero 20

Te daré descanso

*Tienen seis días en la semana para hacer su trabajo
habitual, pero el séptimo día será un día de descanso
absoluto, un día santo, dedicado al Señor. Cualquiera
que trabaje el día de descanso será ejecutado.*
(Éxodo 31:15, NTV)

Estudios científicos han comparado a las personas que asisten a alguna iglesia una vez a la semana con las que no lo hacen. Los resultados reportan que los que van a la iglesia tienen 39% más de éxito en dejar el alcohol y 78% en dejar de fumar, 54% realizan más ejercicio y son 31% menos propensos a deprimirse.

Dios ha ordenado observar el día de reposo y como siempre que Él nos manda algo, es por nuestro bien. En la porción de hoy, Dios dice a Moisés: «Yo mismo iré contigo, Moisés, y te daré descanso; todo te saldrá bien» (Éxodo 33:14, NTV). La compañía de Dios nos da descanso. El reposo que nuestros espíritus cansados encuentran en Él nos vivifica, nos restaura y nos sana, confluyendo para que todo salga bien.

La Universidad de Duke realizó un estudio en adultos mayores: los que oraban con regularidad y tenían estudios bíblicos en su hogar fueron 47% menos propensos a morir que quienes no lo hacían durante los seis años que duró el estudio. Así que tu cita diaria con Dios e incluso la lectura de este libro devocional contribuyen no solo a tu bienestar espiritual sino también físico.

Congregarnos los domingos, tener nuestra cita diaria con el Señor, asistir a un grupo de estudio bíblico o abrir tu casa para tener uno, no es trabajo, es descanso; no es pérdida de tiempo, es inversión. ¿Hay alguna de estas acciones que te beneficiaría incorporar a tu vida?

Mi alma en ti reposa; vivifícame y sáname, Señor.

MG

Lectura diaria: Éxodo 34, 35

Nuestro encuentro diario

*Después bajó Moisés del monte Sinaí llevando las dos tablas
de la ley; pero al bajar del monte no se dio cuenta de que
su cara resplandecía por haber hablado con el Señor.*
(Éxodo 34:29, DHH)

Cuando Nataly, mi preciosa sobrinita, tenía un año, le encantaba correr para que yo la alcanzara. Yo corría tras ella, me escondía y esperaba que pasara para abrazarla. Disfrutaba olerla, besarla y oír su risita placentera. Se retorcía en mis brazos para bajarse y empezar otra vez su carrerita. Yo esperaba con ansias esos encuentros. Era tanto el deleite que yo experimentaba, que sé que mi rostro se llenaba de esplendor.

Estoy segura de que Moisés experimentaba un sentimiento así de emocionante en la presencia del Ser más precioso del universo. Estaba tan cerca de Él que pudo verlo por detrás. Yo creo que también pudo olerlo, disfrutarlo, amarlo y oír su maravillosa voz. En consecuencia, su rostro resplandecía y todos lo podían notar.

¿Será que podemos disfrutar de las mismas sensaciones ahora? Creo que sí. Por eso llamamos al devocional diario «nuestro tiempo con Dios». En la medida que buscamos al Señor, en esa misma medida Él se revela a nosotros y más lo conocemos y nos gozamos de sentir su presencia y de oír su voz. Pero algo que no tenemos en cuenta es que otros verán nuestro rostro diferente.

Pasar tiempo con Dios nos cambia por dentro, pero también nos cambia por fuera. Sonreímos más y nuestra mirada se ilumina. Y muchos estarán asombrados de nuestra transformación. ¿Es tu tiempo con Dios tan íntimo e impactante que sales transformada después de tu tiempo devocional?

*Señor precioso, quiero disfrutarte cada día de una manera
especial y maravillosa.*

YF

Febrero 22

Habilidad y sabiduría

Así que Besalel y Oholiab, y todo el que tenga capacidad artística,
y a quien el Señor le haya dado sabiduría y entendimiento
para hacer bien todo lo necesario para el culto del santuario,
llevarán a cabo lo que el Señor ha ordenado.
(Éxodo 36:1, DHH)

Las tareas como un grifo que gotea, una repisa tambaleante o un mueble para ensamblar me resultan escalofriantes. Sin embargo, para mi esposo, representan una misión y un desafío. Sus manos, pueden solucionar cualquier cosa y dejar mi casa preparada para cualquier desastre.

¿Y quién le dio ese talento? Dios, el mismo Dios que dotó a dos hombres en el Antiguo Testamento de entendimiento y habilidad para construir los muebles del tabernáculo. No solo debían crear cosas hermosas, sino también tener la suficiente inteligencia para recibir las instrucciones de Dios e interpretarlas en la madera, las telas o los metales. Para ello necesitaban capacidad y sabiduría.

El verbo «hacer» se repite muchas veces en estos pasajes. ¡Qué importante trabajar en equipo y terminar un proyecto! Dios, el Creador por excelencia, nos ha dado la capacidad de formar cosas. Incluso Jesús, talló, cortó y clavó madera. ¿Qué habrá sentido al terminar una silla o una mesa?

¿Qué puedes hacer con tus manos para agradar a Dios hoy? ¿Amasar pan para tu familia? ¿Bordar un cuadro para una amiga? ¿Remover la tierra del jardín para sembrar flores? Solo recuerda hacerlo con entendimiento y con belleza. Que lo que salga de nuestros dedos lleven el sello de hermosura y bondad del artesano más perfecto que hay.

Usa mis manos, Señor.

KO

Lectura diaria: Éxodo 39, 40

La gloria de Dios

Entonces la nube cubrió la tienda de reunión
y la gloria del Señor llenó el tabernáculo.
(Éxodo 40:34, LBLA)

En 1737, el pastor Jonathan Edwards bajó de su caballo en un bosque y pasó tiempo contemplando a Dios y orando, cuando tuvo una experiencia extraordinaria. Dijo: *Vi la gloria del Hijo de Dios, como Mediador entre Dios y el hombre, y su gracia maravillosa, grande, plena, pura y dulce.* No pudo más que llorar y deleitarse en este momento de dulzura y agonía.

¿Qué vio Edwards? La gloria de Dios. La palabra hebrea para gloria es *kabod*, que por un lado significa honor, magnificencia, dignidad y esplendor. Tendemos a asociarlo con la luminiscencia. Pero la palabra también se puede traducir como pesadez, fortaleza o poder. En otras palabras, es algo que nos satisface hasta la médula, pero también nos cuesta comprender.

En este pasaje vemos que al obedecer el pueblo judío todas las indicaciones detalladas que Dios dio para preparar su santuario, «la gloria del Señor llenó el tabernáculo» y pesaba tanto esa gloria que «Moisés no podía entrar en la tienda de reunión». (Éxodo 40:34-35, LBLA). ¿Pero qué estaba comunicando esa gloria? La noticia más grande del universo: Dios aceptaba a su pueblo y viviría en medio de ellos.

¿Has experimentado este peso de gloria? Lo harás cuando dejes de ver tus problemas momentáneos y mires las cosas que no se ven y son eternas, como la profunda verdad de que Dios se ha fijado en ti y te ha hecho su hija. ¿No es esta una verdad «pesada», pero al mismo tiempo sumamente conmovedora?

Señor, muéstrame hoy un vistazo de tu gloria,
¡que un día veré en plenitud!

MHM

Febrero 24

Lectura diaria: Salmo 90, Levítico 1, 2

Hazlo hoy

Enséñanos a entender la brevedad de la vida,
para que crezcamos en sabiduría.
(Salmos 90:12, NTV)

Seguramente conoces lo que es la procrastinación y por si no lo sabes, trataré de explicártelo, solo espérame tantito... Sí, algo se me ocurrirá. Mientras, platiquemos... ¿Te gustó la portada del devocional? Es linda. En un momento iniciaré con el tema, solo reviso unos mensajitos en mi Instagram...

Eso es procrastinar, el «arte» de encontrar maneras de no hacer lo que tenemos que hacer. Proviene del latín *procrastinare*: «pro» adelante y «crastinus» mañana. Es postergar o posponer; dejar para mañana lo que tenías que haber hecho hoy. Se estima que al menos el 95% de la población tiende a procrastinar; de estas personas, el 20% son procrastinadores frecuentes. En la población estudiantil el porcentaje aumenta hasta en un 50%.

El Salmo 90 trata de la fragilidad de la vida, es decir, lo rápido que el tiempo vuela. Es por ello por lo que nos recomienda vivir nuestros días con sabiduría y «aprovechando bien el tiempo porque los días son malos» (Efesios 5:16, RVR60). En este breve espacio sería imposible analizar técnicas para no procrastinar, sin embargo, «entender la brevedad de la vida» es un buen comienzo.

Te felicito y admiro si eres parte del 5% de la población que no lucha con este problema, pero si eres parte del otro 95% quiero animarte para tener días más productivos, organizarte mejor y levantarte más temprano. Pidamos ayuda al Padre para fortalecer nuestra voluntad y dominio propio. Hoy.

Jesús, tú que aprovechaste tan bien el tiempo aquí en la tierra, dame sabiduría para hacerlo también.

MG

Febrero 25

Esperanza en los errores

Habla a los hijos de Israel y diles: cuando alguna persona
pecare por yerro en alguno de los mandamientos
de Jehová sobre cosas que no se han de hacer.
(Levítico 4:2, RVR60)

Dudo que te despiertes un día y digas: «Hoy, camino al trabajo, me voy a perder». A nadie, creo, le gusta extraviarse. Pasa de manera no intencional. En el español antiguo diríamos que hacemos un yerro, una falta cometida por ignorancia o malicia. De hecho, en el pasaje de hoy leemos que muchos pecamos de manera accidental. Tratamos de obedecer a Dios, pero ¡los pecados se nos escapan!

Sin embargo, estos pecados, aunque fueran de este tipo, debían expiarse. A final de cuentas, seguían siendo pecados. Esas mentiras para no ofender, o exageraciones para llamar la atención, o comentarios sagaces para que los demás se rían, pero que a final de cuentas hieren, no dan en el blanco de la santidad de Dios. Necesitan de su perdón.

¡Qué hermoso saber que por esos pecados también pagó Jesús en la cruz! En nuestro caminar hacia la eternidad, tropezamos constantemente sin darnos cuenta, pero el Señor ha hecho una provisión para enmendar esos errores. Tenemos la oportunidad de estar a mano con Él a través de lo que Jesús ya hizo por nosotras.

Pidamos a Dios que nos muestre estos pecados por yerro que cometemos todos los días y lo ofenden. Confesémoslos y confiemos que su sangre es suficiente para limpiarnos de toda maldad. Dios ha provisto para nuestros pecados pasados, presentes y futuros y no tenemos más que dar gracias a su amor y misericordia por nosotras, ovejas perdidas que fallan incluso accidentalmente.

Señor, ayúdame a reconocer mis errores y llevarlos a la cruz.

YF

Lectura diaria: Levítico 6, 7

MÁS QUE UN VIAJE

Esta es la ley del holocausto, de la ofrenda, del sacrificio
por el pecado, del sacrificio por la culpa,
de las consagraciones y del sacrificio de paz.
(Levítico 7:37, RVR60)

Cuando compras un boleto para viajar a algún lugar, lo haces y no piensas más en el asunto. No buscas hacerte amiga del piloto o del conductor, tu vida no gira alrededor del peregrinaje y del destino. Sin embargo, esto funciona de manera distinta cuando adquirimos nuestro boleto a la eternidad.

Cuando comprendes que Jesús vino al mundo a morir por tus pecados y aceptas su salvación, tienes, por así decirlo, tu pase a la vida eterna. Sin embargo, ahí no termina todo. La vida cristiana no se trata de lidiar con el tema de tus pecados y lavarte las manos. Levítico nos lo recuerda. ¿Por qué había tantos tipos de ofrendas y sacrificios? ¿No se supone que los israelitas debían matar un cordero cada día solamente para el perdón de sus pecados?

¡No! Los sacrificios tenían diferentes propósitos: gratitud, buenas relaciones, perdón por los pecados conscientes y los involuntarios, o la búsqueda de la paz. Esto nos muestra la importancia de una relación con Dios. Hemos sido creadas para caminar con Dios y conocerle. Nuestra vida no es solo un viaje monótono, sino una caminata en compañía de Él.

Si has decidido recibir el boleto de la vida eterna, dedica tu tiempo para conocer a tu acompañante y a depender de Él cuando subas montañas empinadas o transites por desiertos sofocantes. Ofrece diariamente sacrificios al Señor por medio de la confesión, la comunión y la gratitud. Ten una relación con Dios.

Padre, quiero caminar contigo rumbo al cielo.

KO

Febrero 27

Adoración inaceptable

Pero Nadab y Abiú, hijos de Aarón, tomaron cada uno su incensario y, poniendo en ellos fuego e incienso, ofrecieron ante el Señor un fuego que no tenían por qué ofrecer, pues él no se lo había mandado.
(Levítico 10:1, NVI)

«Cuánto me ama Dios». «Soy especial para Dios». «Dios me hace sentir bien». «Dios me quiere hacer prosperar siempre». Algo de verdad tienen varias de estas declaraciones, sobre todo en cuanto al amor de Dios y su cuidado por sus hijos. Pero las últimas dos se alejan un poco de la enseñanza bíblica. Notemos también que todos estos enunciados están centrados en nosotras mismas.

En la actualidad, hay una plétora de alabanzas hermosas, pero en vez de enfocarse en Dios y su grandeza, tienden a ser egocéntricas. ¿No se trata la adoración de mirarlo a Él y proclamar quién es Él?

Moisés había dado claras indicaciones de todos los detalles para la consagración de Aarón y sus hijos sacerdotes. En este pasaje vemos que dos de sus hijos hicieron algo que no les había mandado Dios con un resultado desastroso: Dios mandó fuego y los consumió. El fuego que habían ofrecido ellos al Señor, que en algunas traducciones se llama «extraño» o «profano», no había sido encendido en el altar del Señor. Nadab y Abiú ofrecieron una adoración inaceptable al Señor, ya sea por orgullo, ambición, o por impaciencia.

Cuando adoramos a Dios, hagámoslo de corazón. Tengamos cuidado de no procurar sentir emociones de euforia o centrarnos más en nosotras mismas que en nuestro Creador y redentor. ¡Solo Él es digno de ser alabado!

¡Te alabo, te bendigo y te adoro, Señor!

MHM

Febrero 28

Levítico y la ciencia

Hablad a los hijos de Israel y decidles: Estos son los animales que comeréis de entre todos los animales que hay sobre la tierra.
(Levítico 11:2, RVR60)

Un caluroso día de verano en el desierto, Dios le dice a Moisés: «Tenemos que hablar. Te daré las medidas de higiene; debes saber de la existencia de los microbios, virus y bacterias». A lo que Moisés responde con inusual valentía: «Despreciables criaturas malignas, ¡las destruiré con mi vara!» Dios: «No, no, no se trata de eso, tranquilo. Solo pon atención y obedece».

Los egipcios relacionaban a las enfermedades con la acción de espíritus malvados. La forma de contrarrestar sus efectos era la magia. Es posible que los judíos absorbieran esta mentalidad pues Moisés vivió en palacio desde niño. Las prácticas de higiene como las cuarentenas ordenadas por Dios a los judíos representan un adelanto excepcional y racional para tratar con las enfermedades.

Podemos pensar que estos capítulos de Levítico son solo historia o una aburrida lista de normas. El origen de la pandemia del coronavirus puede estar relacionado a la ingesta de animales como el pangolín o el murciélago, que se incluyen en la lista de animales impuros en Levítico. Los biotecnólogos advierten de futuras pandemias de no tener un manejo adecuado de ciertos animales.

Dios no solo desea mantenernos saludables mediante milagros de sanidad. Él ha provisto principios y consejos en su Palabra para prevenir las enfermedades. Descubrimientos científicos recientes han sido revelados por Dios desde hace más de tres mil años. Observemos lo importante que es para nuestro Padre que vivamos no sólo en salud, sino también en santidad. Como Daniel, propongamos en nuestro corazón no contaminarnos.

Solo Tú eres santo y tu sabiduría es incomprensible para mí.

MG

Febrero 29

Lectura diaria: Levítico 12

Preciosa sangre

*Pero, si no le alcanza para comprar un cordero, tomará
dos tórtolas o dos pichones de paloma, uno como holocausto
y el otro como sacrificio expiatorio. Así el sacerdote hará
propiciación por la mujer, y ella quedará purificada.*
(Levítico 12:8, NVI)

Rudolph Virchow, el «padre de la patología moderna» reconoce
que las normas de higiene hebreas han sido excelentes a causa del
conocimiento que les fue revelado por Dios. El médico británico William Harvey estudió el sistema circulatorio concluyendo
científicamente que «la vida de la carne, está en la sangre» (Levítico 17:11, NVI), un conocimiento incorporado en los escritos de
Moisés tres mil años antes de los estudios de Harvey.

Levítico presenta la sangre como algo sagrado. En los sacrificios
había sangre derramada. La expiación simboliza la sustitución de
la vida por la vida. Sin derramamiento de sangre no hay remisión
de pecado. Sacrificios de animales era lo instituido por Dios en el
Antiguo Testamento para restaurar la posición del hombre ante
Dios. La expiación se consolidó con la sangre de Cristo.

Nuestra salvación es posible por el regalo inmerecido de su gracia.
Los creyentes de todos los tiempos buscamos obedecer al trino
Dios por amor y agradecimiento. Nos sometemos a su autoridad
y a una vida pura porque al hacerlo nos conservamos cerca de Él.

El hermoso himno de origen cubano «Tierra de Palestina» dice:
*Eres la historia inolvidable porque en tu seno se derramó la sangre,
preciosa sangre, del unigénito hijo de Dios.* Recordemos el sacrificio
de Cristo, no solo en los días especiales, sino con cada latido de
nuestra sangre llegando al corazón.

*Nunca podré agradecer lo suficiente la sangre que derramaste
en mi lugar.*

MG

Marzo 1

Lectura diaria: Levítico 13

El mal que me esclaviza

*Vivirán apartados, fuera del campamento. Además, se cubrirán
la mitad del rostro e irán gritando: «¡Soy impuro! ¡Soy impuro!»*
(Levítico 13:45, TLA)

¿Sabías que la lepra se reproduce lentamente? Tiene un período
promedio de incubación de cinco años y no es una enfermedad
muy contagiosa, a pesar de lo que se cree. Su principal síntoma
es la pérdida de sensibilidad que hace que los enfermos tengan
lesiones en la piel o se quemen sin darse cuenta. Por eso mismo,
pueden perder alguna parte de su cuerpo.

En nuestra lectura de hoy, se compara a la lepra con el pecado. También tarda en incubar. Santiago, en su carta, nos explica
que la tentación viene de nuestros propios deseos. Estos deseos
nos seducen, lo que toma tiempo. Esos deseos se gestan, por así
decirlo y cuando dan a luz, lo que implica tiempo, producen los
actos pecaminosos.

Así como la lepra, el pecado hace que perdamos sensibilidad. Entre más lo practicamos, menos vergüenza sentimos por mentir o
por robar o por chismear. Un día, nos damos cuenta de que perdimos un dedo y ni siquiera nos dimos cuenta. La lepra causaba
tal deformidad que los enfermos debían gritar: «¡Soy impuro!
¡Soy impuro!», no solo por reconocer que estaban enfermos, sino
para avisar que la condición en la que estaban podía dañar a cualquiera que se acercara.

Así como nos cuidamos de no contagiarnos de ciertas enfermedades, seamos precavidas en cuanto al pecado. Cuando nos demos cuenta de que hay un pecado que nos esclaviza, del que no
podemos escapar y que nos daña y daña a los que nos rodean,
llevémoslo delante del sacerdote Jesús para librarnos de él.

Señor, ayúdame a reconocer el pecado que me asedia.

YF

Marzo 2

Lectura diaria: Levítico 14

Cuidado con el moho

*Derribará, por tanto, la tal casa, sus piedras,
sus maderos y toda la mezcla de la casa; y sacarán
todo fuera de la ciudad a lugar inmundo.*
(Levítico 14:45, RVR60)

¿Te ha pasado que de repente todo parece descomponerse en el lugar donde vives? Cuando me mudé a una nueva casa, pensé que finalmente carecería de las pequeñas cosas que molestan, pero me equivoqué. A los pocos días de la mudanza, surgieron las imperfecciones: drenaje deficiente, goteras en el techo y una grieta sospechosa. ¿Lo peor? La humedad en una pared.

La humedad siempre ha sido un problema en muchas partes del mundo. En el Antiguo Israel no era la excepción. Cuando el moho empezaba a perturbar una casa, se debía solucionar antes de que lograra cambios estructurales irreversibles. En el versículo de hoy leemos que la solución final se resumía en derribar la casa.

Este pasaje nos recuerda lo que sucede cuando desatendemos las cosas que consideramos «pequeñas», pero que la Biblia define como pecados. Quizá somos impuntuales en el trabajo o solemos llevarnos las cosas de la oficina sin pensarlo dos veces. Tal vez nos gusta observar ciertas páginas en Internet una vez por semana o poco a poco hemos permitido que ciertas palabras se vuelvan parte de nuestro hablar.

Al igual que el moho, estos «pequeños» pecados solo irán en aumento hasta que un día nos demos cuenta de que la pared no resiste un temblor, ni el techo una tormenta. Hoy es día para reforzar la casa de nuestra vida. Si limpiamos hoy, no tendremos que derribar mañana.

*Constructor de mi vida, muéstrame dónde están las grietas
que necesitan atención.*

KO

Marzo 3

Nuestro sumo sacerdote

Allí, delante del Señor, echará el perfume sobre el fuego,
y el humo del perfume cubrirá el propiciatorio que está sobre
el testimonio. Así, Aarón no morirá.
(Levítico 16:3, (VC)

En enero de 2023, el jugador de fútbol americano Damar Hamlin, de los Bills de Buffalo, sufrió un paro cardíaco tras un golpe en un partido contra los Bengals de Cincinnati. Como resultado, se suspendió el partido. Sorprendió que un hombre atleta de 24 años, en excelentes condiciones físicas, reaccionara de esa manera. Se habría muerto si no lo hubieran resucitado dos veces.

En los tiempos del Antiguo Testamento, la muerte podía llegar repentinamente por razones de impureza espiritual, particularmente el único día del año en que el sumo sacerdote entraba al lugar Santísimo. Por esta razón, Aarón recibió instrucciones muy detalladas para asegurar su santidad al entrar. Tenía que hacer numerosos sacrificios de animales y presentar ofrendas por sus pecados y los del pueblo. También rociaba en varias partes la sangre de los animales sacrificados, para purificar el santuario.

Además, debía echar perfume sobre el fuego del incensario; ese humo cubría el propiciatorio, la tapa del arca del pacto. Allí descansaba una nube, el símbolo visible de la presencia divina. El incienso simbolizaba la oración, en este caso para que Dios no viera el pecado del pueblo hebreo.

Si no se cumplían con estos y otros mandamientos, el sumo sacerdote podía morir al instante, sin importar su edad. Gracias a Dios, ahora tenemos a Jesucristo como nuestro sumo sacerdote. Él murió para que tú y yo tengamos vida eterna. Él nos ha dado la entrada a la presencia de Dios sin necesidad de rituales, solo con fe en su sacrificio. ¡Qué gran noticia!

Te alabo, Señor, porque solo Tú pudiste limpiarme por siempre
del pecado.

Marzo 4

Verdaderamente santa

Y si no los lavare, ni lavare su cuerpo, llevará su iniquidad.
(Levítico 17:15-16, RVR60)

Cuando era muy pequeña y escuchaba las predicaciones en la iglesia, pensaba que una persona santa tenía que ser como «Santa», es decir, ¡Santa Claus! Suponía que tenía que ser muy bueno para gastar todo su dinero comprando juguetes a los niños y al no comprar ropa para sí mismo, traía siempre un uniforme rojo. Muchos años después aprendí (sin agraviar a San Nicolás) que la santidad no se refiere a eso.

El significado bíblico de «santo» proviene del hebreo *kadosh* que significa apartado o separado. La santidad no es una categoría ética, sino un estado y una característica de Dios, es decir, un atributo. Y nosotros somos llamados a ser santos como pueblo escogido y apartado para Él.

En la lectura de hoy, notamos la distinción que se hace entre lo santo y lo pecaminoso, entre lo puro o limpio y lo impuro o sucio. Incluso la limpieza en el plano físico influye en la pureza a nivel espiritual. Lo corruptible de este mundo no es compatible con la santidad de Dios. En realidad esta separación es lo que Jesucristo vino a cambiar mediante su obra expiatoria.

Los creyentes no somos santos a causa de nuestras buenas obras. No se trata de lo que nosotros hagamos, sino de lo que Cristo hizo mediante su obra redentora en la cruz. Somos santificadas porque hemos sido consagradas y dedicadas, es decir separadas de este mundo y de las cosas mundanas a través del sacrificio de Cristo. ¡Gracias a Dios por ello!

Gracias, Jesús, por tu sacrificio, ayúdame a entender tu santidad.

MG

Marzo 5

Lectura diaria: Levítico 19, 20

¡A cojear!

Dile a la comunidad israelita lo siguiente:
Sean ustedes santos, pues yo, el Señor su Dios, soy santo.
(Levítico 19:2, DHH)

Entre las reinas más amadas del Reino Unido se enlista a Alexandra de Dinamarca, esposa de Eduardo VII. Se ganó el amor y el respeto del pueblo y la prensa nunca tuvo motivos de crítica hacia ella. Debido a una cicatriz en el cuello, usaba gargantillas y cuellos altos que las mujeres de la alta sociedad copiaron y que fueron tendencia de moda, así como los vestidos y las joyas que usaba.

Cuando sufrió un ataque de fiebre reumática, una de sus piernas quedó rígida y le hacía cojear. Las mujeres británicas pronto imitaron su manera de andar y usaban copias de los bastones que utilizaba. ¡Querían parecerse a su reina! Pronto, en el mercado inglés se vendieron zapatos con tacones desnivelados para que las mujeres cojearan como la reina Alexandra.

Como ya hemos visto, la palabra «santo» proviene de la palabra hebrea *kadosh* que significa separado, puesto aparte o algo distinto de lo ordinario. Dios es puro, sin mancha y sin arrugas. ¡Es santo! Está separado de cualquier cosa que no sea pura o perfecta y por eso, no es ordinario ni común. Es mucho más alto de lo que podemos entender y cuando nos pide que seamos como Él, tiene que pasar algo extraordinario: tenemos que nacer otra vez.

El Señor Jesús puede transformarnos en santas, como Él lo es. Además, nuestro Rey es muchísimo más digno de ser imitado que la reina Alexandra. Si las mujeres de su época estaban dispuestas a «cojear» para parecerse a ella, ¿estaremos dispuestas a «cojear» por Él?

Señor, lléname de tu santidad. No quiero ser ordinaria y común.

YF

Marzo 6

Lectura diaria: Levítico 21, 22

Cerca del sol

Santo será para ti, porque santo soy yo, el Señor,
que los santifico a ustedes.
(Levítico 21:8, NVI)

¿No es el sol único y especial y, en cierto modo, inaccesible? Al mismo tiempo, ¡la vida no podría existir sin él! Los planetas más alejados del sol carecen de vida. Los planetas demasiado cercanos tampoco prosperan porque les resulta imposible vivir tan cerca de la intensidad de su luz.

La santidad de Dios se puede comparar con el sol. Dios es único y especial. No hay otro como Él. De Él y por Él hay vida. Por lo tanto, estar lejos de Él implica morir. Pero ¿cómo acercarnos si irradia una limpieza y pureza perfecta? El libro de Levítico ofreció la solución antes de que Cristo viniera. Dios mostró a los israelitas cómo acercarse a su presencia sin miedo a quemarse, a través de ofrendas, festivales e intercesores, llamados sacerdotes.

En los capítulos de hoy leemos la importancia de que los sacerdotes permanecieran puros y no se contaminaran con nada que tuviera que ver con enfermedad, muerte o inmoralidad. Las ordenanzas de Dios son muy precisas y nos pueden parecer un poco exageradas. ¿Pero dirías lo mismo de un astronauta que decidiera acercarse al sol sin protección de ningún tipo? ¡Una locura!

Hoy, todavía, necesitamos pureza para acercarnos a la santidad de Dios, pero ya no por medio de ritos y tradiciones, sino poniendo nuestra fe en Jesucristo. El perfecto sacrificio de Cristo en la cruz nos permite acercarnos a la presencia de Dios, la fuente de vida y poder y recibir todas las bendiciones que Él ha preparado para los que le amamos. ¿Nos acercamos al Sol de justicia?

Gracias, Señor, por una salvación tan grande.

KO

Lectura diaria: Levítico 23, 24

HOJAS DE PALMERA

Y... tomaréis para vosotros frutos de árboles hermosos,
hojas de palmera y ramas de árboles frondosos...;
y os alegraréis delante del Señor vuestro Dios por siete días.
(Levítico 23:40, LBLA)

Las hojas de palmeras se usan para hacer los techos de casas, un material de las regiones donde hace mucho calor. En mi país, también se tejen para el Domingo de Ramos, una tradición muy popular en las iglesias tradicionales.

En este domingo, una semana antes de Pascua, recordamos la entrada triunfal de Jesucristo a Jerusalén antes de su muerte. Lo recibieron con cantos y con ramos de palma, un símbolo de la victoria, el triunfo, la paz y la vida eterna que se origina en el antiguo Cercano Oriente. Hoy no existe la práctica de menear esas ramas o echarlas a los pies de los festejados, sino que ¡aplaudimos «con las palmas» de las manos!

En esta porción de Levítico se describen las diferentes fiestas que Dios mandó a los judíos celebrar cada año. Algunas son ocasiones muy solemnes, pero esta es de regocijo, en la época de la cosecha. La fiesta de los tabernáculos sigue siendo un recordatorio de cómo Dios liberó a los hebreos al salir de Egipto; por eso durante siete días habitan en casitas hechas de hojas de palmera y ramas de árboles frondosos.

Las tradiciones cambian, pero de la misma manera podemos aprovechar ciertas fechas para alegrarnos en lo que ha hecho el Señor, especialmente en la primavera, cuando recordamos su pasión y resurrección. Aun así, ¡todos los días pueden ser de regocijo y alabanza cuando hacemos memoria de cómo Dios nos rescató de la esclavitud del pecado!

¡Me regocijo siempre en tu salvación, Señor!

MHM

Marzo 8

Lectura diaria: Levítico 25

¿Funciona?

Cumplirán, pues, mis estatutos y guardarán mis leyes,
para ejecutarlos, para que habiten seguros en la tierra.
(Levítico 25:18, NBLA)

¿Cómo sabes si algo funciona? Probándolo, ¿verdad? Pero como bien te has dado cuenta, cuando compras un producto vienen algunas indicaciones muy claras. Si haces ciertas cosas, ya no aplica la garantía pues usaste el producto mal. Realmente no es culpa del fabricante si no haces las cosas como corresponden.

El Creador de este mundo propuso cómo debía ser el funcionamiento correcto de la tierra. Después de seis años de sembrar la tierra, debía descansar uno. Además, en el año cincuenta, se debía poner a los esclavos en libertad y restituir las posesiones que se habían comprado. ¿Funcionó? No lo sabemos porque no se practicó. Al igual que nosotros con un producto nuevo, los israelitas pensaron que sabían más que Dios.

Quizá el miedo de no saber si sobrevivirían sin sus cosechas, los hizo frenarse. Del mismo modo, Dios ha mandado un día de descanso cada semana. ¿Funciona? No lo sabemos porque no lo practicamos. O quizá funciona a medias porque practicamos el mandato mal y dedicamos ese día a las compras de la comida, el cine u otra diversión sin sentido.

Dios descansó un día después de trabajar seis días en la creación del universo. ¿Estaba cansado? Creo que no. Hizo una pausa, contempló su obra, evaluó cada elemento y consideró si era bueno o no. Nos puso el ejemplo; suficiente razón para hacer del domingo un día de alabanza, contemplación y descanso.

Dios, eres mi prioridad, por lo tanto, dedicaré el primer día de la
semana a ti.

MG

Marzo 9

¿Caminar sola?

Caminaré entre ustedes. Yo seré su Dios, y ustedes serán mi pueblo.
(Levítico 26:12, (NVI)

Leí en un estudio que se recomienda que uno camine solo. Según los expertos, cuando uno anda en pareja se baja la velocidad. A mí, en realidad, me parece que caminar con alguien me motiva a ejercitarme y además me divierte. Al contrario, si camino sola, me enfoco demasiado en «quemar calorías» y pierdo el disfrute.

He tenido que salir de viaje sola y caminar por hermosas ciudades donde solo pienso en una cosa: «¡Ah, si estuviera mi esposo conmigo!» En pocas palabras, todos buscamos compañía porque hemos sido creados para relacionarnos. Sin embargo, alguien nos ha prometido caminar con nosotras. ¿Hemos aceptado su invitación?

Todas las reglas que hemos leído en el libro de Levítico, uno que muchos consideran complicado y tal vez poco relevante hoy en día, en realidad nos muestran el corazón de Dios y todo lo que Él hizo para poder caminar entre su pueblo. En otras palabras, Dios caminó millas extra para poder habitar junto a su pueblo. Él, un ser santo y perfecto, se dignó a morar con un pueblo quejumbroso y rebelde.

Cuando estas reglas no funcionaron, Dios decidió venir al mundo a través de Jesucristo para, literalmente, caminar con nosotros. Jesús anduvo por los senderos de Palestina con sus discípulos, con sus amigos, con sus familiares y con todo aquel que quisiera andar con Él. Hoy, Dios Espíritu Santo, camina con nosotras día a día y ha prometido no dejarnos jamás. ¿Caminamos con Él?

Señor, camina conmigo.

KO

Marzo 10

Lectura diaria: Números 1, 2

Orden

Todos los contados en el campamento de Dan, ciento cincuenta y siete mil seiscientos, irán los últimos tras sus banderas.
(Números 2:31, RVR60)

En octubre de 2022, por lo menos 150 personas murieron en Corea del Sur durante una aglomeración para celebrar Halloween. Más de cien mil personas se reunieron en los callejones de un barrio que no pudo sostener la cantidad de gente y la desesperación prevaleció. La tragedia nos recordó que este tipo de situaciones produce asfixias, empujones, pisotones y, tristemente, la muerte.

Imagino que el mismo caos pudo reinar entre los israelitas cuando salieron de Egipto. Todos querían huir. Seguramente muchos peleaban por ir al frente. Probablemente los más débiles ocupaban la retaguardia. Así que Dios puso orden.

El libro de Números nos relata en los primeros capítulos la necesidad de un conteo para conocer el número de familias. Luego nos indica cómo debían acampar y marchar. Todo esto, más que limitar, dio seguridad a los israelitas en su avance. Todos irían protegidos por hombres en edad de combate. Nadie se quedaría olvidado. A final de cuentas el mensaje era: cada uno importa.

¿Dónde necesita orden nuestra vida el día de hoy? Quizá tenemos un cajón o una alacena, un bolso o un armario que podrían usar un poco de organización. Tal vez si ordenamos nuestros horarios podamos pasar más tiempo con cada miembro de la familia para mostrarles que nos importan. Recuerda que Dios ama el orden porque este nos da más lugar para crecer. Así que empecemos hoy mismo a poner un poco de orden en nuestra vida.

Señor, dime dónde debo poner un poco de orden el día de hoy.

KO

Marzo 11

Fiel en lo poco o lo mucho

Cada uno de ellos fue contado según su oficio y según su cargo,
tal y como el Señor lo ordenó por medio de Moisés.
(Números 4:49, RVC)

«Mejor lo hago yo». «No sé si puedo confiar en él para hacerlo bien». «Alguien se ofrecerá». «Veremos luego cómo lo hacemos». Estos y otros pretextos hacen que no deleguemos los trabajos adecuadamente en el hogar, en el trabajo o en la iglesia. El resultado puede ser el caos, el desánimo o una sobrecarga de responsabilidad para quien no supo delegar.

Impresiona el detalle de organización que impuso Dios a los israelitas, sobre todo a los levitas y los sacerdotes, para el cuidado del tabernáculo y después, el templo. Aunque eran miles de personas, se dividían sus tareas en cuanto a cada mueble, cada utensilio y aun las pieles del tabernáculo. Sabían exactamente qué les tocaba hacer y en qué momento debían mudarse de lugar.

Una buena organización hace que el orden y el éxito sean mucho más probables. En esta situación, no dependía de lo que querían hacer los levitas, sino que aceptaban su responsabilidad. Tampoco se despreciaba el trabajo manual, ni se consideraba poco espiritual; todo era para servir a Dios y glorificarlo. Jesús mismo enseñó que: «El que es confiable en lo poco, también lo es en lo mucho» (Lucas 16:10, RVC). Ser fiel con las cosas y las tareas precede la fidelidad con las personas y con Dios.

Tal vez hoy te abruman tus responsabilidades y consideras que no es justo tener que hacer tanto. Puedes delegar algunas tareas. A la vez, puedes aceptar con agrado lo que te toca hacer y hacerlo como para el Señor.

Gracias, Señor, porque puedo servirte fielmente, cualquiera sea mi
responsabilidad.

MH

MARZO 12

Lectura diaria: Números 5, 6

PALABRAS QUE BENDICEN

Cuando los sacerdotes pronuncien esta bendición,
yo haré que se haga realidad.
(Números 6:27, TLA)

Imagina la escena. Has llegado al tabernáculo y dejas a tu corde-ro. Luego miras cómo el sacerdote lo mata y derrama su sangre sobre el altar. El humo indica que tus pecados se han perdonado. Luego, antes de marcharte, el sacerdote coloca sus manos sobre ti y ora: «Que Dios te bendiga y siempre te cuide; que Dios te mire con agrado y te muestre su bondad; que Dios te mire con agrado y te llene de paz».

¡Qué hermosas palabras! Fueron dichas por Dios mismo y orde-nó que fueran pronunciadas para bendecir con una promesa final: «yo haré que se haga realidad». Las palabras son poderosas. Con ellas podemos destruir, herir, desanimar o hacer que una persona se sienta amada. Incluso podemos hacerla reír. Dios puede ha-cer que lo que pronunciamos con nuestra boca se haga realidad, específicamente que el cuidado, la paz y la bondad de Dios sean manifiestas en la vida de alguien. ¡Eso es maravilloso!

Si bien esta bendición estuvo en los labios de los sacerdotes, hoy, según nos explica el Nuevo Testamento, nosotras también somos como sacerdotes. Nuestra labor es interceder por otros y, al ha-cerlo, podemos usar estas palabras y bendecirlas. ¿Cuándo fue la última vez que escuchaste esta oración?

La próxima vez que alguien a tu alrededor tenga problemas o esté pasando dificultades, en el nacimiento de un bebé o un cum-pleaños, recita estas palabras y deja que cubran a la otra persona. Dios se encargará de cumplirlas pues Él ciertamente desea mos-trarnos su bondad y llenarnos de paz.

Sé que tu deseo es bendecirnos, Dios, porque eres bueno.

MG

Marzo 13

Júntate con el mejor

*Y cuando entraba Moisés en el tabernáculo de reunión,
para hablar con Dios, oía la voz que le hablaba de encima del
propiciatorio que estaba sobre el arca del testimonio,
de entre los dos querubines; y hablaba con él.*
(Números 7:89, RVR60)

Berkshire Hathaway es una sociedad dueña de acciones de empresas como Apple, The Home Depot, Bank of America, Wal-Mart Stores y The Coca Cola Company. Su director ejecutivo, Warren Edward Buffett, ha estado en la lista de los hombres más ricos del mundo detrás de Bill Gates y de Jeff Bezos. Una de sus máximas famosas es esta: «Es mejor juntarse con personas que son mejores que tú. Escoge compañeros cuyo comportamiento sea mejor que el tuyo. Con seguridad, avanzarás hacia ellos».

¿Con quién se habrá juntado Buffett para llegar a ser lo que es hoy? Moisés eligió bien: ¡se juntaba con el mejor y hablaba con Él! ¿Puedes imaginar cómo era la voz que Moisés oía? ¿Imponente y sobria? ¿Dulce y melodiosa? ¿O era el silbido apacible y delicado que oyó Elías?

Además de temas sobre la ley, ¿de qué platicarían Moisés y Dios durante esos encuentros? Lo pienso y viene a mi mente la pregunta: ¿qué puede hablar un simple mortal con el Creador y Sustentador del universo? Pero ahí estaba el Dios eterno, escuchando pacientemente cada frase que salía de la boca de Moisés. ¿Se habrán hecho bromas y habrán reído a carcajadas? Yo creo que sí.

¡Nosotros podemos experimentar esa intimidad que unía a Moisés con Dios! Es mejor juntarse con Dios que con cualquier otro. Y lo maravilloso es que Él estará allí, paciente y amoroso, oyéndonos. ¡Qué nuestra meta sea aprender de Él para ser como Él!

Señor, ¡quiero ser más como Tú! Ver la vida como Tú.

YF

Marzo 14

Antojos

Y ahora nuestra alma se seca; pues nada
sino este maná ven nuestros ojos.
(Números 11:6, RVR60)

Cuando me embaracé de mi primer hijo tuve un antojo insistente y medio enloquecido por tamales verdes. Y es que la definición de antojo es un «deseo apremiante y pasajero, habitualmente caprichoso». Los israelitas experimentaron el antojo por pepinos, melones, puerros, cebollas y ajos en medio del desierto. Ese deseo urgente y eventual se convirtió en queja.

Esa extravagancia los hizo despreciar el maná que Dios proveía sin falta cada mañana. Esa semilla amarilla que se molía para hacer pan no solo llegaba a ellos de manera prodigiosa, sino que tenía propiedades importantes. Al no poder acceder a una dieta balanceada de frutas, verduras y carne, Dios, en una pequeña semilla, los nutrió durante más de cuarenta años.

El problema fueron los antojos y la clave de sus quejas se encuentra en la frase: «nos acordamos», (Números 11:5, RVR60). Los israelitas trajeron a su memoria sus días de comidas exóticas en Egipto y olvidaron que tan solo tenían que pedir, y no quejarse, para recibir carne. Hoy tampoco se «ha acortado la mano de Jehová» (v. 23). De Él recibimos todo lo que necesitamos para sobrevivir en el desierto de la vida.

Por lo tanto, tengamos cuidado de los antojos, esos deseos insistentes y transitorios que nos hacen añorar el pecado o pensar en las cosas no esenciales y que nos llevan a olvidar al Pan de Vida. Aprendamos que estos son pasajeros, pero que, si pedimos a Dios conforme a su voluntad, Él nos dará lo que realmente sacia.

Señor, líbrame de los antojos y ayúdame a recordar tus misericordias
el día de hoy.

KO

Lectura diaria: Números 12, 13

¡FUERA PREJUICIOS!

María y Aarón empezaron a hablar mal de Moisés,
porque éste se había casado con una mujer etíope.
(Números 12:1, DHH)

En 1958, Mildred Loving, una mujer de color y su esposo Richard, de raza blanca, fueron sentenciados a la cárcel por un año debido a que se casaron en Virginia, donde el matrimonio interracial era ilegal. Ellos apelaron a la Corte Suprema. No fue sino hasta 1967 que se declaró que toda ley que prohibiera que se casaran personas de diferente raza, violaba la constitución.

Diferentes traducciones de este versículo se refieren a la mujer de Moisés como «cusita» o «egipcia»; aquí se usa la palabra «etíope». No es seguro si esto significa que era más morena que él, pero los hermanos de Moisés expresaron prejuicio contra ella por no ser hebrea.

Sin embargo, parece que la causa real del disgusto de María y Aarón fue que sentían celos de Moisés. También se quejaron de esta manera: «El Señor no ha hablado solamente con Moisés; también ha hablado con nosotros» (Números 12:2, DHH). Aun siendo él sumo sacerdote y ella profeta, envidiaban la autoridad de Moisés y su relación íntima con Dios. Moisés, «el hombre más humilde del mundo» (v. 3) no les reclamó, pero Dios mismo los llamó a cuentas.

Cuando envidiamos a una persona, es común que la critiquemos de manera injusta. Por supuesto, existen los prejuicios por raza y por otras diferencias sociales, pero hay muchos otros aspectos que podemos señalar. Dios ama a sus hijos por igual. Procuremos tener la mente de Cristo para apreciar a los demás y agradecer los dones de cada quien.

Padre, ayúdame a respetar a mis hermanos en la fe.

MHM

Marzo 16

Lectura diaria: Números 15, 16

Arreglar el mundo

No se están quejando y rebelando contra Aarón sino contra Dios.
(Números 16:11, TLA)

En la «esquina caliente» en el Parque Central, es usual que la comunidad, en especial de origen cubano, se reúna en un foro donde la idea es hablar y polemizar sobre el deporte. Cualquier criterio es bienvenido; algunos comentan su frustración porque su equipo perdió. Otros critican, otros más cuestionan y los menos, solo escuchan.

¿Hemos ido adaptando y practicando este tipo de costumbres en las conversaciones con los hermanos de la congregación o la familia? Con facilidad emitimos juicios y críticas hacia los líderes y analizamos las situaciones de la iglesia como si fuéramos críticos deportivos o de cine.

En otras palabras, tomamos la actitud de los israelitas que murmuraron en contra de las decisiones de Moisés y de Aarón. Tales actitudes muestran una falta de temor de Dios al hablar en contra de uno de sus siervos. Quizá, a nuestro punto de vista, nuestras acusaciones son ciertas. Sin embargo, no tenemos la función de jueces, sino de siervos. Dios se encarga de corregir cuando es necesario.

En esta historia, la tierra se abrió y se tragó vivos a los conspiradores junto con sus familias y pertenencias. Así que, la próxima vez que nos veamos tentadas a tratar las situaciones o las decisiones de un líder cristiano como si se tratara de fútbol o política, recordemos que Dios castigó duramente la actitud crítica y la soberbia. Dios nos ayude a canalizar nuestras opiniones hacia la oración y el apoyo de sus siervos.

Dios, ayúdame a no juzgar a los pastores y a hablar con prudencia.

MG

Marzo 17

Lectura diaria: Números 17, 18, 19

De aroma grato

Pero no podrás rescatar al primogénito de un toro,
de una oveja o de un macho cabrío, pues son santos.
Rociarás su sangre en el altar, y quemarás su grasa como
ofrenda presentada por fuego, de aroma grato al Señor.
(Números 18:17, NVI)

James Harrison tuvo una intervención quirúrgica en el pecho cuando tenía catorce años. Necesitó una transfusión de trece litros de sangre que requirió de muchos donadores. Debido a este hecho, decidió que a los dieciocho años empezaría a donar sangre como agradecimiento por haber sido salvado.

En las primeras donaciones, se dieron cuenta que su sangre contenía un anticuerpo capaz de prevenir la enfermedad hemolítica en recién nacidos o eritroblastosis. Durante el tiempo que pudo donar, hizo 1173 donaciones que han salvado a más de dos millones de bebés. Su vida fue asegurada por un millón de dólares después del descubrimiento y se le llamó «el hombre del brazo de oro».

La sangre transporta oxígeno y nutrientes a todo nuestro cuerpo. Sin ella, los órganos del cuerpo empiezan a morir. En el caso del Sr. Harrison, su sangre transportaba ese anticuerpo que salvó la vida de muchos niños. Pero también, la sangre es indispensable para otorgar salvación espiritual. En el Antiguo Testamento era la sangre de toros, ovejas, o machos cabríos la que ofrecía el perdón.

Ahora, Pedro nos dice que hemos sido rescatados «con la sangre preciosa de Cristo, como de un cordero sin mancha y sin contaminación» (1 Pedro 1:18-19, RVR60). Indudablemente, la obra del Señor Jesucristo y la sangre que derramó es mucho más preciosa para Dios Padre que la que aportó James Harrison. ¿Qué tan agradecida estás por la sangre de Jesús vertida por ti en la cruz?

¡Gracias, amado Señor, por tu sangre preciosa!

YF

Marzo 18

Lectura diaria: Números 20, 21, 22

Brota, oh pozo

Allí los israelitas entonaron el siguiente canto:
«¡Brota, oh pozo! ¡Sí, canten alabanzas!»
(Números 21:17, NTV)

Seguramente tienes una contraseña o muchas. Son palabras claves que te dan acceso a tu correo, tus redes sociales o tu cuenta de banco. En literatura, nos acordamos del «Ábrete, Sésamo», que permitía que Alí Babá y sus ladrones entraran a la cueva de los tesoros. ¿No te gustaría tener una contraseña para los días difíciles? Los israelitas la encontraron.

Las tragedias abundaban. Moisés y Aarón se rebelaron contra Dios y golpearon la roca para obtener agua. Como consecuencia, no entraron a la Tierra Prometida. Miriam murió, luego Aarón. La comunidad fue herida por serpientes venenosas por causa de su impaciencia. Edom, Arad y Moab les negaron el paso. Problemas externos y problemas internos. ¿Te has sentido así?

De pronto, en medio de todo esto, los israelitas llegaron a Beer. Ahí, el pueblo, nuevamente sediento, se vio desanimado, pero los líderes excavaron con sus cetros y con sus varas en la tierra y brotó un pozo. ¿La reacción? Cantos y alabanzas. ¡Dios no los había olvidado! ¡Encontraron un tesoro en medio de la nada!

Quizá hoy todo parezca negro a tu alrededor. Tal vez estés enfrentando las consecuencias de tus errores o estés pasando por los días oscuros del luto. Detente hoy y cava con fuerzas en la Palabra de Dios. No te despegues de sus páginas hasta que des con el agua viva de las promesas y el carácter de Dios. Entonces, cuando tu corazón reciba consuelo, canta y goza como los israelitas. No necesitas decir: «Ábrete, Sésamo». Solo pídele a Dios que de las Escrituras brote un pozo.

Señor, gracias por el consuelo que recibo de tu Palabra.

KO

Lectura diaria: Números 23, 24

Tú estás cerca de Dios

Entonces Balán le dijo a Balac: «Quédate aquí, al lado de tu holocausto, mientras yo voy a ver si el Señor quiere reunirse conmigo. Luego te comunicaré lo que él me revele».
(Números 23:3, NVI)

«Por favor, te pido que ores por esta petición. ¡Es que tú estás cerca de Dios y Él te escucha!» Palabras más, palabras menos, sin duda las hemos escuchado de amistades en una situación difícil. Nos puede sorprender, ya que no nos sentimos más espirituales que otros, pero al haber confiado en Cristo, tenemos contacto directo con el Padre, por gracia.

No es por lo que somos, ni por nuestra gran fe que Dios nos puede usar. Lo interesante es que otros observan una diferencia en la relación que tenemos con el Señor. Tal vez hayan escuchado algún testimonio nuestro acerca de una respuesta a la oración.

Balán era un profeta y clarividente pagano, así que no tenía la seguridad de que Dios lo escuchara: «Yo voy a ver si el Señor quiere reunirse conmigo» (Números 23:3). En otra traducción dice: «a ver si me responde» (NTV). Balac ofreció pagarle por maldecir a los israelitas para poder tener la victoria sobre ellos, pero tres veces Dios se lo prohibió a Balán. Aun sin ser creyente en el Dios verdadero, lo temía y no se atrevía a hablar en contra de lo que le revelaba.

Nosotros no tenemos que dudar si Dios quiere reunirse con nosotros o escuchar nuestras plegarias. Considerémoslo una bendición si nos piden que oremos por alguna necesidad. Pero aprovechemos la oportunidad de asegurarles a nuestros conocidos que ¡ellos también pueden tener esa relación cercana con Dios y llevar sus peticiones directamente a Él!

Señor, pido por oportunidades de mostrar a otros tu amor y poder.

MHM

Marzo 20

Lectura diaria: Números 26, 27

La mejor cualidad

Y el Señor dijo a Moisés: Toma a Josué, hijo de Nun,
hombre en quien está el Espíritu, y pon tu mano sobre él.
(Números 27:18, LBLA)

¿Qué características propondrías para el presidente de tu nación? En Estados Unidos, la Constitución enumera sólo tres cualificaciones para este cargo. El presidente debe tener como mínimo 35 años, debe ser ciudadano estadounidense por nacimiento y debe haber residido en el país por lo menos catorce años.

El primer censo de Israel después del Éxodo arrojó la cifra de 603,550 hombres de más de veinte años, así que probablemente se trataba de una población de alrededor de un millón de personas. Cuando llegó el momento de elegir un sucesor para Moisés, Dios mismo eligió al hombre que tomaría el mando y la única característica importante que recalca es que Josué era un hombre en quien estaba el Espíritu. Eso fue suficiente.

Cuando el Espíritu de Dios mora dentro de una persona, la capacita para enfrentar las adversidades en la vida y vencer a cualquier enemigo. La Biblia dice: «Y ahora ustedes, los gentiles, también han oído la verdad, la buena noticia de que Dios los salvará. Además, cuando creyeron en Cristo, Dios los identificó como suyos al darles el Espíritu Santo, el cual había prometido tiempo atrás» (Efesios 1:13, NTV).

Ese mismo Espíritu que moraba en Josué, mora en los que hemos creído en Jesús y nos capacita. Si alguna vez te has preguntado si reúnes las cualidades para, por ejemplo, dirigir a tu familia o lograr algo en tu empleo, recuerda que Dios nos capacita y nos da la victoria sobre todas las cosas.

Dios, ayúdame a vivir en victoria.

MG

Marzo 21

Palabra de honor

*Cuando un hombre haga un voto al Señor, o bajo juramento
haga un compromiso, no deberá faltar a su palabra,
sino que cumplirá con todo lo prometido.*
(Números 30:2, NVI)

Se cuenta la historia de un hombre condenado a muerte, que, antes de su ejecución, pidió permiso al rey para visitar a su madre enferma. El rey le dio el permiso con la condición de que alguien debía quedarse en su lugar y si en siete días no regresaba, esa persona sería ejecutada. El condenado a muerte le pidió a su mejor amigo que ocupara su puesto, prometiéndole volver en el plazo estipulado.

Cuando llegó el séptimo día, se anunció la ejecución, pero el que había tomado el lugar del condenado estaba tranquilo y sonriente, sabiendo que su amigo cumpliría su promesa. El verdugo le puso la cuerda alrededor del cuello y justo cuando el rey iba a dar la orden, llegó el condenado en su caballo después de haber pasado varios infortunios. El rey le perdonó la vida, viendo que era leal en lo que prometía.

Cumplir nuestras promesas nos da buena reputación. Nos da buen nombre. Pero, necesitamos ser prudentes para saber cuándo y qué prometer. No podemos prometer algo que no podemos cumplir. Y con más razón si es una promesa hecha al Señor.

Si has hecho juramentos al Señor que no has podido cumplir, habla con Él y pide su perdón. Él sabe que somos incapaces de cumplir algunas cosas, pero por otro lado, no tengas miedo de consagrarte al Señor. Un voto hoy podría ser dedicarte a estudiar su palabra en un instituto bíblico o seminario o ayunar ciertos días para pedir su voluntad. ¿Qué tal servir a los desprotegidos un día por semana?

Señor, ayúdame a cumplir con mis promesas.

YF

Marzo 22

¿Cuánto vale?

*Y le dijeron: «Nosotros, tus servidores, contamos
a todos los hombres que salieron a la batalla bajo
nuestras órdenes; ¡no falta ninguno de nosotros!».*
(Números 31:48, NTV)

¿Cuánto vale una persona? En cierta época en mi país, la vida de
una persona valía muy poco, los dos mil pesos que exigían los
secuestradores. Sin embargo, hoy aprendemos una gran lección
de los líderes israelitas. Cuando salieron a pelear contra los madianitas se eligió a mil hombres guerreros por tribu.

Los doce mil vencieron a un pueblo grande y regresaron con un
botín considerable. Según las costumbres, los guerreros debían
recibir parte del botín y los capitanes tenían acceso a las mejores
porciones. Sin embargo, Dios decidió repartir con equidad. La
mitad para los soldados, la otra para el pueblo.

De lo que recibieron los soldados, una parte se consagró al Señor. Todo eso minó la dotación final de los generales, pero entonces, cuando llegó la contabilidad final, hicieron algo inaudito.
Tomaron los objetos más preciados y los trajeron a Moisés para
ofrecérselos a Dios. ¿Por qué? Porque se dieron cuenta del milagro que había sucedido: no habían perdido a un solo hombre en
la batalla.

Solemos deslumbrarnos por las cosas materiales. Sin embargo,
son las vidas las que importan. ¿Cuánto vale un alma? Todos
los tesoros del mundo y más. Sea que estés en el ministerio o no,
tienes un pequeño ejército a tu cargo, sea tu familia, tus alumnos
o un grupo de mujeres. Ruega a Dios que no pierdas a uno solo
en la batalla y ten la disposición de «perder» parte del botín, con
tal de ganar un alma para Cristo.

Señor, que no se pierda ni uno de los que me has dado.

KO

Marzo 23

Lectura diaria: Números 34, 35, 36

Mujeres valientes

Respecto a las hijas de Zelofejad, el Señor ordena lo siguiente:
ellas podrán casarse con quien quieran, con tal de
que se casen dentro de la tribu de José.
(Números 36:6, NVI)

¿Has oído de Maala, Tirsa, Hogla, Milca y Noa? Estas cinco hermanas perdieron a su padre en el desierto, durante los cuarenta años de peregrinación. Aunque su tribu participó de una rebelión, no su padre, Zelofejad. Cuando él murió por causas naturales, sus hijas quedaron desamparadas. Aún no se casaban, pues eran jóvenes, ¿pero perderían también su herencia?

Con mucho valor, se acercaron a los líderes del pueblo, aunque no era lo usual en esos tiempos. Entonces pidieron con humildad que no se les privara de la herencia de su padre. Moisés llevó su causa delante de Dios y Él estuvo de acuerdo con ellas. La herencia de Zelofejad pasaría a sus cinco hijas. Sin embargo, en el capítulo de hoy, los de su tribu se acercaron a Moisés.

Si las hermanas se casaban con hombres de otras tribus, por ley su herencia cambiaría de tribu. ¿Qué hizo Moisés? Volvió a consultar al Señor y entonces Él pidió que las hermanas se casaran dentro de su tribu. Ellas estuvieron de acuerdo y se casaron con primos. Quizá la historia nos suena un poco confusa, incluso poco romántica. Pero perdemos de vista lo importante.

Primero, estas mujeres apreciaban su herencia. Segundo, tuvieron fe en que Dios abogaría por ellas y eso sucedió dos veces. Además, su gratitud las llevó a obedecer las instrucciones de Dios. No nos debe sorprender que sus nombres signifiquen «perdonada», «movimiento», «reina», «agradable» y «danza». Consideremos su ejemplo.

Padre, quiero ser valiente como estas mujeres.

KO

Marzo 24

Lectura diaria: Deuteronomio 1, 2

Manos a la obra

Mira, Jehová tu Dios te ha entregado la tierra; sube
y toma posesión de ella, como Jehová el Dios
de tus padres te ha dicho; no temas ni desmayes.
(Deuteronomio 1:21, RVR60)

Eclosión es el proceso en el que el pollito rompe el cascarón del huevo de gallina que lo envuelve; puede tardar entre 12 y 24 horas en lograrlo. Los pollitos necesitan romper el cascarón ellos mismos. Ayudarles a salir puede ser perjudicial para su salud y vida futura, ya que no pueden desarrollar la fuerza y habilidades necesarias para sobrevivir en su entorno natural.

Aunque Dios ha dado la vida a los pollos, ellos tienen que trabajar duro para nacer y sobrevivir. Algo parecido ocurrió con la Tierra Prometida y el pueblo de Israel. Aunque Dios se las había dado, ellos tenían que luchar por ella. Debían esforzarse por conquistarla. Dios tenía sus razones para hacerlo de esta manera, pues siempre nos guía hacia lo mejor para nosotros.

Dios puede tener preparadas grandes bendiciones para nosotras: un esposo, prosperidad económica o una vida saludable. Él nos ayudará al cien por ciento con su provisión. Sin embargo, de la misma forma que los pollitos, también tendremos que aportar nuestro cien por ciento y poner manos a la obra.

El principio es el mismo para lograr terminar una carrera o lograr avances en el gimnasio. Dios está contigo y te respalda. Pero quiere que desarrolles las habilidades necesarias para cumplir con el propósito para el cual te creó, por lo tanto, mantente activa y proactiva. Lucha por tus metas, esfuérzate y confía. Él concederá las peticiones de tu corazón.

Dios, dame sabiduría para esperar en ti de una forma activa.

MG

Marzo 25

¿Qué Dios como tú?

Pues, ¿qué gran nación tiene un dios que esté tan cerca de ellos de la manera que el Señor nuestro Dios está cerca de nosotros cada vez que lo invocamos?
(Deuteronomio 4:7, NTV)

«¿Por qué no puedo ser como las demás e ir a fiestas? ¿Por qué debo ser diferente?» Estas son algunas de las quejas de adolescente que vertí en mis diarios mientras luchaba por pertenecer al círculo social que me rodeaba, consciente de que algunas de sus prácticas no compaginaban con la Palabra de Dios.

Ahora, de adulta, a veces lucho con lo mismo. Sin embargo, he aprendido algo. Como los israelitas, al mirar atrás puedo comparar a mi Dios con los dioses que siguieron mis amigos de secundaria y los llevaron a embarazos no deseados, vicios, corrupción e incluso la muerte.

Moisés, al igual que hicieron mis padres conmigo en mis años de juventud, habló al corazón de los israelitas y trató de hacerlos ver sus bendiciones. ¿Qué otro dios estaba tan cerca de modo que acudía a ellos en cada oración? ¿Qué otra nación tenía leyes justas e imparciales como las que Dios les entregó? ¿Qué otra nación oyó a su Dios hablar desde el fuego? ¿Qué otro dios se atrevió a sacar a su pueblo por medio de pruebas, señales asombrosas y hechos aterradores?

Los israelitas, como mi «yo» adolescente, no siempre se tranquilizaron con este razonamiento. Pero deseo que seamos lo suficientemente maduras para apreciar el gran regalo que tenemos: un Dios, que está ahí para nosotras, que nos ha dado leyes rectas y que ha hecho un sinfín de maravillas, como enviar a su Hijo a morir por nuestros pecados.

Señor, no hay Dios como tú.

KO

Marzo 26

Lectura diaria: Deuteronomio 5, 6, 7

Porque te amo

*El Señor no te dio su amor ni te eligió porque
eras una nación más numerosa que las otras naciones,
¡pues tú eras la más pequeña de todas!*
(Deuteronomio 7:7, NTV)

De algún modo, todas estamos educando todo el tiempo. Quizá algunas eduquen en casa. Otras serán maestras en un colegio. Algunas cuidarán de niños en diversas etapas. Lo cierto es que todas nos enfrentamos a la misma pregunta: ¿lo estoy haciendo bien? ¿Estoy educando correctamente a los que tengo a mi cargo? ¿Qué más necesitan mis discípulos para triunfar?

Si tuviéramos listas de lo que hacer o no hacer podríamos reescribir los diez mandamientos y aumentar el número exponencialmente. El libro de Levítico se quedaría corto frente a las muchas propuestas modernas de crianza, discipulado y educación. Los israelitas quizá también experimentaron la misma presión. ¿Cómo ser el pueblo santo que Dios quería?

Al mismo tiempo, un poco de superioridad los rodeaba. Quizá por eso Dios les recuerda lo que nos dice a ti y a mí también el día de hoy: no fuimos elegidas por ser mejores que los demás. Fuimos elegidas por amor. Dios nos ha escogido sencillamente porque nos ama y su amor es totalmente incondicional.

Este es el mensaje más importante que los niños que estamos educando necesitan recibir: «te amo». ¿Por qué educamos en casa o damos clase de Escuela Dominical? ¿Por qué salimos a los barrios pobres para hablar de Jesús o llevamos juguetes a comunidades marginadas en Navidad? No para ganar puntos ni para tranquilizar nuestra conciencia. Lo hacemos sencillamente porque los amamos.

Padre, quiero amar más y más.

KO

Marzo 27

Lectura diaria: Deuteronomio 8, 9, 10

No olvides quién te ayudó

Pero acuérdate del Señor tu Dios, porque
Él es el que te da poder para hacer riquezas.
(Deuteronomio 8:18, NBLA)

Según las encuestas de Pew Research Center, Europa occidental, donde nació el cristianismo protestante y donde ha estado basado el catolicismo por gran parte de su historia, se ha convertido en una de las regiones más seculares del mundo. Por otro lado, si analizamos los índices de pobreza en la mayoría de esos países, son menores al uno por ciento.

Muchos habitantes de estos países se consideran cristianos pero rara vez asisten a la iglesia. En los Países Bajos, sin embargo, son aún más preocupantes las estadísticas. Solo el quince por ciento son cristianos que asisten a la iglesia; el 27 por ciento se dicen cristianos pero no asisten a la iglesia y el 48 por ciento no tiene ninguna afiliación religiosa. ¡Y pensar que de ahí era Rembrandt, el artista que pintó el conmovedor cuadro del *Retorno del hijo pródigo*!

Antes de entrar a la Tierra Prometida, Moisés le advierte a los israelitas que, al asentarse allí, no se olviden de cómo Dios los liberó de la esclavitud y los acompañó durante cuarenta años en el desierto. Aunque mejorara su situación material, subraya, deberían reconocer que no era por sus propias fuerzas que lo hubieran logrado; Dios mismo les había dado esas riquezas.

Desgraciadamente, aún en la actualidad vemos que es demasiado común que, cuando aumenta el poder adquisitivo de la gente, se enfocan más y más en la riqueza y menos en Dios. No permitamos que esto nos ocurra. Acuérdate de Dios.

Todo lo que tengo proviene de ti, Señor. ¡Gracias!

MHM

Marzo 28

Requisitos

Yo daré la lluvia de vuestra tierra a su tiempo, la temprana
y la tardía; y recogerás tu grano, tu vino y tu aceite.
(Deuteronomio 11:13-14, RVR60)

La causalidad es importante para el estudio de ciencias como física y química, también de filosofía y teología. Causalidad es la relación necesaria que se establece entre la causa y el efecto. Para que se produzca un efecto, antes tiene que hacerse presente una causa. Entre ambos, hay un nexo lógico y cronológico. Por ejemplo, si un jovencito no se prepara para un examen, lo reprobará.

En la porción de hoy y en varias a lo largo de toda la Biblia, este principio es claro cada vez que Dios dice que las consecuencias y efectos de obedecerle, amarle y servirle, serán de bendición y prosperidad. Así funciona. Si por el contrario, hay desobediencia y falta de temor a Dios en nuestra vida, las consecuencias serán derrota, escasez y aún la muerte.

Afortunadamente, amar a Dios y servirle con todo nuestro corazón y nuestra alma es algo que todos podemos hacer con solo decidirlo. No se necesita dinero o un título profesional. No importa la raza ni la complexión física. Tampoco se requiere cumplir con estándares de belleza o inteligencia. Solo se requiere de la voluntad y el deseo de obedecer con cuidado la voluntad de nuestro Padre.

Ahora es un buen momento para decidir vivir de la manera que a Dios le agrada, de forma obediente y limpia. Haz tu oración más sincera y dile al Señor cuánto deseas amarlo y servirlo. Si vives de tal forma que honres a Dios con tu ser, encontrarás que a eso le seguirán enormes bendiciones y promesas cumplidas.

Dios, te amo.

MG

Marzo 29

Hipertimesia

*No comerás con ella pan con levadura; siete días comerás
con ella pan sin levadura, pan de aflicción, porque aprisa saliste
de la tierra de Egipto; para que todos los días de tu vida
te acuerdes del día en que saliste de la tierra de Egipto.*
(Deuteronomio 16:3, RVR60)

¿Alguna vez has querido poder recordar cada uno de los días que has vivido? Yo sí. Especialmente cuando convivo con personas que recuerdan detalles que yo he olvidado.

Existe un síndrome llamado «hipertimesia» en el que la persona tiene recuerdos de su propia vida y aunque quiera olvidarlos no puede. Jill Price es la primera mujer diagnosticada con hipertimesia. Jill recordaba todos los eventos de cada día desde que tenía 12 años. Sólo existen 60 personas en el mundo con este síndrome y cada una de ellas revive tanto los recuerdos hermosos, como si los hubiera vivido ayer, pero también los más tristes.

Pareciera que Dios, en este pasaje, le pide al pueblo de Israel que tenga «hipertimesia» del día en que salieron de Egipto. ¡Debían traerlo a la memoria todos los días de su vida! Y les da algunos símbolos como el pan sin levadura o el pan de aflicción para ayudarles a recordar el fin de su esclavitud.

Nosotras también tenemos algo que recordar todos los días de nuestra vida: el día que se terminó nuestra esclavitud al pecado. Y el Señor también nos ha dado un símbolo para conmemorarlo: el pan y el vino que tomamos al recordar su muerte. Que el Señor nos conceda tener hipertimesia para tener memoria de su muerte, de sus bendiciones y de sus milagros en nuestra vida.

*Señor, permíteme recordar cada detalle maravilloso con que
me has bendecido.*

YF

Marzo 30

Lectura diaria: Deuteronomio 17, 18, 19

¿Eres presa del autoengaño?

Ni tomará para sí muchas mujeres, para que su corazón no se desvíe; ni plata ni oro amontonará para sí en abundancia.
(Deuteronomio 17:17, RVR60)

Todas nos hemos autoengañado. Nos hemos convencido a nosotras mismas de que algo es evidente, lógico o no aplicable a nuestra situación. «Puedo dejarlo cuando quiera». «Sé lo que estoy haciendo». «Mi caso es diferente». ¿Vemos un ejemplo bíblico?

Dios, muchos años antes que los israelitas exigieran un rey, dio instrucciones sobre cómo debía ser la persona que ocupara el trono: ser israelita, no traer caballos de Egipto, no tener muchas mujeres, ni amontonar oro o plata. Sobre todo, debía hacer una copia de la ley, con su propia mano y la debía leer todos los días de su vida.

Seguramente te has acordado de Salomón, quien hizo exactamente lo contrario. Además de llenar sus caballerizas y casarse con muchas mujeres extranjeras, se enriqueció más de lo debido. ¿Se acordó de copiar la ley? ¿La leyó fielmente? ¿Pensó que al ser tan sabio no necesitaba meditar en las antiguas reglas escritas por Moisés? Salomón probablemente fue presa del autoengaño. ¿El resultado? Murió lejos de Dios y dividió el reino.

Nosotras también corremos el riesgo de leer el mismo pasaje bíblico muchas veces y pensar que solo aplica a los demás. Podemos creer que ya hemos leído la Biblia lo suficiente y no hace falta repasarla. Pidamos a Dios que mantenga nuestras almas bajo su escrutinio y nos muestre cualquier pizca de autoengaño. Y cuando lo descubramos, ¡matémoslo enseguida por medio de la obediencia! Necesitamos leer constantemente la Biblia para aprender a temer a Dios, guardar sus palabras y ponerlas por obra.

Padre, líbrame del autoengaño.

KO

Marzo 31

Lectura diaria: Deuteronomio 20, 21, 22

Burros perdidos

*Si encuentras deambulando por ahí el buey, la oveja
o la cabra de tu vecino... devuelve el animal a su dueño.*
(Deuteronomio 22:1, NTV)

Mi hijo adolescente salía de su grupo de Scouts en un área poco habitada de nuestra ciudad. De repente pasó un automóvil y de él salió vio volando un documento grande. Corrió para recogerlo y ¡era el título profesional de una dermatóloga! Lo llevó a casa y pasamos meses tratando de encontrar a la dueña. Anunciamos el objeto perdido en la televisión. Llamamos a diferentes dermatólogos y nada.

Dejamos nuestro teléfono con un especialista y este le avisó a uno de sus proveedores, que conocía a muchos médicos. Varios meses después del hallazgo de mi hijo, ¡nos llamó la doctora indicada! Había estudiado en otro país; dijo que hubiera sido muy difícil reponer ese título. Cuando llegó por él a la casa, nos preguntó cuánto nos debía y le dijimos que nada. Aun así, nos dio un regalo.

Tiempo después, descubrí que habíamos seguido un principio bíblico: devolver los objetos perdidos a sus dueños. En el mandamiento de Deuteronomio se refiere a animales domésticos, pero para muchos de nosotros los tiempos han cambiado. De hecho, también se refiere «al burro, la ropa o cualquier otra cosa que tu vecino haya perdido» (Deuteronomio 22:3, NTV). El pasaje también dice: «Si el dueño no vive cerca o no sabes quién es, llévalo a tu casa y quédate con él hasta que el dueño vaya a buscarlo» (v.2).

Hagamos el bien a los demás, sin esperar recompensa. Devolvamos lo que no es nuestro, sencillamente porque así lo pide nuestro Dios.

Gracias, Señor, por las personas honestas. Quiero ser una de ellas.

MHM

Lectura diaria: Deuteronomio 23, 24, 25

BENDICIÓN EXTREMA

Sin embargo, nuestro Dios los ama a ustedes tanto
que no hizo caso de Balaam. Al contrario, convirtió
la maldición en una bendición para ustedes.
(Deuteronomio 23:5, TLA)

Morgan Robertson publicó una novela llamada *El hundimiento del Titán* catorce años antes del naufragio del Titanic. Narra el hundimiento de una lujosa nave tras golpear un iceberg en el Océano Pacífico, enfatizando la falta de botes salvavidas. Coincidentemente, en el 2023, un submarino llamado Titán implosionó muy cerca de los restos del Titanic.

Hay quienes rumoran que ambos naufragios se deben a una maldición. Otros nos mostramos escépticos al respecto. No obstante, en la Biblia leemos ejemplos de bendiciones y también de maldiciones. Balaam era un hombre famoso porque si bendecía a la gente les iba bien y si la maldecía les iba mal. Así que Balac lo contrató para maldecir al pueblo de Israel.

Sin embargo, Dios no lo permitió. Previno a Balaam y le ordenó no maldecir al pueblo. Dios amaba tanto a Israel, que convirtió la maldición en bendición. Y leemos que después de varios intentos: «Finalmente Balaam comprendió que el Señor estaba decidido a bendecir a Israel, así que no recurrió a la adivinación como antes» (Números 24:1, NTV). Balac y Balaam no pudieron hacer nada en contra de la voluntad del Señor.

Tal vez existan personas que desean nuestro mal, que maldicen, realizan maleficios, brujerías y conjuros intentando perjudicar a los hijos de Dios. No debemos temer. La guerra espiritual existe, pero el amor de Dios es inmenso. Bajo sus alas, estamos seguras y recibiremos su bondad.

Padre, por favor líbranos del mal.

MG

ABRIL 2

PRIMICIAS

*Después harás fiesta por todos los bienes que el Señor tu Dios
te ha dado a ti y a tu familia. También se unirán a tu
alegría los levitas y los extranjeros que vivan entre ustedes.*
(Deuteronomio 26:11, DHH)

En el norte de México existe una comunidad considerable de
menonitas que llegaron a principios del siglo xx para labrar la
tierra. Aunque se establecieron en una tierra árida, su incansable
trabajo y su amor por la agricultura ha transformado el desierto
en un lugar de frutos y cosechas. Uno de sus más grandes apor-
tes ha sido el dignificar el trabajo en el campo.

Se los puede ver andar en overoles de mezclilla, con sombreros
que los protegen del sol, conduciendo tractores y camionetas.
Muchos de ellos asisten a la iglesia los domingos y dan gracias a
Dios por sus bendiciones y porque los trajo a un lugar donde
ahora fluyen «la leche y la miel».

Los israelitas, después de años de esclavitud y carentes de tierra,
llegarían muy pronto a un lugar donde podrían labrar y recoger
el fruto. Dios solo les pide algo: las primicias. Esto serviría para
celebrar todas las cosas buenas que el Señor les daría, junto con
su familia e incluso los extranjeros y los servidores del templo,
quienes no se dedicarían propiamente al campo.

Nosotras también tenemos la oportunidad, cada domingo, de dar
a Dios las primicias de nuestro trabajo: sea en dinero o en servicio. Que la gratitud forme parte de nuestro diario vivir. Así que,
ocupemos el día del Señor para celebrar todo lo que Dios nos ha
dado y recordemos que cuando el Señor está presente, siempre
fluyen leche y miel de sus manos.

Señor, gracias por las grandes maravillas a favor de los que te aman.

KO

Abril 3

No especificó la marca

Durante cuarenta años te guie por el desierto,
sin embargo, ni tu ropa ni tus sandalias se gastaron.
(Deuteronomio 29:5, NTV)

Adiviné que mi esposo traía algo entre manos cuando sonrió y sacó algo de su maletín. ¡Chocolates! Sin embargo, abrí mi boca y comenté: «¿Y no había de la marca que me gusta?» Corregí mi error de inmediato con un abrazo, pero el daño ya estaba hecho. Olvidé lo que Esopo escribió: «La gratitud convierte lo que tenemos en suficiente. Es la señal de las almas nobles».

Poco antes de morir, Moisés repasó el pacto que Dios hizo con su pueblo. Con este propósito, enumeró las cosas que los israelitas habían visto con sus propios ojos: sus demostraciones de fuerza, las señales asombrosas, los milagros sorprendentes. También les recordó que su ropa no se gastó, que no pasaron hambre, ni tuvieron sed. Dios siempre proveyó.

Dios cumplió y les dio calzado y vestimenta, pero no prometió de qué marca. ¿Te ha pasado? Pedimos por el pan de cada día, pero añadimos la cláusula de nuestra panadería favorita. Oramos por un auto, pero secretamente deseamos un modelo y año definido. Nos comportamos como yo con mi esposo: carentes de una gratitud sincera.

La verdadera gratitud no pone condiciones. Abre las manos y recibe sin expectativas, luego, con honestidad, dice: «gracias». ¿Qué le has pedido a Dios en estos días? ¿Estás dispuesta a recibirlo sin importar de qué marca sea? Dios advirtió lo que pasaría en el corazón de los israelitas si eran ingratos: pensarían que, como estaban a salvo, podían seguir los deseos de su corazón. Pero esto los llevó a la ruina. Que no nos pase, seamos agradecidas.

Señor, sin importar la marca, gracias por lo que tengo hoy.

KO

ABRIL 4

PELIGROS DE LA PROSPERIDAD

Allí llegarán a ser prósperos, comerán todo lo que quieran
y engordarán. Pero comenzarán a rendir culto a otros
dioses; me despreciarán y romperán mi pacto.
(Deuteronomio 31:20, NTV)

¿Has oído hablar del sueño americano? Muchos han sufrido lo indecible para pasar «al otro lado» y ganar en dólares. Algunos son segunda o tercera generación de migrantes que hoy gozan de la ciudadanía. Pero las estadísticas muestran que muchos de estos migrantes hoy sufren de sobrepeso y desprecian sus raíces. Lo mismo sucedió con los israelitas.

Aunque se encontraban deseosos de entrar a la tierra prometida y a pesar de tener un nuevo líder en Josué, Dios sabía que les costaría trabajo conquistar a las naciones vecinas y que después de cuarenta años de recibir el pan del cielo, deberían ensuciarse las manos y trabajar para producir fruto. Sin embargo, Dios estaba más preocupado por sus corazones.

Sabía que sin Moisés, los israelitas retornarían a los ídolos. La prosperidad traería sus propios peligros: «comerán todo lo que quieran y engordarán. Pero comenzarán a rendir culto a otros dioses; me despreciarán y romperán mi pacto» (Deuteronomio 31:20). ¿Por qué dejar a Dios quien los había traído a una buena tierra? Porque así es el corazón del hombre: olvidadizo e ingrato.

Ante la prosperidad, es fácil olvidarnos de Dios. Cuando todo cuando la vida se convierte en pasarla bien y pasear, nos olvidamos de que todo viene de la buena mano de Dios y adoramos al ídolo del placer. Tengamos cuidado. Elijamos amar, obedecer y comprometernos firmemente con nuestro Dios y no olvidemos que le debemos todo.

Señor, gracias por todo lo que me das.

KO

ABRIL 5

LA DESPEDIDA

Verás, por tanto, delante de ti la tierra; mas no entrarás
allá, a la tierra que doy a los hijos de Israel.
(Deuteronomio 32:52, RVR60)

Una de mis películas favoritas es *Los diez mandamientos*. Estrenada en 1956, obtuvo siete nominaciones al Óscar ganando el premio a los mejores efectos especiales. Según el *Guinness Word Records* es la octava película más exitosa de todos los tiempos.

La escena del Mar Rojo abriéndose para dar paso al pueblo de Israel es clásica en la historia del cine, pero cuando vi la película por primera vez ¿sabes qué escena me impactó más? La escena final donde Moisés solamente ve de lejos la Tierra Prometida. Su hora había llegado y la disciplina de Dios había sido implacable con él. Mi tierno corazón de niña de diez años lo sentía demasiado severo.

¿Qué había pasado? Un día, Dios le ordenó a Moisés que le hablara a la peña para que saliera agua de ella. En vez de ello, Moisés golpeó dos veces la peña desobedeciendo la orden de Dios. A Dios no le gustó su desobediencia y sobre todo su falta de confianza. Moisés dudó. Sin embargo, la historia no acaba allí.

Moisés aceptó la disciplina de Dios y no se quejó ni cayó de rodillas para suplicar una segunda oportunidad. Observó con paz la tierra que no conocería y se encomendó a Dios. Pero su Dios no lo olvidó. Siglos después, Moisés posó sus pies en la Tierra Prometida durante la transfiguración de Jesús. La gracia de Dios, mayor que todo lo que podemos imaginar, le permitió esa bendición. ¡Qué bueno es nuestro Dios! ¿Acaso no vale la pena obedecerlo?

Dios, quiero obedecerte siempre.

MG

ABRIL 6

¿QUÉ CARGAS EN TU ESPALDA?

*Os ruego pues, ahora, que me juréis por Jehová, que como
he hecho misericordia con vosotros, así la haréis vosotros con la
casa de mi padre, de lo cual me daréis una señal segura.*
(Josué 2:12-21, RVR60)

En la Edad Media, en una lucha por el poder entre los güelfos y los gibelinos, Conrado III, rey del Sacro Imperio Romano-Germánico, de la familia de los gibelinos, sitió el castillo de Weibertreu, que estaba en posesión de los güelfos. Desvió el río que alimentaba de agua al castillo y después de varias semanas ya que los sitiados estaban debilitados, perdonó a las mujeres y les dio un plazo para huir del castillo con aquello que pudieran llevar en su espalda.

¿Qué imaginas que podría llevarse una mujer en su espalda? Pues al cumplirse el plazo, las puertas del castillo se abrieron y las mujeres aparecieron ¡cargando a sus maridos! Como el rey había dado su palabra, perdonó la vida de todos los habitantes del castillo y a estas mujeres se les conoció como «las leales mujeres de Weinsberg».

Rahab hizo un pacto con los dos enviados por Josué, pero no solo para salvar su vida. ¡Rahab quería cargar sobre su espalda a toda su familia! La Biblia nos cuenta que pidió por la vida de su padre, su madre, hermanos y hermanas y todo lo que era suyo.

¡Las mujeres somos osadas y fuertes cuando nos lo proponemos! Esforcémonos para llevarnos con nosotras a tantos como podamos al reino de los cielos. ¿Clamamos con fervor por los nuestros que no son salvos todavía? Si un rey opresor tuvo misericordia y perdonó a los varones de esta historia, ¿cuánto más no hará nuestro Señor si le rogamos por los que amamos?

Señor, te ruego por mis amados, ¡qué ellos también sean salvados!

YF

ABRIL 7

¿AMIGO O ENEMIGO?

«No», respondió; «más bien yo vengo ahora como capitán del ejército del Señor». Y Josué se postró en tierra, le hizo reverencia y dijo: «¿Qué tiene que decirle mi señor a su siervo?».
(Josué 5:14, NBLA)

En el libro *¿Amigo o enemigo?* de Michael Morpurgo, dos niños ingleses, durante la Segunda Guerra Mundial, buscan un avión nazi que se estrelló. Luego, cuando el piloto rescata a uno de los niños de ahogarse, se preguntan si deben o no delatarlo. ¿Es su amigo o su enemigo? Josué se enfrentó a un dilema similar.

Un poco antes de la caída de Jericó, contemplaba la ciudad. Sus puertas estaban cerradas, porque la gente tenía miedo. Nadie entraba ni salía. Entonces, Josué vio a un hombre parado frente a él con una espada en la mano. Eso solo podía indicar una cosa: estaba en peligro. Preguntó: «¿Eres amigo o enemigo?» Para él, solo existían dos opciones. No imaginaba una tercera.

Entonces el hombre le contesta: «Ninguno de los dos. Soy el comandante del ejército del Señor» (Josué 5:14, NTV). Josué cae rostro en tierra con reverencia y se pone a sus órdenes. El Señor entonces le pide que se quite el calzado de sus pies. Josué estaba pisando tierra santa, donde los bandos humanos no importan.

En la historia leemos de creyentes que en la oscuridad de la guerra tuvieron que decidir si estaban de parte de Dios más que de sus países. Esto los llevó a tomar decisiones importantes que salvaron vidas y marcaron la diferencia. Nosotras también hoy podemos tomar bandos políticos, sociales y religiosos, pero la pregunta es: ¿estamos de parte del comandante del ejército de Dios? Si hemos sido salvadas por su sangre, nuestra lealtad primordial es a Jesús.

Señor, quiero estar de tu parte siempre.

KO

ABRIL 8

CONSECUENCIAS

Los israelitas han pecado...
Por eso los israelitas no podrán hacer frente a sus enemigos.
(Josué 7:11-12, DHH)

Sin duda, muchas sabemos de alguna historia en la cual un niño hizo una travesura que lastimó o avergonzó a la maestra y, cuando se pidió que el culpable se presentara, nadie confesó. ¿El resultado? Toda la clase sufrió las consecuencias; por ejemplo, no salir al recreo por una semana, o quizás algo peor.

Es común en estos días escuchar a la gente decir que si ellos cometen algún pecado, no importa en tanto no afecte a los demás. Consideran que hay pecados privados y por lo tanto menos graves. Quizás lo mismo pensó Acán. Concluyó que lo que él hiciera no tendría consecuencias grupales, o que, incluso, nadie se daría cuenta.

En vez de destruir el bello manto que encontró en la conquista de Jericó —según las instrucciones de Dios— o entregar doscientas monedas de plata y una barra de oro al tesoro del santuario, solo razonó: «Me gustaron esas cosas y me quedé con ellas» (Josué 7:20, DHH). Nunca imaginó las consecuencias: perdieron la primera batalla contra Ai y murieron treinta y seis hombres. Dios juzgó a toda la nación e incluso la familia de Acán sufrió las consecuencias.

El Dios omnipresente conoce mis acciones y mis pensamientos; no están ocultos ante Él. Mi obediencia y mi santidad no solo me protegen a mí; protegen a mis seres queridos y a mi congregación. Que todo lo que haga bendiga a los demás y no olvide que todo lo que hago afecta a los demás.

Padre, tú me conoces. Hazme vivir en obediencia para honrarte.

MHM

ABRIL 9

NO TEMAS

Y Jehová dijo a Josué: No tengas temor de ellos; porque yo los he entregado en tu mano, y ninguno de ellos prevalecerá delante de ti.
(Josué 10:8, RVR60)

Shiro, un hermoso gatito blanco y esponjoso, es la criatura más temerosa que he conocido. Cualquier ruido le inquieta y se asusta de su propia sombra. Se dice que el veinticinco por ciento de los gatos son genéticamente miedosos. ¿Y los seres humanos?

Dios sabe que somos capaces de sentir temor. Josué, por ejemplo, volvió a tener temor cuando enfrentó a la coalición de los reyes del sur. Dios tuvo que recordarle que estaba de su lado y ¡Josué los masacró! Es más, el sol se detuvo en medio del cielo y no se ocultó como en un día normal, pues el Señor peleó por Israel.

Notemos que Dios no reprendió a Josué por sentir temor. ¿Qué hizo? Le recordó que Él le daría la victoria y de esa misma manera Josué pudo animar a los suyos y decirles: «Jamás tengan miedo ni se desanimen. Sean fuertes y valientes porque el Señor hará lo mismo con todos sus enemigos» (Josué 10:25, NTV).

¿El temor te ha impedido cumplir cabalmente con los propósitos de Dios? No tiene nada de malo sentir temor, el problema es dejarnos vencer por él. Dios nos dice constantemente en su palabra que no tengamos temor y nos recuerda que está siempre con nosotras. Esa es una razón suficiente para caminar con seguridad. No vamos solas por el camino. Él está contigo siempre, todos los días del año y hasta el fin del mundo.

Oh, Dios, en el día en que temo, yo en ti confiaré.

MG

ABRIL 10

Lectura diaria: Josué 13, 14, 15

CONQUISTANDO A LOS ENEMIGOS

Además los israelitas mataron al adivino Balaam,
hijo de Beor, y a muchos más.
(Josué 13:22, NVI)

En el siglo IX, Sigurd Eysteinsson, un vikingo con el título de conde de las Orcadas, conquistó el territorio del norte de Escocia para Noruega y se ganó el nombre de Sigurd el Poderoso. Pero Sigurd no era un hombre honorable. Desafió a un líder escocés a pelear con él con cuarenta hombres por bando. Sin embargo, Sigurd llevó a ochenta individuos a la batalla y la ganó.

Como trofeo, decapitó al escocés y ató su cabeza a su cabalgadura. Al movimiento del galope, los dientes de la cabeza del enemigo se clavaron en la pierna de Sigurd y la herida que produjeron se infectó, por lo que Sigurd murió días más tarde. Balaam tampoco era honorable. Incitó a los madianitas para que hicieran pecar a los israelitas contra el Señor para que Él los destruyera.

Sin embargo, el Señor estaba de parte de Israel. Los mismos que Balaam quería ver muertos, fueron quienes lo mataron a él y tomaron venganza, tal como le pasó a Sigurd. ¿Sabías que nuestro «yo» tampoco es honorable? Nos engaña para destruirnos. Usa contra nosotros el orgullo, la envidia, el desaliento, la pereza y nosotros lo perdonamos porque lo confundimos con «nuestros derechos».

Recordemos que: «Ustedes no están dominados por su naturaleza pecaminosa. Son controlados por el Espíritu si el Espíritu de Dios vive en ustedes» (Romanos 8:9, NTV). Así que no hagamos tratos con nuestro «yo», pues tarde o temprano nos regresará una mordida. Más bien, que Dios dirija cada acción y pensamiento.

Señor, contrólame Tú.

YF

ABRIL 11

Lectura diaria: Josué 16, 17, 18

MANZANAS INJERTADAS

Los de Efraín, sin embargo, no expulsaron a los cananeos de la ciudad de Gezer, así que sus habitantes viven como esclavos entre el pueblo de Efraín hasta el día de hoy.
(Jueces 16:10, NTV)

¿Sabías que las manzanas no se plantan por medio de sus semillas? Es decir, si plantas la semilla de una manzana amarilla, el árbol resultante no necesariamente será del mismo color ni sabor. Para lograr que todos los manzanos de un lugar produzcan el mismo tipo de fruto, se injertan las ramas en los tallos de buenos árboles con raíces saludables.

Cuando los israelitas llegaron a la Tierra Prometida, no bastó con lanzar semillas de manzanos para producir buenos frutos. Al igual que antes, los israelitas olvidaron a Dios y dejaron que las semillas de las manzanas cananeas permearan la tierra y produjeran todo tipo de mal. En otras palabras, no pudieron expulsar a las tribus cananeas de sus territorios.

Dios sabía el peligro de no hacer esto. Como plántulas sin raíz firme, los israelitas serían presa fácil de prácticas páganas e ideas contrarias a la Ley. La única manera de asegurar una fe sólida constaba en injertarse al árbol divino y beber de las raíces de Dios mismo, su Palabra y su Espíritu. Solo así, las manzanas producirían esos sabores que darían gloria a Dios.

Como semillas de manzana podemos ir por aquí y por allá dando todo tipo de fruto bueno o malo, pero si queremos en verdad ser manzanas de calidad, debemos ser injertadas en la familia de Dios por medio del sacrificio de Jesús. Solo así tendremos raíces firmes y daremos un fruto digno de nuestro Dios. ¿Hemos sido plantadas por medio de la fe en la familia de Dios?

Señor, gracias por hacerme parte de tu pueblo.

KO

Abril 12

Nuestro refugio

*Designad las ciudades de refugio para que huya allí
el homicida que haya matado a cualquier persona
sin intención y sin premeditación; ellas os servirán
de refugio contra el vengador de la sangre.*
(Josué 20:2-3, LBLA)

Un grupo de mujeres de mi ciudad ofrece ayuda para mujeres que han sufrido la trata humana y la explotación sexual. Brindan una solución integral que incluye las áreas psicológicas, educativas, médicas, legales y laborales. ¿Por qué son tan importantes estos albergues? Porque ellas necesitan huir de los que las han esclavizado. Ahí pueden encontrar protección y guía.

Cuando Dios repartió las tierras de Israel a las doce tribus, también mandó a que designaran ciudades de refugio para que allí acudieran los acusados de asesinato involuntario para escapar de la venganza. En estas ciudades podían continuar su vida normal, sin preocuparse porque algún familiar de sus víctimas viniera en busca de retribución o aplicara el «ojo por ojo, diente por diente».

¿Pero qué pasaba si alguna persona no acudía a la ciudad de refugio? Debía vivir siempre alerta de no toparse con algún pariente enardecido y con su vida constantemente en peligro. Cuando recurrimos a Cristo, encontramos también refugio. Con Él, ya nada ni nadie nos puede condenar, pues somos libres de la ira de Dios.

Así que recordemos dos lecciones importantes. En primer lugar, así como las ciudades de refugio eran para todos - hombres y mujeres, jóvenes y ancianos - hoy la salvación en Cristo es para todo aquel que cree. Segundo, es una decisión personal. Cada persona debe elegir entrar por la puerta que es Jesús. ¿Es Cristo tu lugar seguro? ¿Te has cubierto bajo sus alas?

Te alabo, Señor, porque eres mi refugio seguro.

MHM

ABRIL 13

PROMESAS CUMPLIDAS

*Reconoced, pues, con todo vuestro corazón y con toda vuestra
alma, que no ha faltado una palabra de todas las buenas
palabras que Jehová vuestro Dios había dicho de vosotros;
todas os han acontecido, no ha faltado ninguna de ellas.*
(Josué 23:14, RVR60)

Prometer implica compromiso y hasta un sentir de obligación.
Al no cumplir una promesa la persona queda endeudada. Pero
¿quién no ha sido defraudado alguna vez por el incumplimiento
de una promesa? El niño que soñaba con el juguete prometido,
la chica que esperaba a quien prometió regresar para casarse o
una comunidad a quien gobernante hizo promesas de campaña.

La consecuencia es la desilusión. A veces lo que aprendemos es a no
volver a confiar en nadie más. Como humanos fallamos y a veces
nos fallan. Es necesario detenernos aquí. Hacer una pausa y leer
versículos como el de hoy. Tenemos que meter información nueva
en nuestra mente. Hay alguien que cumple sus promesas. Añadiré
algo: «siempre cumple sus promesas». Ese alguien es Dios.

¡Qué alivio saber que Dios cumplió las promesas que le había
hecho al pueblo de Israel! En la Tierra Prometida, también hizo
todo lo que había dicho. Dado que el Padre es inmutable, podemos confiar en que también cumplirá todo lo que nos ha prometido a nosotras en su Palabra.

¿Alguien te defraudó tanto como para no volver a confiar? Es
necesario comprender y recordar siempre que Dios no es ese tipo
de persona. Él es bueno y te ama. Ha planeado cosas buenas para
ti y cumplirá no solo sus promesas sino su propósito en ti. Cada
vez que leas la Biblia identifica las promesas. Subráyalas, escrí-
belas y créelas.

Padre amado, confío en tus promesas.

MG

¿OTROS «DIOSES»?

*Dejaron a Jehová el Dios de sus padres, que los había
sacado de la tierra de Egipto, y se fueron tras otros dioses,
los dioses de los pueblos que estaban en sus alrededores,
a los cuales adoraron; y provocaron la ira a Jehová.*
(Jueces 2:12, RVR60)

Los 4 Fantásticos son un grupo de superhéroes que obtuvieron
sus poderes por haber sido expuestos a la radiación cósmica, según Stan Lee, creador de la historieta. El grupo está formado
por el Sr. Fantástico, que puede estirarse más de lo normal, la
Mujer Invisible, que puede crear campos de fuerza, la Antorcha
Humana, que se enciende en llamas y la Mole, que posee una
fuerza sobrehumana.

El argumento de la historieta parece muy creíble. Pero ¡exponerse a la radiación *no* da superpoderes! La radiación rompe el
ADN de las células. Si una persona es expuesta a la radiación, su
muerte está asegurada.

Dejar al Señor es como pensar que exponerse a la radiación es
algo bueno. Así lo pensaron los israelitas. Cambiaron el cuidado
sobreprotector de la nube y del maná y las victorias sobre los
enemigos porque pensaron que otros «dioses» eran mejores que
su Dios. Quizá su deterioro fue lento, pero finalmente tuvieron
que sufrir el exilio.

Aprendamos la lección. No todo lo que nos dicen las películas
o los medios es verdad. En realidad, casi todo es mentira. Así
que apartémonos de los otros dioses, así como lo haríamos de la
radiación y sigamos a Dios. Y oremos por aquellos que se han
apartado del manto de la iglesia, pues probablemente aún no le
entregan sus vidas a Dios. ¡Que descubran a Cristo el Señor!

Señor, te sigo solo a ti.

YF

ABRIL 15

Lectura diaria: Jueces 4, 5, 6

VALIENTE Y BENDITA

La más bendita entre las mujeres es Jael, la esposa de Heber, el ceneo. Bendita sea más que todas las mujeres que viven en carpas.
(Jueces 5:24, RVR60)

Si hiciéramos una película de la vida de Jael no sería apta para niños. Esta mujer que vivía en tiendas se casó con un descendiente del cuñado de Moisés, pero decidieron no habitar con el pueblo de Dios. Sin embargo, Heber se hizo amigo de un capitán cananeo llamado Sísara, que cuando se vio derrotado por los israelitas corrió a refugiarse con él.

Como Heber no estaba en casa, Jael le dio asilo y cuando este se quedó dormido, le martilló una estaca en la sien y lo mató. ¿Por qué? Porque una y otra leemos de enemigos que buscaban destruir al pueblo de Israel. Si personas como Sísara se hubieran salido con la suya, el Mesías prometido no habría venido a esta tierra. No solo estaba en juego la supervivencia de una sociedad, sino también la de la humanidad entera.

Aunque probablemente Jael no entendió la proporción cósmica de la bendición que vendría de la simiente de Abraham, comprendió que Sísara era el enemigo y lo destruyó. Por eso, se le llamó bendita.

Hoy, las que creemos en Jesús, hemos recibido toda bendición espiritual. No se trata de dinero, sino del gozo, la paz y el servicio que surge de conocer a Cristo como Salvador. Pero tenemos enemigos que nos quieren robar de estas bendiciones y se meten dentro de las carpas de nuestras vidas. Cuando el enemigo de la pornografía, la infidelidad o el chisme quiera descansar en tu tienda, ¡mátalo con una estaca! Seamos valientes como Jael.

Señor, ayúdame a identificar al enemigo y erradicarlo de mi carpa.

KO

ABRIL 16

MÁS ALLÁ DE NUESTRAS FUERZAS

No quiero que vayan a sentirse orgullosos cuando derroten a los madianitas... y digan que se salvaron por su propia fuerza.
(Jueces 7:2, RVC)

Mi amigo Refugio me invitó a comer en un restaurante de la ciudad de México donde me visitaba. Después empezó a escribir en una servilleta. Apuntó algunos números y luego dibujó un círculo, antes de preguntarme: «¿Qué posibilidad hay de que algún día digas que sí te quieres casar conmigo?» Como fanático de las matemáticas, ¡quería un porcentaje! En el pasado, yo había rechazado sus ofertas de noviazgo.

Aunque me caía bien como amigo y era buen cristiano, no sentía ninguna atracción especial por él. Había otros factores que me causaban duda, como la diferencia de edad. Al fin contesté: «Por mi parte diría que cero por ciento, pero porque existe Dios, diré que un uno por ciento». Eso fue suficiente. Él se agarró por fe de la posibilidad de que Dios me cambiara la mente y tiempo después ¡nos casamos!

Gedeón también actuó con fe en medio de circunstancias nada alentadoras. Dios le advirtió: «No quiero que vayan a sentirse orgullosos cuando derroten a los madianitas» (Jueces 7:2, RVC). Quería que fuera obvio que la mano del Señor les había dado la victoria. Por medio de dos reducciones, ¡el ejército de Gedeón perdió al 99 % de sus hombres! Y de una forma sorprendente, venció a los madianitas con el 1%.

¿Enfrentas un problema que parece imposible de resolver? ¿No tienes las fuerzas para enfrentar una situación? Haz lo que puedas con tus recursos limitados y confía en Dios. No será con tus fuerzas que vencerás, sino con el poder del Señor.

Padre, pongo mis dificultades en tus manos poderosas.

MHM

Abril 17

Cuando Dios se entristece

Quitaron entonces los dioses falsos que tenían, y volvieron a adorar a Dios. Y él se puso triste al ver cómo sufría su pueblo.
(Jueces 10:16, TLA)

Mi hijo sabía que no debía acercarse a las plantas con espinas. Le repetimos incontables veces que tuviera cuidado. Sin embargo, era aún pequeño y ya fuera por curiosidad o por travesura, sujetó una tuna con fuerza con su manita derecha. ¡Los gritos me hicieron salir corriendo! Pude percibir la situación y lo senté en mi regazo.

Después, con unas pinzas especiales, empecé a quitar espina por espina de su manita. En un momento me di cuenta de que también lloraba con él. Y me parece que el texto de hoy nos recuerda lo mismo. Dios le advirtió a su pueblo una y otra vez, juez tras juez, que dejara la idolatría, pero el pueblo continuó haciendo lo malo ante los ojos del Señor.

Por ejemplo, cuando los amonitas los oprimieron, los israelitas clamaron en su angustia. «Hemos pecado. Castíganos como bien te parezca, pero rescátanos hoy de nuestros enemigos» (Jueces 10:15, NTV). Entonces, Dios, como yo con mi hijito, los libró, pero el texto bíblico enfatiza que «se puso triste al ver cómo sufría su pueblo» (Jueces 10:16, TLA).

Quizá hoy hemos tomado decisiones que nos tienen dolidas, atrapadas y angustiadas. Ciertamente Dios nos salvará de nuestros enemigos, pero las consecuencias de las espinas seguirán ahí. Sin embargo, Él no es un Dios indiferente, sino uno que nos abraza y nos quita espina por espina. Acudamos a Él. La vida a veces duele, pero Él está ahí, rodeándonos y sosteniéndonos en su amor.

Dios, gracias porque eres un Dios compasivo.

KO

Lectura diaria: Jueces 11, 12

HIJOS ILEGÍTIMOS

*Pero la mujer de Galaad le dio hijos, los cuales, cuando crecieron,
echaron fuera a Jefté, diciéndole: No heredarás en la casa de
nuestro padre, porque eres hijo de otra mujer.*
(Jueces 11:2, RVR60)

Rosa, desenvuelta y amable, llegó a sentarse conmigo una tarde. Estábamos en un retiro, haciendo un trabajo manual. Su dominio del inglés y su apariencia me decían que era extranjera y me sorprendí cuando descubrí que su padre había emigrado desde Siria.

Un día, oyó comentarios de sus compañeros de clase, fue a casa y buscó su acta de nacimiento. Ahí decía: «Ilegítima» y saber eso, le partió el alma. La pobre Rosa lloró mucho. Había nacido en los años en que ser «ilegítima» era motivo de escándalo. Pero, además, su padre tenía varias mujeres y cada una con hijos. Ella se propuso que eso no afectaría su vida. Felizmente, Rosa conoció al Señor y sanó su corazón.

Jefté, hijo de Galaad, tuvo que luchar con ser ilegítimo toda su vida. Huyó de su casa debido al rechazo de sus hermanos. Se hizo amigo de individuos repudiados como él. Lo divertido de la historia es que las mismas personas que lo repudiaron en el pasado, lo buscaron después para que los librara de los amonitas y lo hicieron su libertador.

Dios hace cosas maravillosas con las personas que el mundo considera indignos: Jefté fue hecho un héroe y Rosa ahora es feliz porque es adoptada hija suya. ¿Qué no hará el Señor por nosotras, las que nos sentimos rechazadas o quebrantadas? Nos ha hecho sus hijas y nos ama con amor eterno. ¡Hemos sido adoptadas por el Señor del universo! Y para Él ¡no somos ilegítimas!

Señor, gracias por hacerme tu hija legítima.

YF

ABRIL 19

LO QUIERO Y LO QUIERO YA

Cuando volvió a su casa, dijo a su padre y a su madre:
Me gusta una joven filistea de Timnat y quiero
casarme con ella. Consíganmela.
(Jueces 14:2, NTV)

¿Has oído hablar de los niños tiranos? Son aquellos que exigen, en lugar de pedir; los que controlan, en lugar de obedecer. Supongo que Sansón hubiera encajado con este perfil, pero no es el único. Existe algo dentro de nosotras que Dios llama «carne» o «naturaleza pecaminosa» que actúa como un niño tirano.

La carne es sensual y basa sus demandas en la satisfacción personal, es decir, quiere todo para sí y lo quiere ya. La carne quiere agradar a otros para recibir aprobación y encontrar algo «bueno». Sin embargo, la Biblia dice claramente que las obras de la carne se oponen a Dios.

¿Qué pensaste al leer la historia de Sansón? ¿Qué hubieras hecho de estar en el lugar de sus padres cuando él les pidió una filistea solamente porque así lo quería? Si bien Dios usó a Sansón a pesar de sus errores y apetitos, aprendamos la lección. Espiritualmente quizá nos hemos convertido en niños caprichosos y consentidos que van a la iglesia para sentirse bien con ellos mismos y que demandan con un puchero que las cosas se hagan a su manera.

¿Qué debemos hacer con la carne? Examinar cada pensamiento, actitud y emoción en el día y si es de la carne, hay que matarla, eliminarla y no practicarla. Si nos encontramos diciendo como Sansón: «Quiero esto porque me gusta», detengámonos y acerquémonos con humildad a Dios para decir más bien lo que dijo Jesús: «No se haga lo que yo quiero, sino lo que quieres tú» (Mateo 26:39, DHH).

Señor, ayúdame a hacer morir las obras de la carne.

KO

Lectura diaria: Jueces 16, 17, 18

¿ORDEN EN LA ANARQUÍA?

En aquellos días no había rey en Israel; cada uno
hacía lo que a sus ojos le parecía bien.
(Jueces 17:6, LBLA)

La anarquía es una situación en la cual no existe un gobierno o este no tiene autoridad o control sobre la gente. De hecho, la mayoría hemos visto en alguna parte el símbolo actual para este concepto: la letra «A» mayúscula dentro de la letra «O» mayúscula. Significa: «La sociedad busca el orden en la anarquía», frase de Pierre-Joseph Proudhon.

Los que se levantan en contra de la autoridad suelen decir que su movimiento es positivo, inspirado en los conceptos de la libertad individual y el autogobierno. En sí, esto suena atractivo, pero hoy en día seguimos viendo levantamientos de este tipo que para nada llevan al orden.

«En aquellos días no había rey en Israel; cada uno hacía lo que a sus ojos le parecía bien» (Jueces 17:6, LBLA). Estas palabras reflejan exactamente lo que ocurría en el tiempo de los jueces en Israel. En el capítulo 16 de este libro leemos acerca del juez Sansón, un hombre controlado por sus deseos carnales. En el capítulo 17 aprendemos del caso de Micaía, quien hizo un ídolo de plata ¡y aun logró pagar a un levita para que se encargara de su santuario personal!

Estos y otros casos revelan la anarquía que dominaba en esa época. Pero hacer «lo que me parece bien» no es lo mismo que el bien que desea Dios, con orden y respeto hacia Él y los demás. Si reconozco que estoy bajo la guía y el control de Dios, ¡eso realmente es para mi bien y el de todos!

¡Tú eres mi Rey y quiero hacer lo que te agrada!

MHM

ABRIL 21

SIGAN AL LÍDER

En estos días no había rey en Israel; cada uno
hacía lo que bien le parecía.
(Jueces 21:25, RVR60)

«Sigue al líder» (*Follow the leader*) es una canción que llegó a ser un éxito por su ritmo y también porque resulta divertido imitar los movimientos de la persona que funge como líder en la coreografía. En la vida cotidiana, un líder es una persona que tiene la capacidad de influenciar, estimular e incentivar a los integrantes para dar lo mejor de cada uno, con el propósito de alcanzar los objetivos comunes.

El pueblo de Israel encontró años de paz en tiempos de Gedeón, pero cuando este murió, el pueblo se olvidó de Dios y como consecuencia la maldad se apoderó de la nación. Sin un líder, los hombres se dejaron llevar por el pecado y sus pasiones. La porción de hoy es impactante pues nos damos cuenta de que siempre ha existido la perversidad en el corazón humano.

En las noticias de hoy nos enteramos de historias similares. Claramente vemos lo que pasa cuando un pueblo se olvida de Dios y de obedecer sus preceptos. No podemos simplemente «hacer lo que nos parece» o apetece. Necesitamos que Dios nos dé dirección. Se requieren buenos líderes en los gobiernos e instituciones incluyendo la familia.

Como individuos necesitamos que Dios guíe nuestra conducta. Oremos por los buenos líderes que nuestra sociedad necesita para luchar contra la corrupción y la perversidad. Como familias y congregantes, estamos sujetos al liderazgo que Dios ha puesto sobre nosotras. Pidamos también que se levanten líderes temerosos de Dios. Pero, sobre todo, sigamos al líder por excelencia: Jesús.

Dios, líbranos del mal.

MG

Lectura diaria: Rut 1, 2, 3, 4

CORTINAS Y PUERTAS

Respondió Rut: No me ruegues que te deje, y me aparte de ti; porque a dondequiera que tú fueres, iré yo, y dondequiera que vivieres, viviré. Tu pueblo será mi pueblo, y tu Dios mi Dios.
(Rut 1:16, RVR60)

Una anciana se sentaba en su balcón para ver a la familia de la casa de enfrente cada tarde. Su esposo había fallecido y sus hijos vivían en el extranjero. La señora de la casa de enfrente, un día cruzó la calle para invitarla a una función. La mujer aprovechó la oportunidad para pedirle que nunca cerrara sus cortinas por la noche.

«Cuando sus cortinas están abiertas, puedo ver a sus hijos riendo y a toda la familia comiendo. Me siento como si estuviera en la habitación con ustedes. Cuando las cortinas están cerradas, me siento sola». A partir de entonces, las cortinas de la casa de enfrente no se cerraron. Si alguno de la familia volteaba y veía a la mujer, la saludaba de lejos y la dulce mujer formó parte de esa familia hasta que falleció.

Noemí también perdió esposo e hijos. Estaba tan desesperanzada que se hacía llamar «Amarga». No veía que había personas a su alrededor que la amaban. Así que Rut hizo algo más que abrir sus cortinas, ¡abrió la puerta de su corazón! La condición de Noemí cambió drásticamente y un nieto alegró sus últimos días. Pero ¿qué pasó con Rut? De no tener nada, llegó a casarse con un hombre rico y a formar parte de la genealogía del Señor Jesús.

¿A cuántos les has abierto tus cortinas para alegrar sus vidas? Vayamos un paso más allá y abramos las puertas también y mostremos la hospitalidad y la misericordia que hemos recibido de parte de Dios.

Señor, muéstrame cómo y a quiénes debo bendecir.

ABRIL 23

Lectura diaria: 1 Samuel 1, 2, 3

¿A QUIÉN HONRAMOS?

*¿Por qué habéis hollado mis sacrificios y mis ofrendas,
que yo mandé ofrecer en el tabernáculo; y has honrado
a tus hijos más que a mí, engordándolos de lo principal
de todas las ofrendas de mi pueblo Israel?*
(1 Samuel 2:2, RVR60)

Esta es la historia de un padre llamado Elí y una madre llamada Ana. Elí tenía un trabajo especial, pues su labor consistía en dirigir la adoración a Dios. En este pasaje lo encontramos entrado en años, con sobrepeso y una inminente ceguera.

Sin embargo, una oscuridad aún más profunda lo rodeaba. Este padre, cuando ya se sintió viejo, dejó que sus hijos hicieran lo malo. Los reprendió, pero no con la dureza debida. De hecho, la Biblia dice que los honró más que a Dios, es decir, les dio un lugar superior al que debían tener. Este padre colocó a sus hijos en un pedestal y los hijos fallaron.

La madre, por su parte, no tenía hijos y derramó su alma ante Dios. Su deseo de tener un hijo la llevó a prometer a Dios que consagraría a su primogénito para su servicio. Cuando Dios le concedió un hijo, ella cumplió su promesa. Llevó a Samuel al tabernáculo, bajo la supervisión de ese padre débil y sus perversos hijos, pero para ella la honra a Dios valía más que cualquier cosa.

Leemos entonces que Samuel creció y se hizo adepto a Dios y a los hombres. Tuvo el privilegio de escuchar un mensaje directo de parte de Dios y Dios no dejó caer a tierra ninguna de sus palabras. Esta madre puso a su hijo en el lugar correcto: a los pies de Dios. ¿Qué tipo de maternidad ejercemos? ¿Somos como Elí o como Ana?

Señor, que te honre a ti, incluso por encima de a quienes más amo.

KO

Lectura diaria: 1 Samuel 4, 5, 6

DIOS EN NOSOTROS

> *¡Dios ha venido al campamento!*
> (1 Samuel 4:7, RVC)

Un norteamericano, maestro de la Biblia, estaba en el aeropuerto de São Paulo en una fila larga que tardaba demasiado. Se estaba estresando mucho y, de repente, se acordó de Filipenses, que nos recuerda que no estemos ansiosos sino que confiemos en Dios y oremos. Hizo caso a esas palabras y luego sintió mucha paz.

En ese momento una señora de la fila se dirigió a él. «Señor, ¿puedo hacerle una pregunta?» Cuando contestó que sí, dijo: «¿Cree en los ángeles?» Cuando él le preguntó el por qué, ella explicó: «Veo mucha luz a su alrededor». Él le indicó que sin duda era la luz de Cristo, la luz del mundo. Así, el maestro tuvo oportunidad de hablarle del Evangelio y seguir en contacto con ella.

Cuando los israelitas perdieron una batalla contra los filisteos, decidieron que les hacía falta la bendición de Dios y mandaron a traer el arca del pacto desde Silo. Cuando el arca llegó al campamento, todo el pueblo de Israel gritó con tanto júbilo que la tierra se estremeció y los filisteos clamaron: «¡Dios ha venido al campamento!» (1 Samuel 4:7, RVC).

Me pregunto si otros ven ángeles cuando nos conocen y si cuando entramos a un lugar, sea la oficina, una tienda o un hogar, pueden otros exclamar: ¡Dios ha venido! Que nuestras vidas estén tan saturadas de Dios y su presencia, que seamos luz en donde estemos. Dios, en definitiva, está en nosotras si hemos creído en Jesús. Que otros lo noten también.

Señor, te pido que tu luz brille en mi vida.

MHM

ABRIL 25

NUESTRA PIEDRA DE AYUDA

Luego Samuel tomó una piedra grande y la colocó
entre las ciudades de Mizpa y Jesana. La llamó Ebenezer
(que significa «la piedra de ayuda») porque dijo:
«¡Hasta aquí el Señor nos ha ayudado!».
(1 Samuel 7:12, NTV)

No podemos imaginar lo difícil que resultó para el pueblo perder el arca del pacto durante una guerra. La misma presencia de Dios, como ellos la entendían, había terminado en un templo pagano. Golpeados por una plaga, los filisteos devolvieron el arca, pero realmente los israelitas no habían hecho nada para recuperarla. Dios mismo tuvo que intervenir.

Entonces, los filisteos decidieron volver a atacar y los israelitas rogaron a Samuel, su juez y profeta, que intercediera. Eso hizo y Dios venció al enemigo mediante una gran tormenta. Por esa razón, Samuel colocó una gran piedra entre dos ciudades y la llamó Ebenezer, que significa «piedra de ayuda».

Muchas veces en la vida sentimos que merecemos lo que tenemos gracias a nuestro esfuerzo. Sin embargo, probablemente nos parecemos a los israelitas más de lo que imaginamos. En realidad, si analizamos con cuidado las batallas de nuestra vida, debemos concluir que, sin Dios, no hubiéramos logrado sobrevivir.

Por esa razón, levanta hoy una piedra, un recordatorio que te haga pensar en la protección, el cuidado y la soberanía de Dios. Gracias a Él hoy respiramos, comemos, nos movemos y existimos. En palabras de Pablo: «Todas las cosas provienen de él y existen por su poder y son para su gloria. ¡A él sea toda la gloria por siempre! Amén» (Romanos 11:36, NTV).

Te doy gracias, Dios, porque hasta aquí me has ayudado.

MG

ABRIL 26

¿Es mi vida un fraude?

*Tan pronto como Saúl se despidió de Samuel para irse,
Dios le cambió el corazón; y aquel mismo día
se cumplieron todas las señales.*
(1 Samuel 10:9, DHH)

Frank Abagnale desde muy joven utilizó su gran inteligencia para falsificar su licencia de conducir, tarjetas de identificación, cheques bancarios y títulos profesionales para cometer desfalcos que sobrepasaron los cuatro millones de dólares. Sin los estudios correspondientes, se hizo pasar por médico, abogado y piloto.

Doce países querían su extradición cuando fue arrestado. Estuvo en prisión en Francia, Suecia y por último en Estados Unidos. Aún en prisión se hizo pasar como agente encubierto para recibir tratos especiales. El gobierno de Estados Unidos le ofreció la libertad a cambio de cooperar con el FBI en la lucha contra el fraude. Hoy tiene una empresa dedicada a detectar fraudes económicos.

Pocas veces logramos ver lo profundo del corazón de las personas. En el caso del rey Saúl, la Biblia dice que era mucho más alto que la mayoría, pero dice también que ¡Dios le cambió el corazón y Saúl profetizó! ¿Qué fue lo que pasó con este hombre que al principio se veía tan piadoso? ¿Por qué de la noche a la mañana dejó al Señor?

Pareciera que él no fue sincero al entregar su corazón. ¡Su vida se convirtió en un fraude! En los siguientes capítulos, verás todas las trampas, mentiras y atrocidades que cometió. Por ahora, pensemos que el único que cambia corazones es Dios. Permitamos que entre a nuestras vidas y haga lo que tenga que hacer para transformarnos. Lo necesitamos a Él, así que seamos como David, quien tuvo un corazón conforme al de Dios.

Señor, dame un corazón recto, que siempre te honre.

YF

ABRIL 27

Lectura diaria: 1 Samuel 13, 14

NADA LO PUEDE DETENER

Tal vez el Señor nos ayude, porque nada puede detener al Señor. ¡Él puede ganar la batalla ya sea que tenga muchos guerreros o sólo unos cuantos!
(1 Samuel 14:6, NTV)

A todos nos gustan las películas donde el perdedor triunfa, como cuando el desconocido Rocky Balboa vence a su contrincante. Pero ¿cómo se triunfa en la vida? ¿Con base en el esfuerzo personal? ¿Creyendo en uno mismo como se nos predica hoy día?

Saúl perdió la guerra de su vida y fue desechado por Dios. Jonatán vivió para Dios y honró sus designios. En la historia de hoy, de los tres mil hombres que el rey Saúl reclutó, solo quedaron seiscientos. De esos seiscientos, solo Jonatán y su escudero se atrevieron a descender entre los peñascos hasta el puesto de avanzada para causar pánico entre los filisteos. ¿Qué movió a Jonatán?

La fe en un Dios que no está limitado por los números; un Dios que puede salvar con millones o con decenas. Jonatán creía que Dios podía obrar a su favor, si Él así lo quería y nada lo detendría. Jonatán tuvo razón. Dios honró su fe cuando permitió una gran victoria, a pesar del pecado de Saúl, quien confió más en sí mismo que en las instrucciones de Dios.

La guerra de la vida se compone de diversas batallas. Quizá en ocasiones logremos ganar una que otra como Saúl, haciendo las cosas a nuestra manera. Pero si queremos ganar la guerra, debemos ser como Jonatán y poner nuestra fe en un Dios imparable y obedecer sus mandatos batalla tras batalla. Rocky ganó varios campeonatos, pero perdió a su familia. Saúl tuvo varias victorias, pero murió en la deshonra. Jonatán creyó y Dios lo bendijo. ¿Qué elegimos?

Señor, estoy convencida que no hay batalla imposible para ti. Confío en tu guía.

KO

ABRIL 28

Lectura diaria: 1 Samuel 15, 16

NO ES UN CONCURSO DE BELLEZA

*Uno de los hijos de Isaí de Belén tiene mucho talento
para tocar el arpa. No solo eso, es un guerrero valiente,
un hombre de guerra y de buen juicio. También es
un joven bien parecido y el Señor está con él.*

(1 Samuel 16:18, NTV)

Cuando iniciaron el concurso de Miss América en 1921, algunos cristianos se opusieron al énfasis en la belleza exterior. Tiempo después, los administradores pidieron que una cristiana se encargara de los lineamientos, e incluyó el componente de talentos.

En 1965 la concursante Vonda Kay Van Dike habló abiertamente de su fe cuando le hicieron una pregunta sobre su punto de vista sobre la Biblia. Anteriormente, esto estaba en contra de las reglas del concurso, pero la respuesta receptiva del público hizo que los oficiales quitaran la prohibición de la expresión religiosa.

Cuando el profeta Samuel iba a ungir al futuro rey de Israel, pensó que sería otro hijo de Isaí, de buen parecer. Pero Dios le indicó que le interesaba más el corazón que la apariencia del escogido. Aun así, David era apuesto y de hermosos ojos. Además, cuando recomendaron a David para ser el músico terapeuta del rey Saúl, mencionaron su talento para tocar el arpa, sin olvidar sus artes en la guerra. David tenía un conjunto de características loables, pero sin duda lo mejor era que el Señor estaba con él.

Tú y yo también tenemos una variedad de rasgos positivos que pueden ser reconocidos por otros. Aunque nuestra apariencia no se puede cambiar mucho, podemos desarrollar los talentos que el Señor nos ha dado. Sin embargo, lo principal a los ojos de Dios es un corazón en armonía con el suyo. ¡Hagamos de eso una prioridad!

Padre, que se pueda decir de mí: «el Señor está con ella».

MHM

ABRIL 29

Lectura diaria: 1 Samuel 17, 18

ANTE LO INESPERADO

Un día, Isaí le dijo a David: «Toma esta canasta de grano tostado
y estos diez panes, y llévaselos de prisa a tus hermanos».
(1 Samuel 17:17, NTV)

Santiago Posteguillo escribió: «Así es como se conoce realmente
a las personas: en sus reacciones ante lo inesperado». ¿Estás de
acuerdo con esta frase? A David simplemente lo enviaron con un
mandado: llevar panes y queso al frente de batalla. No imaginaba
que enfrentaría la aventura más épica de su vida.

Esa mañana, probablemente no pensó que mataría a un gigante
y ayudaría a ganar una batalla y que eso le valdría un cargo en
el ejército y la posibilidad de casarse con una de las hijas del rey.
Cuando se enfadó porque toleraban que Goliat les hablara de esa
manera, su esencia y valentía salieron a flote.

David no se preparó en unas horas, sino que lo que sucedió ese
día en el campo de batalla fue el producto de una vida dedicada
a la oración y la alabanza a Dios. Su amor por Dios tampoco
comenzó el día de su unción, sino que más bien esa señal sólo
mostró lo que ya había en su corazón: un compromiso total con
el Señor de los ejércitos.

Al empezar nuestro día por la mañana, no sabemos los gigantes que tendremos que enfrentar. Seguramente viviremos situaciones inesperadas que reflejarán lo que hay dentro de nosotras.
Cultivemos los buenos hábitos de este gran guerrero al orar,
meditar en la Palabra y buscar constantemente a Dios en cada
decisión. Que nuestra relación con el Buen Pastor sea tal, que
aun siendo nosotras simples pastorcitas, podamos luchar como
guerreras en el momento de la prueba.

Oh, Dios, sé que solo contigo podré vencer a mis gigantes.

MG

ABRIL 30

NECESITAMOS UN PASTOR

El Señor es mi pastor, nada me falta.
(Salmo 23:1, NVI)

Existen varias historias de ovejas que se han perdido por varios años en los montes australianos. Una de ellas, llamada Chris, estuvo perdida por seis años en las afueras de Canberra. Cuando fue encontrada, solo el peso de la lana era de 42 kilos, es decir, que esta oveja era 3 o 4 veces más grande de lo normal. La lana, llena de barro y desechos, le cubría los ojos, no la dejaba ver por donde caminaba y casi no podía comer.

Las patas estaban demasiado torcidas y las pezuñas terriblemente maltratadas por el peso. ¿Cómo es posible que esta pobre oveja haya podido sobrevivir con semejante «abrigo» en los veranos extremadamente calurosos y secos de Australia? Aun así, sin buena alimentación, con un peso extremo, golpeada y con las patas lastimadas, esta oveja pudo ser rescatada, esquilada, alimentada y cuidada en un refugio para animales.

¡Qué importante es la presencia de un pastor en la vida de una oveja! Cuando el Señor Jesús dice que *Él es el Buen Pastor,* significa que también hay malos pastores, aquellos que no buscan a las ovejas hasta encontrarlas.

¿No te parece que tenemos mucho en común con Chris? Con nuestro gran peso de pecado, estuvimos hambrientas, golpeadas, sin poder avanzar por lo lastimado de nuestros pies que daban tumbos en la vida sin llegar a ninguna parte, con las emociones resquebrajadas y el alma doliente. Pero un día feliz, el Buen Pastor nos encontró, nos quitó el gran peso de la maldad, nos alimentó y nos curó. ¡Bendito sea su Nombre!

¡Gracias, Señor, por haberme encontrado!

YF

MAYO 1

Lectura diaria: 1 Samuel 20, 21

CONFÍA

—¿Qué he hecho? —exclamó—. ¿Cuál es mi delito?
¿Cómo ofendí a tu padre para que esté tan decidido a matarme?
(1 Samuel 20:1, NTV)

Envidia. Celos. Enemistad. En la película *Amadeus*, Antonio Salieri entra a un asilo para enfermos mentales donde confiesa que asesinó a Wolfgang Amadeus Mozart. Salieri había deseado ser un gran compositor y cuando ve que Mozart, un joven despreocupado goza de un increíble talento, jura destruirlo. Mozart, sin embargo, no sospecha su enemistad y muere sin saber que su maestro lo detesta.

¿Te ha pasado que las circunstancias a tu alrededor se complican? De repente tus amistades te dan la espalda o dejan de hablarte. Te enteras de que personas que estimas hablan mal de ti o intentan deshacer tu trabajo. Sientes el agudo aguijón de la traición.

Así se sentía David. Después de aliviar a Saúl con su música, mató al enemigo que asediaba su reino. ¿Y qué recibió a cambio? Ira, enojo y rabia. Saúl trató de matarlo. Cuando conversa con Jonatán, derrama su corazón. ¿Qué hizo? ¿Qué crimen cometió? ¿Por qué su suegro no lo quiere? Jonatán defiende a su padre, pero termina aceptando que David tiene razón. Saúl ha enloquecido y David debe huir.

¿Qué hacer entonces? Lo único que tú y yo podemos hacer en las situaciones que no están en nuestras manos y que carecen de lógica: confiar en Dios. David escribió: «En Dios confío, ¿por qué habría de tener miedo? ¿Qué pueden hacerme unos simples mortales?» (Salmos 56:11, NTV). Cuando no entiendas la razón por la que otros te desprecian, encomienda tu causa a Dios y recuerda que Dios está de tu lado. Confía en Él y Él hará.

Mi corazón está confiado en ti, Señor.

KO

MAYO 2

PUERTAS ABIERTAS PARA LOS AFLIGIDOS

Y se juntaron con él todos los afligidos, y todo el que estaba
endeudado, y todos los que se hallaban en amargura de espíritu.
(1 Samuel 22:2, RVR60)

Santiago Benavides escribió una canción donde describe la iglesia de Juan Pablo, que está en el centro de la ciudad y está compuesta por dos andenes. Ahí los ujieres no tienen dientes y el grupo de alabanza no sabe tocar. «De toda la membresía», continúa, solo «Juan Pablo llega en sobriedad».

Los congregantes le dicen pastor y él les lleva pan y canciones, pero es que este hombre se dedica a llevar el amor de Cristo a los indigentes en Medellín. ¿No deberían ser así todas las iglesias? ¿No deberían parecer más hospitales que lugares lujosos para sentirnos bien?

Cuando David tuvo que huir de Saúl, atrajo a hombres que apoyaban su causa. No eran los más conocidos por su valor o su habilidad como guerreros, sino personas afligidas, endeudadas y de espíritu amargo, según lo que dice la Biblia. ¿Qué veían en David? Quizá un líder más accesible y humano, alguien que no pretendía ser lo que no era.

Dios mismo va en pos de los débiles y los que sufren, más que los que se consideran importantes o justos. Jesús mismo dijo: «Vengan a mí todos ustedes que están cansados y agobiados y yo les daré descanso» (Mateo 11:28, NVI). No creas que por haber tenido grandes fallas en el pasado o por tener luchas en la actualidad eres menos apta para servir a Dios y ser usada por Él. Te incluye al clamar «¡Vengan!» y te llama a invitar a otros como tú. ¿Hacemos más iglesias como la de Juan Pablo?

Gracias, Señor porque me recibes y no me rechazas.

MH

Mayo 3

Lectura diaria Salmos 52, 57, 142

El mejor confidente

Expongo mis quejas delante de él y le cuento todos mis problemas.
(Salmo 142:2, NTV)

El expresidente Franklin D. Roosevelt recurrió a escribir sus confidencias en un diario secreto cuando contaba con veinte años aproximadamente. Para que nadie pudiera entenderlo si este caía en manos de alguien, lo codificó sustituyendo algunas letras por otras. Tristemente, el diario fue descubierto y sus secretos descifrados.

¿A quién recurrimos cuando queremos descargar nuestras intimidades? Un diario no es una persona; no nos escucha, ni le interesan nuestras aflicciones porque no las entiende. El mejor confidente es Dios. David lo sabía y por eso en el salmo 142 declara que cuando se siente agobiado, recurre a Dios, su lugar de refugio y todo lo que desea en esta vida. Sabía que Dios guardaría sus secretos, pero además lo rescataría y lo ayudaría.

El Señor tiene el poder suficiente para cambiar las cosas. Nos aconseja y nos defiende. Nos protege y restaura. Esto puede ser posible mediante la oración, que es el método por medio del cual nos comunicamos con Él. Cuando le cuentas con lujo de detalles lo que piensas, lo que sientes, lo que has pasado, Él realiza un proceso de curación y sanidad en tu alma y en tu mente.

Elizabeth George dice que a su tiempo con Dios le llama «el gran intercambio» porque es cuando podemos intercambiar preocupaciones por fortaleza, preguntas por respuestas, aflicciones por consuelo, duda por afirmación, frustraciones por paz y cargas por libertad. Dios es el mejor confidente que podemos tener. Acudamos a Él en oración todos los días y contémosle todos nuestros problemas.

Gracias, Dios, porque puedo contar contigo.

MG

Mayo 4

Lectura diaria: 1 Samuel 23; Salmos 54, 63

Nuestro escudo protector

Y David se quedó en el desierto en lugares fuertes,
y habitaba en un monte en el desierto de Zif; y lo buscaba Saúl
todos los días, pero Dios no lo entregó en sus manos.
(1 Samuel 23:14, RVR60)

Optatius Buyssens, soldado del ejército belga en la Primera Guerra Mundial, guardaba unas monedas de plata en la bolsa del pecho de su casaca. El sonido de las monedas llamó la atención de un soldado enemigo quien le disparó en el pecho. Optatius, sin embargo, no murió. Las monedas que provocaron que lo descubrieran detuvieron las balas.

Algo parecido le pasó a David. Buscaba seguir a Dios y sus propósitos hicieron «ruido». Al querer rescatar a un pueblo amigo y vencer a los filisteos, sale de su escondite y Saúl, al saber dónde encontrarlo, sale para matarlo. Saúl, en pocas palabras, apunta todas sus armas para hacer desaparecer a David.

Sin embargo, el Dios al que David sirve es el mismo que lo rescata. La Biblia nos cuenta que Dios no lo entregó. ¡Dios era el escudo protector de David! Y hace lo mismo por nosotras. En nuestra rutina diaria, habrá algún ruido que hará enfadar al enemigo. Quizá nuestro tiempo de leer la Biblia y orar, o cuando nos dispongamos a ayudar a alguien.

No tengamos miedo. El Señor es nuestro escudo protector. Confiemos en Él. Si nos aferramos a Él, nos sacará de cualquier apuro y nos protegerá de cualquier asechanza del diablo. La familia de Optatius todavía conserva las monedas deformadas que le salvaron la vida al soldado. Dejemos nosotros también un legado donde mostremos que el Dios al que servimos es también el Dios que nos salva.

Señor, ¡gracias por ser mi escudo cuando menos me lo imagino!

YF

Mayo 5

Rodar en lo profundo

*Y David respondió a Abisai: «No le mates; porque ¿quién
extenderá su mano contra el ungido de Jehová, y será inocente?»*
(1 Samuel 26:9, RVR60)

¿A quién no le gusta el ritmo pegajoso y la increíble voz de Adele
cantando *Rolling in the Deep*? ¿Pero te has dado cuenta de lo que
estamos cantando? «Me pagarás con la misma moneda y cose-
charás lo que sembraste. Desearás nunca haberme conocido». La
misma Adele reconoció que escribió esta canción como una venganza musical. ¿Qué opinas?

En la porción de hoy, David tuvo dos oportunidades de matar
a Saúl, su enemigo. Podría haber argumentado que lo hacía en
defensa propia y nadie se hubiera quejado. Por otro lado, cuando
estuvo a punto de cometer una acción equivocada, la voz sabia de
una mujer llamada Abigail lo detuvo.

Nosotras también tenemos oportunidades de vengarnos. Quizá
podemos desprestigiar a alguien o poner un comentario poco
agradable en redes sociales. Tal vez nos unimos a una conversación en que se está denigrando a otro, o nos unimos a las risas
burlonas de los compañeros. Como David, recordemos que todo
ser humano es creado y amado por Dios. Lejos esté de nosotras
dañarlos, aun cuando creamos que lo merecen.

Por otro lado, imitemos a Abigail y no a Adele; seamos pacifi-
cadoras. Que nuestras palabras eviten que otros discutan, ofen-
dan o lastimen a los demás. Muchas canciones hoy día, alegres
e incluso musicalmente estimulantes, no hablan con buen juicio
pues incitan a que otros maten o lleven a cabo su venganza. Mejor busquemos ser llamadas «benditas» aunque hayamos podido
«tenerlo todo». No rodemos en la oscuridad.

Señor, lejos esté de mí atacar a tus ungidos.

KO

Mayo 6

Cuidado con el ocultismo

Y Saúl había echado de la tierra a los médium y espiritistas.
(1 Samuel 28:3, LBLA)

En una residencia de la universidad, asistí a una sesión de la Ouija con otros compañeros. Me tocó hacerle una pregunta a la tabla y «algo» fue guiando mi mano para dar una respuesta sorprendente, como si me conociera. Me dio escalofríos y no me quedé mucho tiempo. Aunque yo no conocía bien a Cristo en esos días, entendí que ese «juego» era algo malvado y no volví. Doy gracias a Dios porque me protegió.

El ser humano siempre busca una guía para sus dudas y problemas y a menudo desea saber del futuro. Esto hace que acuda a personas que se aprovechan de su necesidad, ya sean charlatanes o personas realmente guiadas por espíritus malignos. La mayoría considera que consultar su horóscopo es inocente, pero pueden engancharse y buscar a los astrólogos y los médium en vez de creerle a Dios.

Ya que Dios había prohibido la presencia de adivinadores entre su pueblo, Saúl los había echado de la tierra. Pero luego vemos que al no recibir una respuesta de Dios a su petición de dirección, cae en el pecado de consultar a la «bruja» de Endor. ¿El resultado? Dios le advierte que morirá en batalla, lo que sucede.

La guía que recibimos de Dios en su Palabra es suficiente. No caigamos en otras prácticas para tomar nuestras decisiones. «Si alguno de ustedes requiere de sabiduría, pídasela a Dios y él se la dará» (Santiago 1:5, RVC). Solo Él conoce el futuro y no debemos consultar a nadie más.

Señor, quiero poner mi futuro solamente en tus manos.

MH

MAYO 7

Lectura diaria: 1 Samuel 30, 31

ORACIONES DE EMERGENCIA

Y David consultó al Señor: «¿Perseguiré a esta banda? ¿Podré
alcanzarlos?». Y Él le respondió: «Persíguelos, porque de cierto
los alcanzarás y sin duda los rescatarás a todos».
(1 Samuel 30:8, LBLA)

Laurence Rees escribió para la Revista BBC History Extra un artículo titulado: «Segunda Guerra Mundial: 5 decisiones terribles que fueron tomadas por personas como tú». Escribe: «En el corazón de muchas de las historias había una elección cruda. Ya sea para apretar el gatillo, soltar la bomba, esconder a tu vecino o salvarte; morir por tus principios o vivir por conveniencia».

David también se vio ante un momento crítico. Los amalecitas habían destruido su pueblo y se habían llevado a sus mujeres y a sus niños. ¿Qué debía hacer? Primero, consultó a Dios. A pesar de que tenía que actuar rápido, Dios le dijo qué hacer y que el resultado sería favorecedor. Con convicción siguió el consejo de Dios y ganó la batalla.

Actualmente se puede llamar al 911 para pedir ayuda, los relojes inteligentes pueden registrar a tus contactos de emergencia e incluso avisarles en caso de que el reloj detecte alguna variación en tu pulso o que te has caído. Sin embargo, nada es mejor que hacer una pequeña oración de emergencia.

Cuando te veas en la necesidad de tomar una decisión difícil, haz como el rey-pastor: consulta al Señor y hazle las preguntas que necesitas contestar para proceder de la manera más sabia posible. David estaba muy angustiado porque querían apedrearlo. Todos estaban angustiados por la suerte de sus familiares, pero dice la Palabra que él se fortaleció en el Señor su Dios. Dios nos ayude a encontrar en Él la sabiduría y la fortaleza en el día de la angustia.

Dios, ayúdame a obrar sabiamente.

MG

Mayo 8

Lectura diaria: 2 Samuel 1, 2

Un estafador y un mentiroso

David, por su parte, dijo: «¡Que tu sangre caiga sobre tu cabeza!
Tu boca misma te condena al admitir que mataste
al ungido del Señor».
(2 Samuel 1:26, NVI)

Un hombre llamado Anthony Gicnac se daba a conocer como el Príncipe Khalid Bin Al-Saud de Dubai. Un día, el dueño de un hotel con el que «el príncipe» quería hacer negocio, se dio cuenta de que el «musulmán» pidió tocino para comer. Ya que el Corán prohíbe el consumo de la carne de cerdo, el propietario del hotel empezó a dudar del estafador y ordenó investigarlo. Pronto, la policía se hizo cargo y fue condenado.

Cuando un amalecita llegó con David y mintió al respecto de la muerte de Saúl, quizá buscaba venganza, pues Saúl había prácticamente eliminado a su pueblo. O quizá buscaba ganar algo a cambio y obtener un puesto en la nueva corte. David, sin embargo, descubre sus mentiras y ordena su ejecución.

Sin embargo, en el mismo pasaje podemos contemplar a David en un nuevo acto de humildad y honor. Ahora que Saúl había muerto, bien podía quejarse de sus malos tratos y de lo malo que había sido. En cambio, canta y lo llama un héroe poderoso, el ungido, un hombre amado y amable, rápido como las águilas y fuerte como un león.

¿Cuántas veces hemos presumido de hacer cosas que en realidad no hemos hecho? ¿Cómo hablamos de los que ya no están con nosotros y que quizá nos lastimaron? No sigamos el camino de la mentira y la estafa del amalecita, sino más bien imitemos a David. Que de nuestra boca solo surjan alabanzas.

Señor, ve si hay en mí perversidad y guíame en el camino eterno.

YF

Mayo 9

Agridulce

*David tenía treinta años cuando comenzó
a reinar, y reinó cuarenta años.*
(2 Samuel 5:4, NTV)

¿Te gusta lo agridulce? ¿Canapés de jamón con piña? ¿Canciones alegres que te hacen llorar? ¿Películas con finales tristes pero edificantes? La autora Susan Cain describe lo agridulce como un gozo hiriente ante la belleza del mundo. En términos bíblicos los llamamos paradojas: luz y tinieblas, riqueza y pobreza, muerte y vida.

Después de muchos años, David finalmente llegó al trono de Israel. En Hebrón, hizo un pacto ante el Señor y los ancianos del pueblo lo ungieron. No tenemos detalles sobre ese día. Sin embargo, pienso que para David fue un momento agridulce. Si bien por fin era rey, ¿tendría miedo de su nueva responsabilidad? ¿Echaba de menos a los que faltaban, como a su amigo Jonatán?

Muchos momentos de nuestra vida son agridulces. El dolor y la tristeza se mezclan con la más profunda alegría. Jesús también probó en la cruz la copa amarga de la aflicción y la dulzura de la redención. Nosotros tampoco podemos separar lo dulce de lo amargo, pero eso, en lugar de desanimarnos, nos debe afirmar en nuestra esperanza en Dios.

David seguramente sujetó con más cariño el cetro al reconocer los sacrificios que otros hicieron para que su pueblo tuviera libertad. Reconoció que el tiempo de espera solo lo había ayudado a madurar. En esos momentos agridulces, reflexiona cómo has llegado ahí y agradece a Dios por su cuidado. Y cuando lo hagas, come alguna combinación agridulce.

*Señor, sé que la vida es agridulce, pero gracias porque tu presencia
nunca falla.*

KO

Mayo 10

Lectura diaria: 2 Samuel 6, 7; Salmo 30

Gritos de alegría

*Porque solo un instante dura su enojo, pero toda
una vida su bondad. Si por la noche hay llanto,
por la mañana habrá gritos de alegría.*
(Salmo 30:5, NVI)

Hace años se hizo popular la película *Patch Adams,* con el actor Robin Williams, basada en la historia real de un médico que empezó a vestirse de payaso y usar el humor para dar cierto alivio a pacientes hospitalizados, especialmente a niños. Desde entonces, diferentes grupos han adoptado esta práctica para llevar un poco de alegría y esperanza a los que sufren.

Los «médicos payasos» distraen a los niños de sus preocupaciones y su dolor, les alivian el aburrimiento y aportan diversión en medio de una situación poco agradable. Además, desde hace décadas existen estudios psicológicos sobre los beneficios de la risa para la salud.

El salmista David estaba lleno de gratitud por haber sido liberado de la muerte y declaró: «Si por la noche hay llanto, por la mañana habrá gritos de alegría» (Salmo 30:5). Expresó su experiencia, en que Dios había convertido su lamento en baile (v. 11). Su gozo no se debía a una distracción ni una diversión temporal, sino a ver la mano de Dios obrando en su vida.

El dolor es parte normal de la vida. Cuando estamos sufriendo, ya sea en lo físico o en lo emocional, los que creemos en Dios podemos confiar que Dios nos puede liberar. En medio de esa situación, podemos gozarnos en su presencia. También, como la mujer que da a luz, cuando Él obra para nuestro bien, nos olvidamos de la angustia pasada y nos alegramos. Tu llanto podrá durar «por la noche», ¡pero llegará la mañana!

Pongo en tus manos mi dolor y espero, en tu tiempo, la mañana.

MH

Mayo 11

Rescate en el desierto

Mefi-boset, dijo el rey, comerá a mi mesa,
como uno de los hijos del rey.
(2 Samuel 9:11, RVR60)

Lodebar era una ciudad ubicada en el límite norte de Judá entre Jerusalén y Jericó. También se hace referencia a ella con el nombre de Debir. Se le atribuye el significado de «lugar sin pasto». Era un lugar sin condiciones para vivir dignamente. Un lugar relacionado con dolor, miseria, tristeza, soledad, sequía y desesperanza.

Esta ciudad era tan árida que no daba frutos. No se podía criar animales. Servía de refugio a los marginados, incapacitados y perseguidos. Entre estas personas habitaba Mefi-boset, que además de estar lisiado de sus dos pies, vivía en la miseria. Aún se visualizaba a sí mismo como un perro, pero ¡un perro muerto!

Mefi-boset había experimentado una vida difícil y dolorosa. Muchas veces nuestra alma se parece a Lodebar. Ahí, en medio de nuestro desierto, nos sentimos como un perro muerto. ¿Te has sentido de esa manera? La buena noticia es que así como David hizo sentar a Mefi-boset en su mesa, Jesús nos dice: «Yo estoy a tu puerta y llamo; si oyes mi voz y me abres, entraré en tu casa y cenaré contigo» (Apocalipsis 3:20, TLA).

Cuando experimentamos un encuentro con Jesús, Él nos adopta como hijas del Rey. Él es el agua de vida que necesitamos para no tener sed jamás. Cuando Él ya nos ha refrescado, nos damos cuenta de que hay sillas disponibles para otros en la mesa del Rey. ¡Vamos a los Lodebares de hoy! Busquemos a aquellos Mefi-boset y digámosles: «Ven, abre la puerta, la mesa está servida… la mesa del Rey».

Pensé que al llegar al cielo estaría por siempre a tu lado; hoy me doy
cuenta de que conmigo siempre has estado.

MG

Mayo 12

Una seria advertencia

Más por cuanto con este asunto hiciste blasfemar a los enemigos de Jehová, el hijo que te ha nacido ciertamente morirá.
(2 Samuel 12:14, RVR60)

Un programa de televisión trata de antiguos crímenes que vuelven a investigarse por la aparición de nuevas pruebas. Recuerdo que, al observar varios capítulos, mi pregunta era la misma: ¿cómo pueden vivir esos delincuentes con un asesinato a cuestas durante tantos años? Podría adjudicarse a la ficción, pero el caso de David prueba lo contrario.

Durante un año, por lo menos, David guardó silencio sobre lo que había hecho con respecto a Urías. Su cuerpo se consumió y la enfermedad lo devoró, pero por alguna razón no conectó su condición espiritual con la física. Quizá se sintió seguro en el trono y se dijo a sí mismo que había servido fielmente a Dios por lo tanto su pecado no había sido tan grande.

Dios, sin embargo, lo vio de otra manera. Juzgó con dureza cada una de sus acciones y el castigo hizo que David, seguramente, lamentara profundamente aquella noche de pasión. El rey no escapó del veredicto divino. Su posición de privilegio no lo pudo proteger de las consecuencias del pecado. David aceptó la sentencia y se humilló delante de su Dios.

¿Será que nosotras creemos que por ser hijas de Dios ahora los pecados, pequeños y grandes, adquieren otro tipo de juicio? No olvidemos que nuestra posición de privilegio también conlleva responsabilidades, entre ellas, la más grande es que el nombre de Dios sea exaltado y no blasfemado. Hagamos todo para darle la honra a Él.

Señor, ayúdame a no cometer injusticia delante de ti.

YF

Lectura diaria: Salmos 32, 51

Laberinto de espejos

> *Porque yo reconozco mis rebeliones,*
> *y mi pecado está siempre delante de mí.*
> (Salmo 51:3, RVR60)

¿Has ido a un laberinto de espejos? Son lugares en las ferias y parques con un recorrido de espejos que distorsionan la imagen y hacen que nos veamos muy altos o bajitos, o incluso deformes. A mí me gusta lucir bella frente a un espejo; no quiero que se muestre lo peor de mí. El Salmo 51, sin embargo, se me figura un laberinto de espejos que muestra la realidad del corazón humano.

El gran poeta venezolano Andrés Bello escribió un poema basado en el Salmo 51. Para el versículo de hoy, compuso: «Porque, Señor, conozco / Toda la fealdad de mi delito / Y mi conciencia propia / Me acusa y contra mí levanta el grito». Así es, todos hemos pecado y debemos gritar: «¡Piedad, piedad, Dios mío!»

David un día se enfrentó al espejo de su propia alma. Encontró pereza, codicia, lujuria y asesinato. Cuando se dio cuenta de quién era, se arrastró ante la presencia de Dios y reconoció que contra Él había pecado. Por eso clama por perdón y un nuevo corazón.

¿Qué te dice el espejo hoy? Probablemente nos muestra un rostro con imperfecciones que después del maquillaje luce atractivo. Sin embargo, no podemos huir del espejo del corazón, la Palabra de Dios, que nos recuerda que nacimos «de iniquidades mancilladas», en palabras del poeta Bello, pues constantemente nos cubre la sombra del pecado. Sin embargo, no olvidemos que Dios recibe al pecador doliente y lo restaura, pues a final de cuentas, entre más oscuro nuestro corazón, más brillará la justicia de Dios.

Dame, Señor, un corazón que te busque.

KO

Mayo 14

Lectura diaria: 2 Samuel 13, 14

No te calles

¿Así que tu hermano Amnón se acostó contigo?
Pues no digas nada de esto, hermana mía, sino tranquilízate.
(2 Samuel 13:20, RVC).

Por siglos, la mujer ha sufrido todo tipo de abuso a mano del hombre sin denunciarlo. Se tiende a culpar a la mujer por una violación y en casos de abuso doméstico, se insinúa que la mujer merecía el maltrato. ¿Dice la Biblia algo al respecto?

Aquí está la historia de Tamar, violada por su medio hermano Amnón. Cuando confiesa lo sucedido, su hermano Absalón le aconseja que calle y se tranquilice. No procura que se haga justicia por los medios correctos y a la larga, toma venganza y mata a Amnón. Lo peor, tristemente, surge cuando leemos que David se enojó mucho al enterarse. ¿Pero qué hizo? Nada.

Dios es un Dios de amor que no aprueba el maltrato físico o verbal, mucho menos el abuso sexual. El esposo, de hecho, recibe una responsabilidad muy alta que es amar a su mujer con el amor sacrificial que Cristo mostró por su iglesia. Y los hombres que lastiman a una mujer, vaso más frágil, recibirán su castigo. Pero ¿qué nos toca hacer cuando nos enteramos del maltrato?

¿Tomamos cartas en el asunto como Absalón sin acudir a las autoridades correspondientes? ¿Encubrimos al culpable? ¿No hacemos nada como en el caso de David? La Palabra nos recuerda constantemente que defendamos a los oprimidos y a los que sufren. Así que, apoyemos a las mujeres para que denuncien, luego cubrámoslas de amor, consejería y un abrazo. Nuestra indignación por el hecho se debe traducir en acciones, producto del amor. ¿Lo hacemos?

Padre mío, abre mis ojos a las necesidades de las que me rodean.

MH

Mayo 15

Lectura diaria: 2 Samuel 15; Salmo 3, 69

¿Dónde buscar consuelo?

Los insultos me han destrozado el corazón;
para mí ya no hay remedio. Esperé compasión
y no la hubo; busqué consuelo y no lo hallé.
(Salmos 69:20, NVI)

El síndrome del corazón roto es una afección cardíaca que a menudo se debe a emociones como la tristeza extrema. También se le conoce como síndrome de Tako Tsubo y quien lo padece siente dolor en el pecho, falta de aliento, debilidad, sudor frío y ritmo cardíaco irregular. ¿Qué sentiría David al expresar «los insultos me han destrozado el corazón»?

David, un tremendo guerrero, no era de hule. De hecho, fue una persona sumamente sensible. Padeció la traición de su propio hijo. Tuvo el corazón roto, pero siempre desahogaba su dolor con Dios; ese era el ungüento sanador que permitió que más tarde pudiéramos leer los salmos de un David gozoso, confiado y pleno.

Si las heridas del corazón se pudieran ver a simple vista, nos sorprenderíamos de cuánto han sufrido algunas personas. El problema no es tanto que tengamos esas heridas sino la actitud con la que decidimos superarlas y sanar. David buscó consuelo y no lo halló. Tal vez en ese momento, lo buscó en las personas equivocadas. Afortunadamente no se quedó así, buscó a Dios.

Si tu corazón ha sido herido no busques el consuelo en otras personas porque no lo hallarás. La persona correcta para confortar nuestro ser es el Consolador, nuestro *Paracleto*, el Espíritu Santo. Como en el caso de David, a veces las personas que más amamos nos pueden lastimar, e incluso traicionar. Blinda tu corazón con la palabra de Dios. Memoriza las Escrituras y lee salmos que te conforten. Dios puede hacer corazones nuevos.

Señor, solo tú puedes sanar mi corazón y convertir mi tristeza en baile.

MG

Mayo 16

¿Qué pasó?

Y dijo David a Abisaí y a todos sus siervos: He aquí mi hijo, que
ha salido de mis entrañas, acecha mi vida.
(2 Samuel 16:11, RVR60)

«Mi mamá no me crio para ser ladrón», decía un hombre cuando contaba una vivencia que recordaba siempre. Cuando Frank era pequeño, se robó una cucharita de madera de una tienda. Días después, cuando su madre vio la cucharita, le preguntó: «¿De dónde sacaste eso?». Con miedo, el niño contó la verdad. La madre, molesta, lo disciplinó y le dijo: «Yo no te estoy criando para que seas un ladrón. A devolverla».

Hoy Frank administra millones de dólares y cuando han querido sobornarlo, no ha cedido. Nunca más ha vuelto a robar. Su madre se encargó de eso. Sin embargo, notemos la clave. En primer lugar, la madre pasaba el suficiente tiempo con el niño para descubrir la cucharita. Segundo, no dejó sin castigo la mala acción.

David no aprendió de los errores de Elí y de Samuel, dos hombres de influencia que no estorbaron ni criaron bien a sus hijos. Ciertamente, David estaba muy ocupado administrando el reino, pero descuidó a su familia. No estuvo ahí para descubrir las «cucharitas» a tiempo y, cuando supo que sus hijos hacían lo malo, no los disciplinó.

Seamos madres o maestras, abuelas o tías, no olvidemos esta importante lección. Si dejamos pasar una ofensa, no les hacemos un bien, sino todo lo contrario. Seamos mujeres presentes en las vidas de los más jóvenes de modo que descubramos las cucharitas. Y tengamos el valor de disciplinar motivadas por el amor, para que nuestros hijos amen y conozcan mejor a Dios.

Señor, ayúdame a corregir a mis hijos cuando se desvíen de tus caminos.

YF

MAYO 17

EL REY NO OLVIDA

Y todo el pueblo pasó el Jordán; y luego que el rey hubo también pasado, el rey besó a Barzilai, y lo bendijo; y él se volvió a su casa.
(2 Samuel 19:39, RVR60)

La escena de gozo se tiñe de dolor. David vuelve a Jerusalén con un nudo en la garganta. El pueblo canta victoria, pero David hace duelo por su hijo Absalón, quien quiso arrancar el trono de las manos de su padre. En el camino de vuelta, sin embargo, se encuentra con Barzilai.

Este hombre de ochenta años mostró su lealtad al rey pues cuando David huyó de la ciudad, Barzilai y otros tres abrieron sus graneros y sostuvieron a la corte fugitiva todo el tiempo que estuvieron fuera. David, ahora, se acuerda de este siervo y lo invita a volver con él al centro del reino, pero Barzilai se niega.

A su edad, ¿qué le puede ofrecer la corte? No puede ya disfrutar la comida ni un buen vino. Así que pide que David se acuerde de su familia y los tenga en cuenta para recibir sus bendiciones. David, incluso antes de morir, le recuerda a su hijo Salomón que sea bondadoso con los descendientes de este hombre y sean invitados permanentes en su mesa.

Si David, un rey humano, no olvidó el servicio que un hombre le hizo, ¿crees que nuestro Dios olvidará lo que hacemos a su favor? La Biblia dice: «Dios no es injusto. No olvidará con cuánto esfuerzo han trabajado para él y cómo han demostrado su amor por él sirviendo a otros creyentes como todavía lo hacen» (Hebreos 6:10, NTV). Así que, no nos cansemos de servir al Rey de reyes. Él no olvida cada cosa que hacemos por amor a su nombre.

Señor, yo te sirvo porque te amo.

KO

Mayo 18

Chinches y otros

Elucubran iniquidades, investigan al detalle; y sus ideas son tan incomprensibles que no es posible penetrar en ellos.
(Salmo 64:6, RVC)

Una vez sufrimos una invasión de chinches en nuestra casa. Los descubrimos por los molestos piquetes misteriosos con los que amanecían nuestros hijos. Eran enemigos casi invisibles, pues desaparecían de día y se escondían en lugares donde era extremadamente difícil encontrarlos. ¡Les declaramos la guerra! Y aunque nos costó tiempo y dinero, eventualmente nos deshicimos de la plaga.

En algunas Biblias, el título de este salmo es «Plegaria pidiendo protección contra enemigos ocultos». Quizás, como yo, no identifiques a ningún enemigo humano en tu vida que te ataque personalmente. Pero a nuestro alrededor abundan las personas atraídas por filosofías y prácticas maléficas que se expresan atacando a los demás, que quizá solo descubrimos cuando notamos los piquetes de sus mordidas.

Esos individuos tienden a usar el sarcasmo y argumentos aparentemente convincentes para poner en cuestión nuestra inteligencia y nuestra fe. Son astutos y han orquestado el plan perfecto para minar nuestras convicciones. Como dice el salmo: «Afilan su lengua, como si fuera una espada… a escondidas hieren al hombre íntegro. Lo atacan de repente y sin temor alguno» (Salmos 64:3-4 RVC).

Sin embargo, este salmo también nos anuncia su fin. Dios mismo les lanzará sus flechas y su propia lengua los arruinará. ¿Qué nos toca a nosotros? ¿Declararles la guerra como nosotros a las chinches? Más bien, hagamos lo que dice el salmo. Alegrémonos en el Señor y hagamos lo correcto. Dios se encargará del resto, pues nuestro Salvador nos rescata de los enemigos frontales y los ocultos.

Cuando me siento asediada por el mal, hazme confiar en ti.

MH

Mayo 19

Lectura diaria: 2 Samuel 21, 22; Salmo 18

A mayor equilibrio, mayor libertad

Me diste libertad, ¡me libraste porque me amas!
(Salmos 18:19, RVR60)

«Anoche mi esposa y yo cenamos solos por primera vez en veinte años» escribió George Washington en su diario. ¡Qué frase tan triste! Pero bien puede reflejar la falta de equilibrio con la que vivimos ante las demandas urgentes de la vida cotidiana y ya desde finales del siglo xvii Washington era preso de las exigencias del tiempo.

A veces nos sentimos prisioneros de los compromisos, del trabajo, de las deudas, de cumplir con las expectativas de otros y perdemos nuestra libertad y nuestro gozo. El estrés, la ansiedad y las adicciones son gritos de desequilibrio interior que encadenan. Es un arte inteligente encontrar una adecuada proporción en nuestra lista de actividades: vivir en armonía sin sobrecargar algunas áreas.

Sin embargo, una de las posesiones más valiosas que Dios nos ha dado es el poder de elegir. Nos dio libre albedrío. Nos dio libertad. Hoy podemos incorporar pequeños cambios que nos permitan mayor libertad. Hoy podemos definir nuevos límites y prioridades equilibradas. ¿Y cómo saber qué es importante y qué no? ¿Sobre qué o quién debe girar nuestra agenda?

David cantó: «Te amo, Señor; tú eres mi fuerza» (Salmo 18:1, NTV). Cuando Dios es el centro de nuestras vidas, las cosas gravitan en el lugar correcto. Cuando lo removemos del primer lugar, otras cosas interfieren y afectan la agenda. Por eso, para andar seguros como ciervos y pararnos en las alturas de la montaña, acudamos a Él y clamemos por su sabiduría.

Señor, cada día que me das es importante, que viva con sabiduría cada uno de ellos.

MG

Mayo 20

Lectura diaria: 2 Samuel 23, 24

Dispuestas a morir

Estos son los nombres de los soldados más valientes de David.
(2 Samuel 23:8, NVI)

Abisai mató a trescientos guerreros enemigos en una batalla. Benaía mató a dos campeones de Moab y, en otra ocasión, persiguió a un león hasta un hoyo y lo mató en medio de la nieve. Incluso tres valientes guerreros huyeron en medio de la batalla para traer a su rey un poco de agua fresca del pozo en Belén. Estos hombres estuvieron dispuestos a todo por el dulce salmista de Israel.

Policarpo se negó a quemar incienso a ídolos y fue quemado en la hoguera. Martín Lutero clavó un documento en la puerta de una iglesia que lo convirtió en enemigo de muchos. Richard y Sabina Wurmbrand vivieron la tortura y el encarcelamiento por nazis y comunistas, pero se negaron a abandonar su fe. Estuvieron dispuestos a todo por el Dulce Salvador.

Hoy, Mustafa, antiguo imán, ha depositado su fe en Cristo y ha sufrido la persecución de su familia al grado de que ha tenido que huir de su aldea. Doce cristianos argelinos han sido sentenciados por reunirse a adorar a Dios. Cuatro pastores nigerianos se han mantenido fieles al servicio de la iglesia local a pesar de la persecución. Dos familias chinas se reúnen a escondidas para leer la Biblia. Están dispuestos a todo por amor a su Dios.

¿Y nosotras? Seguramente también hemos hecho grandes sacrificios por nuestro Señor, desde decir «no» a relaciones ilícitas o sustancias nocivas, hasta soportar el desprecio o la burla académica. Oremos que estemos dispuestas incluso a dar la vida por el amante de nuestras almas.

Señor, quiero ser parte de tus valientes.

KO

Mayo 21

A LA ESPERA

*Señor, escucha mi voz por la mañana; cada mañana
llevo a ti mis peticiones y quedo a la espera.*
(Salmos 5:3, NTV)

En español usamos la expresión «en espera» o «a la espera» para demostrar que estamos a la expectativa de que suceda algo mejor de lo que pedimos. Esta frase bien ilustra lo que sucedió en 1940 en Egipto, en el orfanato que dirigía la estadounidense Lillian Trasher. Debido a la Segunda Guerra Mundial, la comida faltaba para sus 900 huérfanos, así que Trasher convocó a veinticuatro horas de oración.

Al día siguiente, Lillian recibió un telegrama del embajador americano. Un barco de la Cruz Roja que se dirigía a Grecia había sido desviado a Alejandría. Debido al riesgo de ser atacado, se ordenó a la tripulación que tiraran todo por la borda. Sin embargo, un marinero escocés, cuya madre oraba por el orfanato de Lillian, pidió que todo se entregara a la misionera.

Ese día, ella recibió 2 600 vestidos, 1 900 suéteres, 110 toallas, 700 latas de leche en polvo, 1 200 sacos de arroz y mucho más. ¡Dios proveyó en abundancia! David nos enseña a orar con la misma fe que demostraron Lillian y los niños. Uno ora, luego espera, pues en su amor inagotable, Dios responde más allá de nuestro entendimiento.

Cada mañana y cada noche vayamos ante el trono divino y derramemos nuestro corazón delante del Rey. Luego, quedemos a la espera. Dios seguramente responderá y como termina el salmo 5, nos bendecirá y nos rodeará con su escudo de amor. Si Él cuida de huérfanos, viudas y cada hija suya, también cuidará de ti, de mí y de aquellos que lo aman.

Señor, quedo a la espera. Sé que me oirás.

KO

Mayo 22

Lectura diaria: Salmos 7, 8

¿Cómo señoreamos?

Hiciste al hombre poco menor que un dios...
¡Lo has hecho señor de las obras de tus manos!
(Salmo 8:5-6, RVC)

Por lo menos una de cada cuatro especies en la tierra enfrenta la extinción y se prevé que ese número aumentará al cincuenta por ciento para fines del siglo a menos que se tome acción urgente. La escasez de agua a nivel mundial es cada vez más preocupante. La deforestación amenaza los hábitats de muchos animales, por ejemplo, las mariposas monarca en México.

Digan lo que digan los demás, Dios hizo a los seres humanos superiores a todas sus criaturas. Solo ellos fueron hechos a su imagen y una de sus principales responsabilidades es tener dominio sobre la creación. Sin embargo, algunos nos hemos tomado demasiadas libertades y más que ejercer la mayordomía, hemos explotado la naturaleza con exceso y la estamos destruyendo.

El salmista se admira de lo maravilloso de la creación y se pregunta: «¿Qué es el ser humano, para que en él pienses?» (Salmos 8:4, RVC). Luego reconoce que si bien el cielo, la luna y las estrellas le llaman la atención, en realidad es al hombre a quien Dios ha colmado de gloria y de honra. Además, cinco veces repite con diferentes detalles que todo está debajo de sus pies.

¿Cuánto cuidas de la creación y enseñas a las generaciones venideras que es digna de ser cuidada? ¿Muestras con tu estilo de vida ese respeto por los seres vivos? ¿Procuras evitar la contaminación del medio ambiente? Recordemos que Dios nos hizo responsables por la belleza, el buen funcionamiento y el bienestar de la naturaleza.

Gracias por tu creación, Señor; ayúdame a cuidarla.

MH

Mayo 23

Violencia disfrazada de arte

El Señor examina a justos, pero aborrece a malvados
y a los que aman la violencia.
(Salmos 11:5, NVI)

En la obra *Manifiesto de las siete artes* publicado en 1911, Ricciotto Canudo designa un orden a las artes: arquitectura, escultura, pintura, música, danza, literatura y denominó al cine como el séptimo arte, para añadirlo a la lista. Es una lástima que los cineastas utilizan cada vez más este arte con escenas extremadamente violentas.

La teoría de asociación cognitiva o *priming* propone que la visión de escenas violentas puede activar en el espectador emociones, pensamientos y conductas instintivas que están asociadas con el acto visto. La teoría del modelado simbólico dice que el espectador se identificará con el modelo violento e imitará la conducta.

Podemos llegar a pensar que por ser creyentes en Dios nuestra mente será inmune a la influencia negativa de lo que vemos en el cine. Estos estudios y otros más concluyen algo diferente. Si bien David también era testigo de la violencia en sus días, decidió negarse «a mirar cualquier cosa vil o vulgar» (Salmos 101:3, NTV). Las películas y series, videojuegos y videos violentos están ahí, pero nosotros podemos decidir mirarlas o no.

Busquemos mejores alternativas para ocupar nuestra mente. ¿Una sugerencia bíblica? Ocuparnos en la lectura. La literatura, la poesía y demás artes como la pintura y la música son actividades en las que podemos invertir más de nuestro tiempo. Si tienes niños, tal vez puedas organizar sus horarios y actividades de manera que inculques en ellos formas de cultivar su mente que les traigan mejores beneficios. Digamos «no» a la violencia.

Señor, quiero pensar en lo bueno, justo, puro y verdadero.

MG

Mayo 24

Transformadas como plantas

Pero no, todos se desviaron: todos se corrompieron.
No hay ni uno que haga lo bueno, ¡ni uno solo!
(Salmos 14:3, NTV).

Me ha parecido increíble saber que las plantas, en cierta manera, tienen sentidos como los nuestros. ¿Por qué no crecen hacia abajo? Tienen sentido de orientación. Las plantas ven la luz del sol y la buscan. También tienen sentido del tacto pues se ha descubierto que, con el toque humano, crecen menos.

¡Tienen gusto y olfato! Las raíces se encargan de buscar ciertos nutrientes y los encuentran por su sabor. Cuando están en peligro por un «depredador», segregan substancias que las hacen menos apetecibles y despiden un olor que le avisa del peligro a las demás. Suzanne Simard, profesora de ecología forestal, asegura que las plantas hablan pues se comunican y ayudan entre sí.

Los salmos de hoy nos dicen que ya no hay gente sincera en este mundo y que cada uno engaña a su prójimo. Las personas no buscan el bien de sus semejantes. Somos envidiosos por naturaleza y codiciosos, e incluso somos tan necios que decimos que no hay Dios. ¡No hay ni uno bueno!

Sin embargo, cuando confiamos en Dios para nuestra salvación, somos transformadas para ser como las plantas y nos orientamos a la Luz del Señor. Elegimos su tacto y encontramos en la Biblia los nutrientes de nuestra vida. Expedimos un olor grato a los que aman a Dios y putrefacto a los que lo rechazan, pero nuestra meta es amar a los demás y ayudar a nuestro prójimo. Gracias a Dios por su salvación que nos ha rescatado de la necedad y del pecado.

Señor, quiero crecer sana como una planta.

YF

Mayo 25

Lectura diaria: Salmos 15, 16

Eres todo lo que tengo

Señor, sólo tú eres mi herencia, mi copa de bendición;
tú proteges todo lo que me pertenece.
(Salmos 16:5, NTV)

«Mío, mío», decía mi niño y abrazaba su tren cuando era pequeño. Mientras lo veía correr por la casa con juguete en mano, pensé en que realmente yo se lo había comprado. Él no había hecho nada para obtenerlo. Luego, unos días después, perdió la pequeña locomotora. El llanto lo inundó pero, afortunadamente, encontré el juguete en un rincón del patio.

Sin embargo, la historia no terminó allí. Un mes después, perdió el juguete en un lugar público. No lo pudimos recuperar, pero ¿sabes qué pasó? Los abuelos lo reemplazaron con un auto de juguete y mi hijo olvidó el pequeño tren. ¿No actuamos de la misma manera en nuestra relación con Dios?

El Salmo 16 nos recuerda que «todo lo bueno» que tenemos proviene de Dios (v. 2, NTV). Él nos provee de las pequeñas locomotoras que nos traen felicidad, sean ropa, un auto o un nuevo teléfono. Él también cuida nuestra herencia y protege lo que nos pertenece. Pero como niñas inmaduras, cambiamos nuestros afectos todo el tiempo. ¿Qué, entonces, es lo que vale la pena?

En la misma época del tren de juguete, tuve que hacer un viaje y dejé a mi pequeño con mi mamá durante una semana. Mi mamá me contó que mi hijo me echaba de menos. Hubiera cambiado su tren por estar conmigo. Del mismo modo, el versículo 5, en el centro del Salmo 16, nos ubica en lo que realmente importa. Dios es nuestra herencia. Él es nuestro todo. ¿Lo podemos decir con convicción?

Señor, Tú eres lo único que poseo de valor. ¡Mi futuro está en tus manos!

KO

Mayo 26

Lectura diaria: Salmos 17, 19

¡Líbrame!

Preserva también a tu siervo de las soberbias;
que no se enseñoreen de mí).
Salmos 19:13, RVR60)

«¡Ay no! Otra vez un error ortográfico en las proyecciones del grupo de alabanza. Y el predicador usó una construcción gramatical incorrecta. Y ¡mira! Ese joven trae una vestimenta inadecuada para la casa del Señor. Y fulano, siempre con su celular; dudo que esté buscando el pasaje. Aparte, no me gusta cómo canta la persona que está a mi lado».

Confesémoslo: estos y otros pensamientos pasan por nuestra mente durante las reuniones de la iglesia. Con ello, nos enfocamos en nimiedades y juzgamos con exageración. Sobre todo, nos alejamos del propósito de Dios en estas ocasiones, que es alabarlo y recibir enseñanzas para nuestro crecimiento espiritual.

El salmista reconoce que este tipo de pensar es familiar y le pide al Señor: «Preserva también a tu siervo de las soberbias; que no se enseñoreen de mí» (Salmos 19:13, RVR60). Otra traducción aclara: «Libra… a tu siervo de pecar a sabiendas; no permitas que tales pecados me dominen» (NVI). ¡La soberbia es un pecado! Y este tipo de pensamiento, aun cuando no lleguemos a expresarlo en palabras, es egoísta y nos aleja de Dios. Nos puede dominar, pero Dios nos ha dado dominio propio para no esclavizarnos a la naturaleza pecaminosa.

Tan pronto como nos lleguen esas ideas soberbias, podemos entregarlas al Señor y pedirle que nos permita darle gracias por esa persona. Clamemos a Él para que nos domine su Espíritu y pongamos atención al tiempo de oración, alabanza y predicación.

Padre, como hija tuya, quiero ser libre de la soberbia.

MH

MAYO 27

EN SUS BRAZOS

Me arrojaron en tus brazos al nacer;
desde mi nacimiento, tú has sido mi Dios.
(Salmo 22:10, NTV)

Cuando la pequeña Sara nació, su madre la envolvió en una manta sucia y la llevó a un cuarto pequeño donde vivía. Su madre, trastornada por las drogas que consumía, no podía cuidarla, así que terminó abandonándola en una institución gubernamental. De inmediato le diagnosticaron malnutrición y estrés.

Entonces Sara tuvo la dicha de entrar a un programa de acogida dirigido por una organización cristiana. Cuando la familia que llamaremos Pérez la recibió, la pequeña no sonreía ni se movía. Parecía estar perdida en su propio mundo del que raramente salía. Unos meses después, la trabajadora social se sorprendió. Sarita es una niña activa y sonriente, que escucha historias de la Biblia con atención y es amada por una familia.

¡Cuán importante es entregar a los niños al cuidado y protección de Dios! Si bien no todos los niños cuentan con el privilegio de nacer en un hogar funcional y amoroso, podemos, en oración, arrojar a los niños que conocemos en los brazos de Dios. Además de orar, podemos instruirlos en las enseñanzas de la Biblia desde pequeños ya sea en clases en la iglesia o en el barrio donde estemos.

Incluso, podemos ir un paso más. Podemos «patrocinar» a un niño y orar por él y proveer para sus estudios o sus gastos, o ¿qué tal participar en algún programa de acogida? Oremos por protección para los niños y pensemos en maneras de unirnos en contra de las diversas formas en que están siendo atacados.

Dios, ¿qué puedo hacer yo por los niños de mi entorno?

KO

MAYO 28

Lectura diaria: Salmos 24, 25, 26

ÉL NOS TIENE CUIDADO

De Jehová es la tierra y su plenitud;
el mundo y los que en él habitan.
(Salmo 24:1, RVR60)

Pareciera que el hombre no está contento con el mundo que tiene y ha estado buscando otros lugares «habitables» en el espacio. En el sur de Texas, hay un puerto espacial para desarrollar cohetes llamado *Starbase*, propiedad del empresario Elon Musk, quien asegura que en cinco años «habremos conquistado Marte».

Nuestra Tierra está maravillosamente diseñada y establecida en el Sistema Solar y no encontraremos otra igual. Absolutamente todo favorece al desarrollo de la vida. El Sol está a la correcta distancia para darnos luz y calor. Una de las cosas sorprendentes es que la fuerza gravitacional de Júpiter es tan grande que atrapa asteroides y cometas que pudieran colisionar con la Tierra y dañarla.

Además, los gases de la atmósfera terrestre están en equilibrio perfecto; y aparte de proveernos de oxígeno, gases como el ozono nos protegen de las radiaciones solares. Si pudiéramos colonizar Marte, tendríamos que enfrentarnos a la producción de oxígeno, agua, comida y a defendernos de la radiación.

El Señor es el dueño de la Tierra. Él la acomodó perfectamente y ama a los que la habitan y los protege. Nuestro Señor Jesús dijo que el Padre alimenta a las aves sin que ellas trabajen. Si piensas que Dios no se preocupa por ti, ten por seguro que eso no es verdad. Te ama de tal manera que te ha puesto en la Tierra y no en Marte, y envió a su Hijo a morir por ti para que tengas vida eterna.

Señor, gracias por tu cuidado y amor.

YF

Mayo 29

¡Qué mujeres!

*Sin embargo, yo confío en que veré la bondad del Señor
mientras estoy aquí, en la tierra de los vivientes.*
(Salmos 27:13, NTV)

«¡Qué mujeres tienen los cristianos!», exclamó el pagano Libanius en admiración de Antusa, la madre del afamado predicador Juan Crisóstomo. Pero bien pudo haberlo dicho de las muchas mártires que murieron sin negar su fe, las muchas madres que a pesar de la presión de la sociedad han criado a sus hijos en los caminos de Dios y las muchas esposas que han orado por sus esposos.

¿Cuál ha sido la clave en la vida de estas mujeres? No las circunstancias externas, pues muchas han sido adversas; tampoco su fuerza de voluntad, pues muchas han estado a punto de perderla. La clave se encuentra en aquel en quien han creído. Dios ha sido su luz y su salvación, su fortaleza y su protección. Su corazón ha permanecido confiado.

Tú y yo podemos acceder a esa fuente de poder cuando, al igual que David, decidimos que nuestra alma anhela sólo una cosa: estar en la presencia de Dios. Cuando Dios es el centro de nuestros anhelos, cuando lo más maravilloso del día es el momento de leer su palabra y meditar en ella, Dios mantiene nuestra cabeza en alto en medio de las aguas turbulentas.

Nuestro Dios nos oculta en el día de las dificultades. Él nos esconde de la maldad en su santuario y mantiene nuestro corazón puro. Él nos pone en una roca alta donde nadie nos alcanzará, donde nuestra alma estará para siempre a salvo. Confiemos en aquel que muestra su bondad todo el tiempo.

Señor, gracias porque me proteges y me ayudas.

KO

Lectura diaria: Salmos 31, 35

El verdadero experto

Tú oíste la voz de mis súplicas cuando a ti clamaba.
(Salmo 31:22, NBLA)

No sabía qué hacer. La pantalla de mi computadora portátil se quedaba en negro cuando la prendía. Tenía que preparar material para un taller que iba a enseñar en otro país. Estaba en un lugar apartado donde no había técnicos. Me recomendaron abrir mi *laptop* y limpiarla, algo que nunca había hecho. Me prestaron un destornillador para quitar más de una decena de pequeños tornillos. Limpié el polvo y volví a cerrar. Tampoco prendía.

Oré y pedí a muchas personas que oraran también. Fui a la ciudad para reparar mi herramienta tan importante. Encontré un lugar que ofrecía servicios de cómputo, ¡pero tardarían diez días en entregarme el equipo! Desesperada porque viajaba el día siguiente, vi otro local que me habían recomendado.

Al lado, había un restaurante llamado «Jireh», lo cual me recordó que en hebreo se refiere a Dios como proveedor. Confiando en que Él proveería, pedí ayuda al técnico. Abrió mi laptop ¡y prendió! La limpió y no me cobró nada. El Señor oyó la voz de mis súplicas cuando a Él clamé.

Dios nos escucha. Sin duda, David tenía armas y soldados, pero su pequeño ejército era sobrepasado en número por las huestes del enemigo. En mi caso, hice lo que pude, dentro de mis habilidades escasas. Llegué a mis límites y pedí socorro. Dios actuó de manera asombrosa. Así que, cualquiera que sea tu problema, clama al Señor, el verdadero experto. Puede responder de manera sorprendente.

Oh, Señor, clamo a ti y confío en tus respuestas.

MH

Mayo 31

Deseos cumplidos

Deléitate asimismo en Jehová, y él te concederá las peticiones de tu corazón. Encomienda a Jehová tu camino, y confía en él; y él hará.
(Salmos 37:4-,5 RVR60)

¿Alguna vez pensaste en los deseos que pedirías si, como Aladino, tuvieras una lámpara con un genio dentro? Cuando hay mucho trabajo en casa he deseado tener los poderes de Jennie, la bella genio y poder tener la casa lista con tan solo pestañear. Los deseos cumplidos y los anhelos concedidos nos brindan profunda felicidad y realización.

Dios no es un genio pero es bueno y nos ama. Como un Padre, da buenos regalos a sus hijos. Concede nuestros sueños si los construimos juntos y caminamos de su mano en el sendero de la confianza. Cuando decimos que algo nos deleita es porque nos agrada y lo disfrutamos. ¡Deléitate en su amistad!

Es necesario poner de nuestra parte , algo más que pestañear o frotar una lámpara. Nos toca orar, confiar, prepararnos, trabajar duro y esperar en Él. Concederá tus anhelos y aún más de lo que puedas imaginar. Cuando ya haya cumplido todos, todavía Dios te dará la oportunidad de crear nuevos sueños e idear nuevas metas. Tal es su bondad y fidelidad.

Encomendar nuestro camino a Dios es platicarle nuestros planes, comentarle nuestros sueños, pedirle que no nos permita tomar malas decisiones. También es leer su Palabra para orientarnos y ser sabios antes de actuar. De esta manera, cuando las cosas son diferentes a las que esperaba, puedo tener paz en que Él tiene el control, porque se lo hemos pedido anticipadamente. Si hay un deseo pendiente en tu corazón, espera en Dios, ten paciencia, el tiempo de Dios es perfecto.

Delante de ti están todos mis deseos y mi suspiro no te es oculto.

MG

JUNIO 1

Lectura diaria: Salmos 39, 40, 41

QUIERO RECORDARTE

Bienaventurado el que piensa en el pobre;
en el día malo lo librará Jehová.
(Salmo 41:1, RVR60)

El segundo hombre más rico de Nigeria, Femi Otedola, levantó su fortuna con mucho trabajo e inteligencia. Una vez le preguntaron qué cosa lo había hecho muy feliz. Femi contestó que después de acumular riqueza, recolectar objetos de valor y realizar grandes proyectos, todavía no había experimentado algo que le hiciera muy feliz.

Una vez, un amigo le propuso que comprara sillas de ruedas para doscientos niños discapacitados y Femi aceptó. Compró las sillas y su amigo le pidió que las entregara personalmente. Cuando vio lo felices que eran esos niños jugando con sus sillas y moviéndose por todos lados, sintió mucha alegría. Jamás había experimentado algo parecido.

Estaba a punto de irse, cuando uno de los pequeños se aferró a sus piernas. Él trató de liberarse suavemente, pero el niño lo abrazó más fuerte. Femi pensó que el niño quería pedirle otra cosa, así que le preguntó: «¿Necesitas algo más?». El niño contestó: «Quiero recordar tu rostro para que cuando te encuentre en el cielo, pueda reconocerte y agradecerte una vez más».

David declara en este salmo que hay gran alegría cuando tratamos bien a los pobres, pero aún más: el Señor los protege, los mantiene con vida y los atiende cuando están enfermos. No sabemos cómo afectan nuestras acciones la vida de otros, pero pensemos: ¿cuántas personas querrán vernos en el cielo? Ayudemos a los que tienen poco, incluso si no somos ricas. Siempre podemos compartir con los demás en obediencia a Dios.

Señor, que mi vida pueda bendecir a muchos.

YF

Cargas

Entrégale tus cargas al Señor, y él cuidará de ti;
no permitirá que los justos tropiecen y caigan.
(Salmos 55:22, NTV)

Robert De Niro interpreta al mercenario Rodrigo Mendoza en la película *La Misión*. Mendoza sufre la traición de su esposa con su medio hermano y en un arranque, reta a Felipe a un duelo en el que lo mata. Hundido por la culpa, el padre jesuita Gabriel lo invita a hacer penitencia y ayudar a los indios guaraníes, a quienes solía traficar.

Mendoza acompaña a los jesuitas en su viaje por la selva, pero trae a cuestas un bulto con su armadura y su espada. En un momento climático, al llegar al territorio de los nativos y ser reconocido por ellos, ellos muestran compasión y lo liberan de su carga, simbolizando también su perdón. Mendoza llora conmovido.

Como Mendoza, vamos por esta vida cargando los bultos de nuestros fracasos o malas acciones. Traemos encima el dolor del abuso o de las malas decisiones de nuestros ancestros. Subimos y bajamos pensando que entre más suframos, entre más nos cueste traer cargas, ganaremos algo. Pero David nos da el remedio para las cargas: dárselas a alguien más.

Entreguemos a Dios nuestros afanes. Sus hombros son lo suficientemente grandes para soportar todo el peso de nuestras fallas y pecados. Si bien algunas de nosotras ya le hemos dado el peso de nuestro pecado cuando creímos en Él, hay días en que volvemos a tomar los bultos de la preocupación. No andemos dobladas por tribulaciones y lamentos. Él se encarga de nosotras. Podemos caer, pero jamás quedaremos tumbadas.

Señor, pongo sobre ti mis cargas el día de hoy.

KO

Junio 3

Dios provee con abundancia

Tú coronas el año con tus bondades, y tus carretas
se desbordan de abundancia.
(Salmo 65:11, NVI)

Hace poco estuve en la sierra del estado de Oaxaca, México. Vimos campos que se habían preparado para la siembra y uno de mis compañeros de viaje preguntó a un nativo: «¿Usan tractores para hacer eso?» La respuesta fue señalar a una yunta de bueyes con arado. ¿Sabías que en tiempos bíblicos se acostumbraba a labrar de esa forma?

En algunos países, el mes de junio es tiempo de lluvias, un tiempo en el que empiezan a brotar los cultivos y que trae esperanza. Un poco antes, en la primavera, se abren surcos en la tierra. Año tras año, los campesinos trabajan con fe, esperando que Dios riegue los campos para que produzcan su fruto.

En este hermoso salmo de gratitud y alabanza, el salmista se maravilla de la generosidad de Dios en la naturaleza: «Empapas los surcos, nivelas sus terrones, reblandeces la tierra con las lluvias y bendices sus renuevos» (Salmo 65:10, NVI). Quizás estaba pensando en la cosecha cuando declaró: «Tú coronas el año con tus bondades y tus carretas se desbordan de abundancia» (v. 11). El Creador se muestra en su provisión por medio del sol, la precipitación y el proceso fascinante del desarrollo, de la semilla al grano maduro.

Este proceso es también un recuerdo de que somos colaboradores con Dios; hacemos nuestra parte y confiamos en Él para lo demás. Él provee abundantemente. Así es en nuestro trabajo diario, que puede cansarnos, pero un día dará fruto, ¡con su ayuda!

Te alabo, Señor, porque tú colmas mis días de bendición y abundancia.

MH

Junio 4

Lectura diaria: Salmos 68, 72, 86

Un corazón digno de imitar

Haz que mi vida refleje lo bueno que eres tú.
(Salmos 86:17, TLA)

Cuando Tere leyó el versículo de hoy, se propuso reflejar a Jesús con su vida; haría cada cosa pensando en lo que haría Jesús en su lugar. Durante el día se enfrentó con muchas preguntas: ¿Qué ropa usaré hoy entonces? ¿Cómo debo reaccionar a este mal comentario? ¿Estará bien que vaya al cine a ver esa película? Parecía algo muy complicado.

Entonces giró para ver a su hijita y descubrió algo impresionante. Su hija vestía como ella y movía las manos con las mismas expresiones. ¿Cómo es que su hija reflejaba tan bien su personalidad? Debido a los genes que le había heredado y por el tiempo que pasaban juntas. Nosotras también podemos reflejar a nuestro Señor porque somos sus hijas, pero además, porque entre más tiempo pasamos con Él, mejor lo imitamos.

Veamos este salmo con atención. El versículo 5 nos dice que Dios es bueno y sabe perdonar. Podemos imitar a Dios al perdonar a los que nos ofenden. El verso 6 nos dice que Dios responde y escucha. ¿Y si escuchamos con atención a los que nos hablan? El verso 15 nos habla de la bondad y la compasión de Dios y dice que no se enoja fácilmente. ¡Hagamos lo mismo!

Cuando no sepamos cómo actuar en una situación, clamemos a Dios y pidamos su ayuda. Como sus hijas, tenemos a su espíritu que nos guía y nos dirige. Así que, oremos como David: «Dios mío, yo quiero hacer siempre lo que tú ordenes; ¡enséñame a hacerlo!» (Salmo 86:11, TLA). Así, seremos más como Él.

Señor, haz que mi vida refleje lo bueno que eres Tú.

MG

Junio 5

Lectura diaria: Salmos 101, 103 ,108

Aunque no lo merezcan

*No quiero poner los ojos en la maldad que me rodea. No quiero
nada con los desobedientes. ¡Odio todo lo que hacen!*
(Salmo 101:, (NVI)

En la ciudad de Ann Arbor, Michigan, un grupo del Ku-Klux-Klan quería intimidar a los moradores. Cuando el pueblo descubrió a uno de ellos, lo persiguieron y cuando este cayó, lo dieron a patadas y palos. Una chica afroamericana de 18 años, Keshia Thomas, dice que sintió cómo dos ángeles la alzaban y la dejaban caer sobre el hombre para protegerlo con su cuerpo.

Lo protegió mientras decía a los atacantes: «A nadie se le puede meter la bondad en el cuerpo a golpes». Tiempo después, un joven entró al lugar donde Keshia se tomaba un café y le dijo: «¡Gracias!». Ella preguntó por qué le agradecía y él contestó: «Aquel hombre era mi padre». A veces es difícil ir contra la corriente. Keshia no estaba de acuerdo con el grupo criminal racista, pero tampoco con la forma en que los otros querían arreglar las cosas.

Como Keshia, David también estaba dispuesto a vivir conforme a los estándares divinos. En el Salmo 101 se comprometió a tener cuidado de llevar una vida intachable, vivir con integridad en su propio hogar y negarse a mirar cualquier cosa vil y vulgar. Además, no toleraría la calumnia ni la presunción y buscaría amigos irreprochables. David, al igual que Keshia, buscó primero agradar a Dios.

Este día, leamos con cuidado el Salmo 101, verso por verso. ¿Podemos hacer nuestras las palabras de David? ¿Podemos comprometernos a una vida intachable en la que nuestra tarea diaria sea proteger a los demás y cumplir con las normas divinas?

¡No quiero ser desobediente, Señor!

YF

Junio 6

Completas

Jehová cumplirá su propósito en mí; tu misericordia, oh,
Señor, es para siempre; no desampares la obra de tus manos.
(Salmos 138:8, RVR60)

He comenzado muchas cosas que he dejado a la mitad: novelas y manuscritos, composiciones musicales, proyectos de bordado, rutinas de ejercicio. Sin embargo, ninguna de ellas ha surgido a la vida y gritado: «¡No me abandones!» Los únicos que me han dicho: «No me dejes», cuando es hora de abordar el avión para ir a un viaje de trabajo, son mi esposo y mis hijos.

Para Dios no somos planes aleatorios o buenos proyectos, ¡somos sus hijos! David nos dice en este salmo que Dios es misericordioso y fiel. Después nos cuenta que cuando clamó al Señor, Él le respondió y lo fortaleció. Luego nos recuerda que Dios es grande y excelso.

En los últimos dos versículos, David cierra con un broche de oro y hace eco a las palabras de Pablo: Dios nos salva y cumple los planes que tiene para nosotros. No nos deja a la mitad. No se cansa y nos bota. No retira de nosotros su compasión. Como explicó Pablo: «Estoy convencido de que Dios empezó una buena obra entre ustedes y la continuará hasta completarla el día en que Jesucristo regrese» (Filipenses 1:6, PDT).

Quizá hoy estás pasando momentos difíciles y te sientes como un cuadro a medio pintar, o un calcetín a medio zurcir, o una receta incompleta. No te desanimes. Para Dios eres su hija y no se dará por vencido hasta que estés completa, perfecta y preparada para la venida de su Hijo. Él cumplirá su propósito en ti.

Gracias, Señor, porque no te rindes y sigues moldeando mi vida.

KO

Junio 7

De día y de noche

Para ti, la noche es tan brillante como el día.
La oscuridad y la luz son lo mismo para ti.
(Salmo 139:12, NTV)

De soltera, estuve en un programa de capacitación en la selva del sur de México. A un amigo le había confesado por carta que temía uno de los requisitos: teníamos que pasar una o más noches a solas en la selva. Allí solo nos permitían llevar lo más básico, como una hamaca, una navaja, unos cerillos, una linterna, un anzuelo con sedal y una cantimplora con agua.

Mi mente bullía con dudas y ansiedad. Imaginaba que podrían molestarme todo tipo de animales extraños en la oscuridad. Me preguntaba si tendría éxito al pescar en el lago. Lo desconocido me atemorizaba. ¿Te ha pasado algo similar? ¿Has estado en situaciones que parecen sobrepasarte?

Mi amigo me escribió adaptando porciones del Salmo 139, recordándome que donde sea que me encuentre, Dios está conmigo. Como reflexiona David, «Vas delante y detrás de mí» (Salmo 139:5, NTV); «¡jamás podría escaparme de tu Espíritu!» (v. 7). Además, para Dios, «la noche es tan brillante como el día» (v. 12). Nunca estaría sola. Esa verdad me ayudó a pasar la prueba, aunque al final solo logré atrapar y hervir unos caracoles del lago.

¿Cuáles son tus temores? Tal vez no sean la oscuridad o animales desconocidos, pero recuerda que cualquiera la situación que enfrentes, no estás sola. El que está contigo desde el vientre de tu madre ¡ha registrado cada día de tu vida en su libro! Así como Dios me acompañó y me protegió, lo hará para ti también.

Padre, ilumina mi oscuridad con tu luz.

MH

Junio 8

Una estrofa más

Oh, Dios, a ti cantaré cántico nuevo; con salterio,
con decacordio cantaré a ti.
(Salmo 144:9, RVR60)

Una conocida frase de Leo Buscaglia dice: «Los talentos que Dios nos da son su regalo para nosotros; lo que hacemos con esos talentos es nuestro regalo para Dios». El rey David escribió hermosas poesías que quedaron registradas como salmos. Era tan buen intérprete con su arpa que transmitía paz y también gozo.

A David le gustaba componer cantos nuevos para Dios. Como músico y poeta no se le dificultaba este arte. Pero ¿y si no tenemos este talento? ¿Cómo podemos crear tantas nuevas composiciones? La clave aparece en el capítulo 14 del libro de Apocalipsis, donde Juan nos describe a 144 mil personas que con arpas cantaban también un nuevo canto: el canto de la redención.

David se refería a una misma composición que trata sobre todas las grandes maravillas que Dios ha hecho por su pueblo, desde sacarlos de Egipto hasta librarlos de los filisteos. Los apóstoles añadieron más estrofas al contarnos sobre sus milagros, sus parábolas y sus sermones. Los primeros cristianos compusieron su parte al hablar de la fidelidad de Dios. ¿Qué estrofa podemos añadir tú y yo?

Cantemos en medio de la congregación, todos unidos en un mismo sentir, por lo que ha hecho por nosotros como iglesia. Pero también, en el lugar en donde te encuentres di: «Dios mío, hoy voy a cantarte un nuevo canto. Te dedico esta canción con todo mi amor. Te alabaré con todo mi corazón porque te amo. Añadiré mi estrofa con lo que has hecho por mí».

Con cánticos, Señor, mi corazón y voz te adoran con fervor, oh trino,
Santo Dios.

MG

Junio 9

Lectura diaria: 1 Reyes 1, 2

De acuerdo a mi nombre

Entonces el rey mandó a Benaía hijo de Joiada, el cual salió y lo hirió, y murió. Y el reino fue confirmado en la mano de Salomón.
(1 Reyes 2:46, RVR60)

Alejandro Magno ha sido considerado como uno de los más grandes militares y estrategas de la historia. Se educó bajo la tutela de Aristóteles, lo que le hizo un hombre muy instruido y culto. Además, transformó a su ejército en una máquina de guerra casi invencible con la que pudo conquistar e imponer la cultura griega en el mundo conocido de ese tiempo.

Se cuenta que una noche Alejandro no podía dormir y salió a caminar entre su tropa. Pronto vio a un soldado durmiendo cuando debería estar de guardia. «¿Sabes cuál es el castigo por dormir mientras estás de guardia?», preguntó Alejandro. El castigo era la muerte. «¿Cuál es tu nombre?», le preguntó Alejandro. «Mi nombre es Alejandro, señor». Entonces Alejandro Magno le dijo: «Soldado, o te cambias el nombre o cambias tu conducta».

David dio instrucciones especiales al joven Salomón para que pudiera afirmarse en el reino. Tuvo que deshacerse de varios enemigos de su padre que no habían actuado según la conducta que el rey David exigía. Para Salomón, sus súbditos debían actuar en concordancia con el linaje de su familia.

Si bien cada una de nosotras tiene un nombre distinto, muchas nos decimos cristianas, es decir, que pertenecemos a Cristo. ¿Nuestra conducta refleja los estándares del reino? ¿Podemos decir con confianza que somos descendientes espirituales de Abraham, Moisés y David? Llevamos en nuestra frente el sello de nuestro Señor. Actuemos de acuerdo a nuestro nombre.

Señor, que sea yo una digna representante de tu nombre.

YF

Junio 10

Corazón entendido

*Da, pues, a tu siervo corazón entendido para juzgar
a tu pueblo; y para discernir entre lo bueno y lo malo;
porque ¿quién podrá gobernar este tu pueblo tan grande?*
(1 Reyes 3:9, RVR60)

¿Sabes qué han estudiado las mujeres líderes más importantes del mundo? La alemana Ángela Merkel tiene un doctorado en química. Michelle Bachelet, chilena, cursó una carrera en medicina antes de ser la primera presidente en su país. La inglesa Theresa May se especializó en geografía. Tsai Ing-wen, taiwanesa, logró un doctorado en derecho.

¿Y Salomón? Cuando llegó al trono, a los veinte años, se presentó sin ningún título universitario. Tenía solo una credencial. Dice la Biblia que «amó a Jehová» (1 Reyes 3:3, RVR60). Esto lo llevó a ofrecer sacrificios a Dios y Él se apareció al joven rey con una oferta: «Pide lo que quieras que yo te daré» (v. 5). ¿Qué hubiera pedido un líder político hoy en día? ¿Riquezas o poderío militar?

Salomón pidió un corazón entendido, quizá porque comprendió que podía ser muy competente en otras materias, pero nadie puede ser un experto en las cosas de Dios. Y esto agradó al Señor. El Todopoderoso le dio un corazón sabio como el de nadie más en la historia. Y porque Salomón pidió sabiduría, más que riquezas y gloria, Dios quiso concederle eso también.

Quizá tú tienes un título universitario, o tal vez no. En realidad, lo que necesitamos es un corazón entendido. Necesitamos llegar ante Dios con nuestra ignorancia y manos abiertas y decirle: «Ayúdame. No sé nada». Amar a Dios y aceptar nuestra ignorancia nos llevará a conocerlo mejor y recibir lo mismo que Salomón: «una mente dispuesta a aprender».

Señor, dame un corazón entendido.

KO

JUNIO 11

Lectura diaria: Proverbios 2, 3, 4

VIDA LONGEVA

Hijo mío, no te olvides de mi enseñanza, y tu corazón
guarde mis mandamientos, porque largura de días
y años de vida y paz te añadirán.
(Proverbios 3:1-2, LBLA)

Con un equipo de *National Geographic*, el periodista Dan Beuttner investigó los lugares del mundo donde viven las personas más longevas, llamadas «zonas azules». Allí, más del quince por ciento de los habitantes son centenarios. Tienen varias características en común, como llevar una dieta saludable. Hacen del ejercicio una parte integral de su vida. También suelen tener mucha participación en actividades sociales y comunitarias.

Además de lo anterior, la mayoría también tiene un claro sentido de propósito y una fuerte vida espiritual. La salud física, la emocional y la espiritual se unen para contribuir a su bienestar.

El autor de los Proverbios habla a su hijo y lo exhorta a no olvidar sus mandamientos «porque largura de días y años de vida y paz te añadirán» (Proverbios 3:2, LBLA). A la vez, es evidente que se trata de obedecer a Dios y confiar en Él. «Teme al Señor y apártate del mal» (v. 7). «No rechaces la disciplina del Señor» (v. 11). Este padre procura guiar a su hijo en los caminos de Dios, los cuales ofrecen bienestar en todos los sentidos.

Solemos tomar medidas para mejorar nuestra salud para pasar lo mejor posible nuestros años en la tierra. Tomamos vitaminas y asistimos al gimnasio. Las personas jubiladas buscan estar activos en clases o grupos con algún interés en común. ¿Pero cuántas se interesan en su bienestar espiritual? No importa nuestra edad, el conocer mejor las enseñanzas de Dios y ponerlas en práctica ¡es importante para vivir bien y eternamente!

Ayúdame a empaparme de tu Palabra y obedecerla.

MH

Junio 12

A medio metro de distancia

*Y digas: ¡Cómo aborrecí el consejo, y mi corazón
menospreció la reprensión!*
(Proverbios 5:12, RVR60)

Cerca de mi ciudad, las autoridades prohibieron acercarse a un volcán activo. Pero hubo personas que violaron el cerco de seguridad y, aun con la vigilancia de los policías, lograron filtrarse y subir lo suficiente como para sacar fotografías del cráter. Bajo una lluvia de piedras de lava, una mujer terminó lesionada y atrapada en una zona de difícil acceso. Por muchas horas seguramente se lamentó por haber ignorado las advertencias.

Tal como dice el proverbio, uno se lamenta y arrepiente al vivir las consecuencias de una mala experiencia después de hacer caso omiso del consejo y las advertencias. «¡Ya me lo decía mi madre!» o «todo por no estudiar». El libro de Proverbios está repleto de advertencias y consejos sobre muchos temas.

Nos habla del peligro de las deudas, de las consecuencias de la pereza, de los daños provocados por una lengua que miente y difama. Trata del dinero, de la fidelidad en el matrimonio, de las promesas hechas sin pensar y de las malas compañías. Sin embargo, a veces, como aquella mujer, decidimos saltarnos el cerco y probar por nosotros mismos su veracidad. Queremos «tomar las mejores fotos» para nuestro Instagram.

Tengamos cuidado pues todo volcán activo tiene lava. Y la lava quema. Seguramente tenemos cicatrices en rodillas y codos que cuentan una historia; nuestros corazones también llevan las marcas de nuestra desobediencia. Dios nos da segundas oportunidades y nos perdona, pero sigamos sus consejos.

*Consejero es tu nombre, oh, Dios, me arrodillo ante tu majestad
y sabiduría.*

MG

Junio 13

Lectura diaria: Proverbios 8, 9

Más que un millón de dólares

Vengan, disfruten de mi pan y beban del vino que he mezclado.
(Proverbios 9:5, NVI)

Se cuenta que un actor famoso invitó a catorce amigos a celebrar su cumpleaños. Quería agradecer a cada uno de ellos la amistad y la ayuda que le habían dado cuando recién llegó a Los Ángeles y no tenía trabajo. A cada uno le dio una maleta y en un momento dado, les dijo que la abrieran. Dentro, había un millón de dólares en billetes de veinte.

Incluso, había pagado los impuestos de cada millón para que cada uno de sus amigos disfrutara del regalo completo. Uno de ellos no quería aceptar el dinero de su amigo, pero el hombre puso la condición de que, si uno no tomaba el dinero, nadie lo haría. Este millonario quiso hacer millonarios a sus amigos también.

En Juan 15:13, el Señor Jesús dijo: «Nadie tiene mayor amor que este, que uno ponga su vida por sus amigos». Quizá muchas de nosotras quisiéramos que Dios, de repente, nos diera un millón de dólares, pero Él nos da mucho más que eso. En primer lugar, nos ha dado su vida misma. Nuestra felicidad no debe compararse con la que se obtiene con dinero.

El banquete que Dios ha preparado está repleto de buen juicio y sabiduría, inteligencia y discernimiento. En la mesa hay instrucción y temor al Señor, que es la base de la sabiduría. Abramos la maleta de los proverbios y disfrutemos del banquete. ¡Que podamos regocijarnos porque alguien nos amó hasta la muerte!

Señor, ¡gracias por tu más grande muestra de amor!

YF

Junio 14

Secretaria de tu alabanza

Las palabras del justo animan a muchos.
(Proverbios 10:21, NTV)

De joven estudié la carrera técnica de secretaria bilingüe. Mis labores giraban alrededor de las palabras: tomar dictado y transcribir cartas, contestar teléfonos y ser la «voz» de mi jefe. Sin embargo, aun sin trabajar en las labores administrativas de una oficina, todos los días elegimos palabras.

Los proverbios nos hablan mucho sobre el tema. Las palabras pueden surgir de los labios de los justos o de los perversos. Cuando surgen de un alma que sigue a Dios son fuente de vida, entendidas, provechosas y sabias; traen alivio y soportan la prueba del tiempo. Las palabras que salen de la boca de los perversos, por el contrario, encubren las malas intenciones, carecen de valor y sentido común, además de herir y destruir.

¿Has oído hablar de George Herbert? Nació en 1593 y solo vivió cuarenta años. Le encantaba la poesía y a los diecisiete años le escribió dos sonetos a su madre. Luego, prometió que solo escribiría para la gloria de Dios. Entre sus 184 poemas uno dice: «De todas las criaturas en mar y tierra solo el hombre ha conocido tus caminos y solo a él le has puesto la pluma en su mano para hacerlo secretario de tu alabanza».

Usando la ilustración de Herbert, somos las secretarias de Dios. En todo lo que hacemos, representamos a nuestro «jefe». Cuidamos su buen nombre y sus intereses. Por esa misma razón, vigilemos lo que sale de nuestra boca. Que nuestras palabras salven vidas, como dicen los proverbios.

Señor, quiero ser una secretaria de tu alabanza.

KO

Junio 15

Lectura diaria: Proverbios 13, 14, 15

SUEÑOS CUMPLIDOS

La esperanza postergada aflige al corazón,
pero un sueño cumplido es un árbol de vida.
(Proverbios 13:12, NTV)

Desde el año 2020 y luego por un par de años más, el tiempo pareció congelarse. Se cancelaron viajes de todo tipo, se pospusieron bodas y graduaciones, se perdieron trabajos y mucho más, todo a causa de un «pequeño» virus, el COVID-19. Lo que al principio parecía un paro de corto plazo se fue alargando mucho más de lo esperado.

Lo más triste fue que en muchos casos la esperanza de vida y salud, de tiempo con los seres queridos, se acortó por causa de la enfermedad y aun la muerte. Perdimos familiares y amigos y algunos todavía sufren secuelas por el virus. Aun así, al volver a la «nueva normalidad», gozamos más que nunca en reunirnos de nuevo con las familias, hacer esos viajes pospuestos y ver aquellos «sueños cumplidos».

Este proverbio lo resume de forma expresiva: «La esperanza postergada aflige al corazón, pero un sueño cumplido es un árbol de vida» (Proverbios 13:12). Miles de años después del rey Salomón, los seres humanos seguimos afligiéndonos cuando no logramos lo deseado y seguimos alegrándonos cuando al fin se cumplen esos deseos. Gracias a Dios porque la gran esperanza de muchos, cumplida después de siglos, ya se ha logrado: ¡la llegada del Mesías!

Cuando tarde el cumplimiento de algún deseo tuyo, confía en que nuestro Dios poderoso puede hacerlo todo. Si proviene de Él, se hará en el momento debido. Esos pequeños brotes podrán convertirse en «árbol de vida».

¡Gracias por ser el Dios de esperanza!

MH

Junio 16

Lectura diaria: Proverbios 16, 17, 18

Corona de esplendor

Llegar a viejo es una honra; las canas son la corona.
(Proverbios 16:31, TLA)

Algunas coronas tienen laureles para el triunfador, flores para una quinceañera o azahares para la novia. En los días de Semana Santa, recordamos aquella corona de espinas en la cabeza de Jesús; con corazón contrito imaginamos y agradecemos su dolor. Pero el texto de hoy nos habla de una corona plateada, la de las canas.

Algunas mujeres las lucen con dignidad y otras, ya sea por gusto o presión social, prefieren esconderlas bajo un tinte. Sin embargo, la Biblia nos proporciona una nueva perspectiva de las canas. Portar esa corona es honroso porque envejecer también lo es. No debemos avergonzarnos por las velas que añadimos cada año al pastel.

No todas las personas tienen oportunidad de llegar a la tercera o cuarta edad, así que seamos agradecidas por llegar a poseer esta corona viviendo también dignamente, en integridad y sabiduría. Llegar a cierta edad es un motivo de honra y gratitud. De hecho, otra versión dice: «Las canas son una corona de gloria que se obtiene por llevar una vida justa» (NTV).

Si aún no tenemos canas, tratemos a los adultos mayores con respeto. Si las canas ya tiñen nuestra cabeza, agradezcamos a Dios por sus bondades. Y cantemos el sentimiento del poeta alemán Samuel Rodigast en su himno: «Sus cabellos blancos son signo de honor, la corona de esplendor que le da el Señor. No podemos olvidar que, con fe y virtud, dedicó su vida a Dios en su juventud. Oh, Señor, recuerda su fiel devoción. Dale tu cariño y tu aprobación».

Enséñame, oh, Dios, a contar mis días con sabiduría.

MG

Junio 17

¿Quién te controla?

El vino hace insolente al hombre; las bebidas fuertes lo alborotan; bajo sus efectos nadie actúa sabiamente.
(Proverbios 20:1, DHH)

Los pasajeros de un vuelo de Reikiavik a Nueva York inmovilizaron a un hombre envolviéndolo de pies a cabeza con cinta adhesiva por escupir, insultar a los otros viajeros, gritar que el avión iba a estrellarse y tratar de ahorcar a una mujer. ¿Qué había pasado con este pasajero?

Simplemente se volvió loco por haber ingerido dos botellas de licor que compró en las tiendas libres de impuestos del aeropuerto. Ya en el avión, terminó de emborracharse con mini botellas de whisky. Llegando a Nueva York, la policía tuvo que llevarlo al hospital por intoxicación alcohólica.

Todas hemos visto a personas que se han sobrepasado con el alcohol. Durante sus períodos de intoxicación pueden volverse violentos y agredir, o ser presas de malas personas. ¿El problema? ¡Están totalmente controlados por el alcohol! No pueden actuar con sabiduría. Si conoces personas en este estado o eres una de ellas, no dudes en pedir ayuda y acudir a Dios. La bebida puede destruir vidas.

Sin embargo, como quizá no tenemos este problema, solemos encogernos de hombros y solo criticar a los alcohólicos. Cuidado. Pablo nos recuerda en Efesios que en la vida solo hay dos opciones: nos controla el Espíritu Santo o alguien más. ¿Te imaginas lo que podríamos lograr si fuéramos controladas totalmente por el Espíritu de Dios? ¿Qué será lo que nos lo impide? ¿Nuestros planes o deseos en lugar de los del Señor? ¿Quién nos controla? Meditemos y pidamos ayuda.

Señor, quiero ser controlada absolutamente por ti.

YF

Junio 18

Crear espacios

Concentra tu mente en la disciplina,
y tus oídos en aprender todo lo que puedas.
(Proverbios 23:12, PDT)

Recuerdo cuando mi niña empezó a dar sus primeros pasos, emocionada por la nueva libertad. Pero los problemas comenzaron. ¿Qué hacer con las escaleras? Solo hubo una manera: establecer límites. Prohibimos el paso a los lugares peligrosos y cubrimos los contactos eléctricos. Creamos un espacio, grande y seguro, donde ella pudiera caminar sin problemas.

Jesús nos ha llamado a caminar con Él. A esto le llamamos discipulado y empieza con los primeros pasos. Pero sin disciplina, ese cerco que hace un espacio donde Dios pueda entrar y actuar, no puede haber discipulado. El discipulado sin disciplina se vuelve romanticismo y la disciplina sin discipulado se convierte en legalismo. De hecho, las palabras discipulado y disciplina comparten la misma raíz, *discere*, que significa «aprender».

Por eso los proverbios hablan tanto de la disciplina a los niños. Los niños aprenden por medio de la vara y nosotros también. Igual que ellos, necesitamos límites y corrección. Salomón dijo: «El que ama la disciplina, ama el conocimiento» (12:1, PDT). Y, podríamos decir que el que ama la disciplina, ¡es un discípulo de Jesús!

Dejemos atrás el concepto de disciplina como castigo y recordemos que es mucho más. La disciplina nos protege y nos enseña. Así que formemos un cerco intencional por medio de la oración y la meditación de las Escrituras. En ese espacio, oiremos la voz de Dios, sentiremos su presencia y experimentaremos su guía. ¡Corramos con libertad!

Señor, que en mis tiempos a solas contigo experimente tu presencia.

KO

Junio 19

Regalar joyas

La crítica constructiva es, para quien la escucha,
como un pendiente u otras joyas de oro.
(Proverbios 25:12, NTV)

Por lo general la palabra «crítica» nos asusta. Otro asunto, sin embargo, es la crítica constructiva, que tiene como fin mejorar nuestro trabajo o comportamiento. Menciona nuestras fortalezas y luego sugiere algunas áreas que optimizar. Idealmente, también incentiva la comunicación al preguntarle a la persona: ¿Qué piensas? o ¿Qué te parece?

La crítica constructiva no es un ataque. Se debe ofrecer en privado para no dar una imagen equivocada a personas ajenas. Nos da la oportunidad de ser cada vez más eficaces en lo que queremos lograr. Ya sea en nuestra carrera, en nuestro quehacer diario o en nuestra vida espiritual, somos afortunados si recibimos este tipo de retroalimentación.

Aquí Salomón observa que «la crítica constructiva es, para quien la escucha, como un pendiente u otras joyas de oro» (Proverbios 25:12, NTV). La compara con objetos valiosos o un regalo preciado. Jesús sabía hablar de esta manera. Al intérprete de la ley que le preguntó cómo heredar la vida eterna, le preguntó su propia perspectiva. Contestó que tenía que amar a Dios y al prójimo. Jesús respondió: «Bien has respondido; haz esto, y vivirás» (Lucas 10:28, NTV). Reconoció su buena respuesta, pero a la vez le recordó que pusiera en práctica esa enseñanza.

Aprendamos a hacer comentarios que edifiquen a los demás y les ayuden a crecer. Y cuando recibamos alguna crítica constructiva, ¡hagámosle caso! Estamos recibiendo una joya.

Señor amado, ayúdame a hacerle bien a los demás por medio
de mis palabras.

MH

Junio 20

No está bien

No está bien discriminar a nadie.
(Proverbios 28:21, DHH)

En 2019, Marcus Boyd demandó a la empresa en la cual trabajaba porque durante catorce meses soportó comentarios racistas, desaires, amenazas y hasta apareció una cuerda colgando en el lugar donde trabajaba, con el objeto de intimidarlo. Los superiores de Boyd ignoraron sus reportes, así que él tuvo que acudir a una autoridad superior.

Cada segundo, alguien en el mundo padece algún tipo de discriminación. Es importante examinarnos y percibir si estamos tratando de manera diferente a alguien en razón de su condición social o física, edad, aspecto, género, raza, capacidades mentales o incluso su religión. Cualquier cosa que origine un trato desigual hacia alguien es hacer acepción de personas.

¿Alguna vez has padecido algún tipo de discriminación? No se siente nada bien. Uno puede sentirse humillado, relegado, inferior, incluso enojado o también triste y asustado. Si has vivido alguna experiencia discriminatoria, puedes usarla para generar empatía. Podemos incluso agradecer por la experiencia porque nos enseña a entender lo que otros sienten. Tal vez por ello Dios permitió que la experimentaras.

Aunque Jesús experimentó discriminación y menosprecio, nunca rechazó a nadie. Justos y pecadores, pobres y ricos, funcionarios y viudas, niños y adultos, todos fueron vistos con amor y tocados con la ternura del Maestro. Con perdón, sanidad y redención nos enseñó que «no está bien discriminar a nadie». Hagamos un examen de conciencia y abramos nuestro corazón a Dios. ¿Menospreciamos a alguien en particular? No lo hagamos más.

Señor, dame sabiduría para reflejar tu amor a todos.

MG

Junio 21

En tiempos difíciles

Anda en busca de lana y de lino, y gustosa trabaja con sus manos.
(Proverbios 31:13, RVR60)

En la década de 1930 se originó una crisis económica llamada la «Gran Depresión». Muchas amas de casa en Estados Unidos, buscaban las bolsas de tela de algodón que se usaban para envasar harina, para vestir a sus hijos. Al darse cuenta de la diligencia de estas mujeres, la empresa Hayden Flour Mills y otras fábricas de harina cambiaron su logotipo impreso en las bolsas por tela estampada, con diseños bonitos para envasar el producto. Incluso, algunos fabricantes hicieron concursos de costura.

Algunos sacos tenían formas de muñecos, o estaban impresos con flores para que las mujeres pudieran aprovecharlos mejor. De esos sacos, muchas mujeres hicieron vestidos, cortinas o manteles. Se dice que más o menos tres millones de personas se beneficiaron de la ropa hecha con los sacos de harina durante este tiempo difícil.

¡Qué ingeniosas mujeres! Debido a su dedicación, queriendo algo mejor para sus familias, movieron a misericordia a grandes empresas que las ayudaron a soportar la crisis. Imitaron a la mujer diligente de Proverbios 31. Ella buscó lana y lino. Era una mujer que no desperdiciaba nada. Sabía que cada centavo era valioso y lo atesoraba, no para guardarlo, sino para que sus hijos y su marido disfrutaran de su trabajo y esmero.

«La mujer que teme a Jehová, ésa será alabada» (Proverbios 31:30, RVR60). El Señor nos ha conferido el término de «virtuosas» solo por ser sus hijas y temerle. ¡Qué gran honor! ¿Actuamos como tal? ¿Qué podemos hacer hoy para no desperdiciar nada y beneficiar a los demás?

Señor, seré virtuosa solo para agradarte.

YF

JUNIO 22

QUE LA MÚSICA SIGA

Cantar de los cantares, el cual es de Salomón.
(Cantares 1:1, RVR60)

En la canción ¿Cómo hacer que la música siga tocando?, Patti Austin y James Ingram preguntan cómo hacer que la música dure en un matrimonio. ¿Y sabes cuál es su propuesta? Que además de ser los mejores amantes, el esposo y la esposa deben también ser los mejores amigos. ¿Cómo dura la música por siempre? Cuando lo intentamos día con día.

El libro del *Cantar de los cantares* es una colección de cantos entre una esposa y su esposo. Cada canción nos invita a la intimidad de la habitación y del corazón. Sí, es un libro que habla del placer sexual dentro del matrimonio como un deleite y una hermosa canción que podemos disfrutar sin vergüenza ni temor.

Sin embargo, también nos habla de la intimidad que surge de corazón a corazón cuando nos conocemos y somos amigos. Leemos de besos y caricias, pero también de palabras susurradas que surgen desde lo profundo. Leemos frases como: «Mi amado es mío, y yo soy suya» (Cantares 2:16, RVR60). O «He aquí que tú eres hermosa, amiga mía» (1:15).

Si todavía no te casas, que estas canciones te informen sobre lo que es el amor verdadero: exclusivo, formal y santo. Si estás recién casada o tu matrimonio marcha bien, que estas canciones te inviten a profundizar tu relación. Sin embargo, quizá la música parece estar terminando en tu matrimonio; ponte en sintonía con Salomón y caza las zorras pequeñas que echan a perder las viñas y dile a tu esposo hoy: «Vuélvete, amado mío» (2:17).

Señor, que la música en mi matrimonio dure hasta que nos llames
a tu presencia.

KO

Lectura diaria: Cantares 4, 5

Fuentes cerradas

Eres un jardín cercado, hermana y esposa mía;
eres cerrada fuente, ¡sellado manantial!
(Cantares 4:12, RVC)

Una compañía española de agua mineral creó la iniciativa «Soy espacio natural protegido», para desarrollar acciones locales de preservación de la biodiversidad única donde están situados sus manantiales. Se han llevado distintas iniciativas con este propósito, desde ofrecer talleres sobre la limpieza hasta diagnosticar los ecosistemas y reintroducir anfibios y aves. Indican que: «Al fin y al cabo, es en la pureza de las aguas donde encontramos la naturaleza más diversa».

En nuestros días es cada vez más grave la escasez del agua, pero también se dificulta más el acceso al agua limpia. Si los habitantes del planeta no protegemos los manantiales, se seguirá empeorando esta situación. No solo los seres humanos dependemos del agua, sino también las plantas y los animales.

En este poético pasaje de Salomón, el novio le canta a su prometida y alaba su belleza. Luego la compara con «un jardín cercado», «cerrada fuente» y «sellado manantial». Nos pueden parecer negativas estas metáforas si no las analizamos. Así como cuidamos nuestros jardines con cercas para que no los maltraten, protegemos las fuentes de agua para que no pierdan su pureza natural. También dice aquí: «eres pozo de aguas vivas» (v. 15).

La exclusividad es importante en la vida matrimonial y si cuidamos la pureza sexual, nos reservamos para nuestra pareja. Sin embargo, en nuestra relación con Cristo, Él desea que procuremos la pureza espiritual también. No permitamos que otros asuntos tomen el lugar de nuestro Señor.

¡Quiero ser solo tuya, Señor!

MH

Junio 24

Lectura diaria: Cantares 6, 7, 8

Una mujer encantadora

¡Eres muy bella, amada mía! ¡Eres una mujer encantadora!
(Cantares 7:6, TLA)

¿Por qué se incluye el libro de *Cantar de los Cantares* en el canon bíblico? ¿Acaso no es demasiado descriptivo? Es como si, por un momento, Dios nos permitiera abrir una cortina y mirar dentro de la alcoba. ¿No resulta bochornoso? Por supuesto que no. Él creó el amor entre hombre y mujer y, en el seno del matrimonio, aprueba el deleite sexual.

El capítulo siete, de hecho, describe lo que el esposo ve en su esposa: belleza. Ahora, no tenemos una fotografía de esta mujer. ¿Era perfecta? Quizá su dentadura no estaba completa, tal vez sus medidas no simulaban las de Barbie, sino las de una mujer de campo. ¿Tenía manos suaves y pies sin callos? Y, sin embargo, el esposo la ve encantadora.

Toda mi vida he luchado por ganarme el amor de los demás, incluso el de mi esposo. Siento que, si hago tal o cual cosa, si lo enorgullezco con mis méritos o logros, él me amará más. Sin embargo, ahí en la intimidad, cuando me presento tal cual soy, con todos mis defectos, descubro algo fascinante: a sus ojos soy encantadora. Y esa es una lección espiritual que debemos recordar.

No hay nada que podamos hacer para que Dios nos ame más o menos. Él no está esperando que nos presentemos perfectas. Él solo quiere que acudamos cada día, con nuestras muchas imperfecciones y digamos: «Yo soy de mi amado» (7:10, TLA). La sangre de Cristo nos ha cubierto y nos ha hecho encantadoras. Gocémonos en su amor.

Señor, gracias por amarme como soy.

KO

JUNIO 25

Lectura diaria: 1 Reyes 5, 6, 7

LA MANO DE DIOS

*Una vez terminada toda la obra que el rey había mandado
hacer para el templo del Señor, Salomón hizo traer el oro,
la plata y los utensilios que su padre David había consagrado,
y los depositó en el tesoro del templo del Señor.*
(1 Reyes 7:51, NVI)

En medio de la crisis del COVID-19, una enfermera brasileña ayudó a sus pacientes a sentirse acompañados en el aislamiento al que estaban condenados. Como la mano de una de sus pacientes estaba fría y no podía medir su saturación, llenó dos guantes de látex con agua caliente, los ató dedo con dedo y abrazó con ellos la mano de su paciente. Restableció así su circulación.

Aunque imperfecta, esto hizo que la paciente sintiera que alguien la sostenía y acompañaba. Al invento se le ha llamado «la mano de Dios». ¿Has escuchado al respecto? ¿Cómo sería si la mano de Dios realmente nos sujetara cuando estamos en la cama de un hospital o cuando lloramos por una relación rota?

El templo de Salomón fue una manera visual de mostrar que Dios estaba con su pueblo. Todo el oro y la plata que se utilizaron para adornarlo solo representaban la perfección del Señor verdadero, que decidió habitar con su pueblo. Sin embargo, el templo no logró vencer al pecado. Jesús tuvo que venir para entonces sí ser la mano, literal y física de Dios, tocando leprosos y enfermos.

Aún más, su sacrificio nos acercó para siempre al Padre, de modo que hoy, cuando estamos en problemas, sentimos su presencia real que nos acompaña y nos da seguridad. Qué maravilla saber que Dios y nadie nos arrebatará de ella. Y qué hermoso experimentar su presencia cercana cada día.

Gracias, Señor, por hacerme sentir tu mano.

YF

Junio 26

El poder de la oración

*Jehová, Dios de Israel, no hay Dios como tú, ni arriba en los cielos
ni abajo en la tierra, que guardas el pacto y la misericordia a tus
siervos, los que andan delante de ti con todo su corazón.*
(1 Reyes 8:23, RVR60)

No me gustan las ventanas sucias y opacas. Tampoco los autos que traen vidrios polarizados y que no me permiten ver hacia adentro. Pero así solemos andar por la vida: mirando a través de ventanas turbias y rayadas que distorsionan la realidad. La oración, sin embargo, nos ayuda a limpiarlas para ver bien.

Salomón comenzó su reinado con el pie derecho. No solo pidió sabiduría, sino que hizo de la oración una prioridad. Reconoció que, aunque Dios moraba dentro de la nube, podía acceder a Él. ¿El resultado? Aunque dominó todo Israel, la oración le permitió desenmascarar esa idea de control. Salomón sabía que Dios reinaba. A pesar de tener más que ningún otro, en sus tratos percibimos humildad.

Entonces dejó de orar. Quitó su atención de Dios y la colocó sobre cultos paganos y el agradar a sus muchas esposas. Cuando eso sucedió, las ventanas de su vida se volvieron a empañar y dejó de ver con claridad. Se volvió un rey autócrata que cobró impuestos para sostener su estilo de vida. Sus riquezas gobernaron su corazón y su yo conquistó su alma.

Sigamos el ejemplo de Salomón joven. Acudamos a Dios con rodillas dobladas y dejemos que el tiempo con Él elimine las manchas de los vidrios y podamos así contemplar su hermosura. Recuerda, la oración nos hace ver la realidad de que Dios está en control, que Él es todo lo que necesitamos y que nos ama profundamente.

Señor, vengo a ti con humildad. Quita lo opaco y ayúdame a ver.

KO

JUNIO 27

EL VERDADERO TESORO

*La cantidad de oro que Salomón recibía anualmente
llegaba a los veintidós mil kilos.*
(1 Reyes 10:14, NVI)

Cuando Cristóbal Colón llegó a América en 1492, todos los monarcas europeos ansiaban el oro. Este precioso metal amarillo les permitía pagar ejércitos, mercenarios y armas y defender y expandir sus reinos. Según la revista *National Geographic*, España extrajo más de cien toneladas de oro de América y se convirtió en el país más rico del mundo.

La sed de oro era insaciable y llevó a grandes abusos en el Nuevo Mundo. Se devastaron viviendas y se saquearon lugares sagrados. Se dice que al huir de Tenochtitlan, algunos de los españoles se hundieron en las aguas que rodeaban la ciudad, debido al oro robado que llevaban y no querían dejar.

El rey Salomón también poseía cantidades casi impensables de oro y la reina de Saba quedó atónita ante su riqueza. Tristemente, el oro no logró salvar al reinado de la ruina moral que comenzó cuando Salomón todavía ocupaba el trono. Olvidó lo que Dios le había enseñado. El oro y la plata no pueden rescatar el alma ni llenar el vacío que hay en cada corazón.

Los españoles vaciaron de oro a México, pero sin saberlo, abrieron también una pequeña puerta para que brillara la luz del Evangelio. Salomón asombró a todos con sus riquezas, pero personas como la reina de Saba percibieron que su sabiduría y su bendición provenían de Dios. No nos dejemos deslumbrar por el brillo del oro. Nada alumbra más que el Evangelio. Que este sea el tesoro por el que estamos dispuestas a dar la vida.

Señor, quiero el tesoro de tu Evangelio.

MH

Junio 28

El momento oportuno

Un momento para callar, y un momento para hablar.
(Eclesiastés 3:7, DHH)

La asertividad es la habilidad de decir lo correcto en el momento oportuno y de la manera adecuada; pero ¿qué es un momento oportuno? La palabra *oportuno* es un adjetivo que viene del latín *op* (hacia) y *portus* (puerto) o sea, que es como un viento que conduce al puerto. Sucede en tiempo, a propósito y cuando conviene, en camino a un lugar cómodo y seguro.

Encontrar el momento oportuno para hablar o callar es todo un arte. El libro de Ester narra la cautivante historia de esta reina que fue asertiva. A veces no es cosa de encontrar el tiempo oportuno sino de construirlo. Ella lo hizo con sabiduría, prudencia, oración y ayuno. Para hacer su petición al rey, se puso hermosos vestidos, organizó deliciosos banquetes y pidió a todo el pueblo que orara por ella. Construyó el momento más seguro para interceder por su pueblo.

La historia tuvo un final feliz; puedes leer el libro si es que no la conoces. Ester manejó con maestría el arte de encontrar el momento oportuno. Es importante saber cuándo callar y cuándo hablar. No tenemos que decir todo lo que pensamos, especialmente si es negativo.

Dorothy Nevill dice: «El verdadero arte de la comunicación no es solo decir las palabras adecuadas en el lugar adecuado, sino de no decir lo inadecuado en un momento tentador». Naveguemos hacia el puerto cuando el viento sea favorable y encontremos el momento de animar y elogiar oportunamente.

Señor, ayúdame a hablar y a callar con sabiduría.

MG

Junio 29

Consuelo a los oprimidos

Entonces yo me volví y observé todas las opresiones que se cometen bajo el sol: y he aquí, vi las lágrimas de los oprimidos, sin que tuvieran consolador; en mano de sus opresores estaba el poder, sin que tuvieran consolador.
(Eclesiastés 4:1, LBLA)

El invierno de 1872 fue el más frío y húmedo registrado en Gales e Inglaterra. El frío estaba a -10° C y salir a la calle era una tortura. La prisión Wandsworth pronto se llenó de personas que habían cometido crímenes sin sentido para poder tener un techo y un abrigo. En los registros constaba que la mayoría de estas personas habían delinquido por primera vez en su vida.

Ellen Smith robó un paraguas. Harry Williams robó trozos de carbón para calentarse. John Kitchenside robó avena para comer. Henry Marsh robó un abrigo porque tenía frío. Todas estas personas recibieron una condena de entre diez días y dos meses de trabajos forzados durante la celebración de la Navidad de ese año.

Durante esos mismos años, William y Catherine Booth comenzaron su trabajo para ayudar a los pobres y desheredados. William nació pobre y trabajó entre los pobres toda su vida. Como dice el versículo de hoy, observó las opresiones que se cometen bajo el sol, pero no se quedó de brazos cruzados. Él y su esposa decidieron ser ese consolador que atendiera a sus necesidades.

El mundo no ha cambiado mucho en este siglo. Todavía las lágrimas de los oprimidos se desbordan por sus rostros. Miremos a nuestro alrededor. Quizá podamos encontrar a algún oprimido al que podamos ayudar y consolar. Como dijo Catherine Booth: «No estás aquí en el mundo para ti mismo, has sido enviado aquí para otros. ¡El mundo te está esperando!»

Señor, que no sea yo insensible a las lágrimas de los oprimidos.

YF

JUNIO 30

NECESITAMOS SILENCIO

*Es mejor oír las palabras suaves de una persona
sabia, que los gritos de un rey necio.*
(Eclesiastés 9:17, NTV)

Imagina que llegas al cine y te sientas en una butaca. Entonces comienza el filme en el que nadie habla. Todo es silencio. Esto experimentaron los que observaron la película-documental de 2005, *El gran silencio,* que el director Philip Gröning realizó mientras pasaba una temporada en un monasterio en los Alpes franceses con monjes cartujos.

Estos monjes forman parte de una orden contemplativa de la iglesia católica, en la que oran y meditan lejos del ruido. Pero a nosotros nos gusta el ruido: el televisor encendido todo el día o los auriculares *bluetooth* apartándonos de los demás. Muchos de los que vieron la cinta no soportaron el silencio y abandonaron la sala cinematográfica.

Sin embargo, no debemos ir a los extremos de los monjes cartujos que solo cantan y hablan los domingos y en sus paseos del lunes. Pero haríamos bien en tampoco huir de la quietud, pues es ahí donde oiremos las suaves palabras de Dios. Salomón, en su vejez, escribió que valen más las palabras dichas en voz baja por un sabio, que los gritos de un rey tonto.

¿Lo creemos? Entonces necesitamos el silencio. Las palabras tranquilas no se perciben entre los tamborazos y las carcajadas. Las palabras en la calma sobrepasan las del clamor. Así que no tengas miedo. Pasa unos minutos en silencio. Deja que tu corazón se conecte con el de Dios mientras haces oración. Ahí, en la paz y el sosiego, oirás las palabras sabias de Dios.

Señor, quiero escuchar tu dulce y suave voz.

KO

JULIO 1

Lectura diaria: Eclesiastés 10, 11, 12

MOSCAS MUERTAS

Las moscas muertas apestan y echan a perder el perfume.
Así mismo pesa más una pequeña necedad que la
sabiduría y la honra juntas.
(Eclesiastés 10:1, NVI).

«Una no es ninguna», reza el dicho y también una canción en español, que se refiere en especial a los tragos de alcohol. Cuando los amigos quieren hacer que una persona tome «solo un trago» o que participe en una travesura, en ocasiones usan esta frase para convencerle de que es algo inofensivo y sin consecuencias. Pero sabemos que un trago lleva a otro y aun una cantidad pequeña de licor puede causar un accidente fatal.

De la misma manera, un mal hábito, una frase inapropiada o un desliz moral pueden echar a perder la reputación de una persona. «Una pequeña necedad» puede parecer algo sin importancia, pero en realidad tiene mucho peso. Se puede perder un puesto importante o incluso destruir un matrimonio.

El capítulo 10 de Eclesiastés presenta una colección de proverbios que contrasta la sabiduría y la necedad, un tema favorito de Salomón. En el calor del Medio Oriente, los enjambres de moscas podían contaminar cualquier alimento o sustancia húmeda en poco tiempo. En este caso, el escritor se refiere al ungüento del boticario o perfumador. Un perfume con moscas muertas se perdía totalmente.

¿Qué «moscas muertas» amenazan nuestra vida? ¿Qué debilidades debemos controlar, con la ayuda del Espíritu Santo? Quizás luchemos con los pecados de la lengua, las miradas despectivas o una relación inapropiada. Pidamos al Señor sabiduría provechosa y palabras llenas de gracia para evitar las caídas mortales.

Guía mis pasos, Señor, para que resalte tu perfume en mi vida.

MH

Julio 2

El mejor consejo

Pero él dejó el consejo que los ancianos le habían dado,
y pidió consejo de los jóvenes que se habían
criado con él, y estaban delante de él.
(1 Reyes 12:8, RVR60)

En la telenovela *Mundo de juguete*, Cristina, una niña huérfana, encuentra un jardín secreto escondido en la parte trasera de su colegio, donde vive una adorable ancianita en una pequeña casita: «nana Tomasita», a quien visita cada día para recibir mimos y buenos consejos. Cristina va creciendo y llega el día en que se da cuenta de que el jardín y Tomasita existían solo en su imaginación.

En el mundo real, cada día es menos frecuente cultivar la amistad con las personas de la tercera edad y sobre todo escuchar sus sabios consejos para ayudarnos a enfrentar los problemas y las situaciones cotidianas. En la historia bíblica de hoy, el rey Roboam pidió el consejo de los ancianos, pero lo ignoró. Se dejó influenciar por el mal consejo de sus jóvenes compañeros de generación.

Roboam actuó como muchos jóvenes el día de hoy. Solemos pensar que sabemos más que las otras generaciones pues hemos aprendido las teorías más recientes y los métodos más innovadores del momento. Sin embargo, olvidamos que existe algo llamado experiencia, que necesitamos para actuar con sabiduría. No despreciemos lo que los adultos mayores han desarrollado a través de sus vivencias y su transitar por este mundo.

Pidamos sabiduría para escuchar el buen consejo y aprendamos a valorar las sugerencias de los mayores. Oremos porque Dios ponga en nuestro camino mentores y consejeros, no como la nana Tomasita, que solo era producto de la imaginación, sino personas reales a las que podamos honrar.

Oh, Señor, dame sabiduría.

MG

Julio 3

¿A quién consultas?

Mas Jehová había dicho a Ahías: «He aquí que la mujer de Jeroboam vendrá a consultarte por su hijo, que está enfermo; así y así le responderás, pues cuando ella viniere, vendrá disfrazada».
(1 Reyes 14:5, RVR60)

El gran ilusionista y escapista Harry Houdini no sólo era famoso por sus grandes trucos de magia y su habilidad de escapar de situaciones peligrosas. También fue un archienemigo de los espiritistas y había una razón: nunca encontró un buen médium que pudiera traer a su madre del más allá. Por cierto, su esposa también trató de comunicarse con él cuando falleció y también fracasó.

Con tal de consolidarse en el reinado, Jeroboam abandonó al verdadero Dios e impuso la adoración a otros dioses en Israel. No sabemos si intentó consultar a alguno de esos dioses, pero sí que sabía que Ahías, el profeta de Dios, le respondería con la verdad. Obligó a su esposa a disfrazarse para consultarlo.

Sin embargo, Ahías no tuvo que encender velas, ni hacer ruidos extraños, ni tampoco tenía mecanismos raros que hicieran que los muebles se movieran para declararle el futuro de su hijo a la esposa de Jeroboam. Tenía contacto real con el Dios verdadero. ¡Qué gran diferencia entre un verdadero profeta y un adivino!

Si has consultado adivinos, horóscopos o médiums, ten en cuenta que Dios aborrece esto. Sólo Él es dueño de lo secreto del pasado y del futuro. Ven a sus pies arrepentida y sólo búscalo a Él. Con Dios encontrarás todas las respuestas que buscas. Recuerda que Dios te conoce mejor que nadie y sabe tu pasado y tu futuro. Pero, sobre todo, Él es bueno y todo lo que te suceda será por tu bien.

Señor, ¡nunca consultaré a nadie más que a ti!

YF

Julio 4

Lectura diaria: 1 Reyes 16, 17, 18

DOS HOMBRES MUY DIFERENTES

Entonces Elías tisbita, que era de los moradores de Galaad,
dijo a Acab: «Vive Jehová Dios de Israel, en cuya presencia estoy,
que no habrá lluvia ni rocío en estos años, sino por mi palabra».
(1 Reyes 17:1, RVR60)

Esta es la historia de dos hombres. El primero se casó con una mujer de clase acomodada, muy religiosa y devota a sus creencias. Obtuvo un puesto importante y logró reedificar ciudades. Perdió a dos de sus hijos, pero sus otros descendientes también escalaron en la política. Vivió en un palacio y se rodeó de lujos y viñedos.

El segundo no provenía de una familia conocida. De hecho, no se casó ni tuvo hijos. Pasó parte de su vida en el anonimato y no contó con la aprobación de la sociedad. Sufrió un período de depresión, aunque realizó uno de los milagros más extraordinarios de su época. ¿Cuál de los dos fue más exitoso?

Quizá para sus contemporáneos el primer hombre logró más, tuvo más y disfrutó más. Tal vez el segundo podría parecernos un fracaso, pues no lo relacionamos con el sueño americano de comodidad y una familia. Sin embargo, Dios nos dejó una evaluación de estos dos hombres. Acab, el primero, «hizo lo malo ante los ojos de Jehová, más que todos los que reinaron antes de él» (1 Reyes 16:30, RVR60).

Elías, el segundo, vivía en su presencia y Dios se comunicaba con él. Estos dos hombres se conocieron y se encontraron muchas veces. Sus vidas se entretejieron, pero nunca fueron amigos. De hecho, Acab le llamó a Elías «enemigo mío» (1 Reyes 21:20). ¿Con cuál de los dos te identificas? ¿Cómo cuál quieres ser tú?

Señor, quiero ser como Elías y estar en tu presencia.

KO

Julio 5

Lectura diaria: 1 Reyes 19, 20

Dios nos comprende

*Después se sentó debajo de un arbusto, y estaba
tan triste que se quería morir.*
(1 Reyes 19:4, TLA)

Una estudiante decidió asistir a una iglesia diferente, donde le explicó al pastor que era «porque ustedes me dejan estar deprimida». Él se rio y comentó que ¡no era muy buena promoción para su iglesia! El asunto es que en otra iglesia le habían dicho a la joven que seguramente estaba poseída por demonios. Este pastor, en cambio, reconocía que en los mismos salmos se expresa con frecuencia una angustia profunda.

En la actualidad se escucha más y más de los trastornos de la salud mental. Se calcula que uno en cuatro adultos sufrirá de ellos en algún momento de su vida. Los jóvenes, en especial, llegan a practicar la anorexia, la bulimia, el *cutting* (cortarse la piel) y el consumo de drogas y alcohol, en un intento de manejar su dolor. La depresión puede llevar al suicidio.

Así como los cristianos nos enfermamos físicamente, también podemos hacerlo mentalmente. Elías se quiso morir, pero Dios no lo reprendió exactamente por eso. Más bien, lo invitó a descansar, a fortalecerse y a reconocer que Él estaba ahí, en un silbo suave y apacible. Todo esto ayudó a que Elías adoptara una perspectiva correcta de sus circunstancias y volviera a confiar en Dios.

Vivimos en un mundo quebrantado. Si conocemos a alguien con depresión o estamos atravesando momentos de angustia, acudamos al silencio del desierto y alimentemos nuestro cuerpo y descansemos. También busquemos ayuda profesional o consejería. Pero, sobre todo, estemos dispuestas a escuchar la voz de Dios.

Padre mío, gracias por fortalecer a los de corazón quebrantado.

MH

JULIO 6

Lectura diaria: 1 Reyes 21, 22

EL PODER DE LA INFLUENCIA

Nunca nadie se entregó tanto a hacer lo que es malo a los ojos del Señor como Acab, bajo la influencia de su esposa Jezabel.
(1 Reyes 21:25, NTV)

¿Sabes cuál es el antónimo de influencia? Ausencia. Es decir, si no estamos ahí, no influimos en los demás, pero nuestra mera presencia en un lugar influye de una manera negativa o positiva sobre el resto. En pocas palabras, la influencia no es ni será neutral. Como mujeres, ¿cómo influimos sobre nuestros esposos o hijos, colegas y familiares?

La reina Jezabel, de origen fenicio y esposa del rey Acab, tuvo una influencia muy negativa sobre su esposo. Acab y Jezabel permitieron que en Samaria funcionaran templos politeístas dedicados a Baal, Asera y Moloc. Además, cuando su esposo se empecinó en conseguir el viñedo de Nabot, Jezabel se disgustó por su auto conmiseración y tomó cartas en el asunto.

En lugar de dejar que Acab solucionara el problema, convocó una reunión en la que, mediante trampas y engaños, se determinó que se matara a Nabot. Dios entonces envió a Elías, no a reconvenir a Jezabel, sino al rey Acab y declaró juicio contra la familia entera. Jezabel y Acab quizá se salieron con la suya en ese momento, pero Dios no pasó por alto su pecado.

Si eres casada, toma unos minutos para pensar en cómo ayudas a tu esposo cuando tiene problemas. ¿Actúas sin consultarlo? ¿Propones esquivar las reglas? O, como mujer sabia, ¿acudes a Dios primero y buscas la mejor solución? ¿Ayudas a tus hijos, tus colegas laborales o tus compañeros ministeriales? Siempre influiremos en los demás. La pregunta es cómo.

Líbrame, oh, Dios, de influir negativamente en las personas.

MG

Lectura diaria: 2 Reyes 1, 2, 3

SENESCENCIA

Y Elías dijo a Eliseo: Te ruego que te quedes aquí, porque el Señor me ha enviado hasta Betel. Pero Eliseo dijo: «Vive el Señor y vive tu alma, que no me apartaré de ti. Y descendieron a Betel».

(2 Reyes 2:2, LBLA)

Las muestras de envejecimiento en los humanos son muy obvias: arrugamiento de la piel, pérdida de los sentidos y deterioro en los huesos y en los órganos internos. Los hombres y mujeres ancianos, además de sus achaques, pierden agilidad y su caminar se hace lento. Ya no disfrutan viajar ni salir de su casa. A este proceso se le llama senescencia.

Pero, ¿sabías que hay animales como los cocodrilos, los erizos de mar y las tortugas que no envejecen? Es decir, no tienen muestras de senescencia en sus cuerpos. Esto no quiere decir que sean inmortales ya que pueden morir de hambre, de enfermedades o por un depredador. El caso es que si tú miras a un cocodrilo joven y a otro viejo, difícilmente sabrás cuál es mayor.

¿Cuántos años tenía Elías cuando el Señor se lo llevó en un carro de fuego? Elías parecía fuerte y con tal vitalidad que caminaba grandes distancias. Para obedecer al Señor, necesitaba mucha energía. ¿Será que la senescencia no le afectaba? Nuestro relato no dice que anduviera encorvado o lentamente.

¿Cuál habrá sido su secreto? Su servicio. Entregar la vida al Señor, amarle y servirle, rejuvenece. La senescencia no nos afecta tanto cuando el Señor nos toma y nos hace suyos. Cuando tu mente se ocupa de las cosas eternas, tu cuerpo, en cierto sentido, lo hace también. Al igual que Elías, ¿has experimentado la vitalidad divina en tu vida, en tu cuerpo y en tu mente?

Señor, que mi alma, mi cuerpo y mi espíritu puedan disfrutar de tu vigor.

YF

JULIO 8

Lectura diaria: 2 Reyes 4, 5, 6

NO TE DEJARÉ

Y dijo la madre del niño: «Vive Jehová,
y vive tu alma, que no te dejaré».
(2 Reyes 4:30, RVR60)

Henri Nouwen dice que la palabra que resume todas las penas en esta vida es la pérdida. Perdemos al ser amado que fallece, los amigos que nos traicionan, el hogar que dejamos por la guerra y las posesiones dañadas por inundaciones. Incluso podemos perder cosas espirituales como la esperanza y la fe en Dios.

La mujer sunamita perdió algo muy valioso: su único hijo. El niño que recibió de una manera milagrosa sufrió un dolor de cabeza perturbador que lo llevó a la muerte. Ella entonces ocultó su dolor y viajó en busca del hombre de Dios. Cuando su siervo la encuentra, le pregunta si todo está bien y ella dice que sí.

Nosotros sabemos que miente. Su alma estaba hecha pedazos. Eliseo lo sabía también, aunque ignoraba el motivo. Y es que esta mujer estaba en duelo. Había reconocido su dolor, lo podía nombrar y enfrentó el abismo de la pérdida. Y aunque llegó a los pies del profeta con las manos vacías, ahí comenzó la sanidad.

¿Cómo reaccionamos ante la pérdida? ¿Nos escondemos en casa para llorar o nos montamos en el asna de nuestro dolor y no nos detenemos hasta subir al monte Carmelo? En la presencia de Dios, con nuestra impotencia y angustia, podemos decirle a Dios: «No te dejaré» (2 Reyes 4:30, RVR60). «Es a ti a quien quiero. Nadie más puede ayudarme con este dolor». Quizá nosotras no experimentaremos el milagro de recuperar lo perdido, pero sí podemos volver a tener el gozo de nuestra salvación. ¿Vamos a Él?

Gracias, Señor, porque no te rindes y sigues moldeando mi vida.

KO

Lectura diaria: 2 Reyes 7, 8, 9

DE TAL MADRE, TAL HIJA

Jorán hizo lo que ofende al Señor, pues siguió el mal ejemplo
de los reyes de Israel, como lo había hecho la familia de Acab,
y llegó incluso a casarse con la hija de Acab.
(2 Reyes 8:18, NVI)

En tiempos bíblicos existía un dicho: «De tal madre, tal hija». Oscar Wilde, por su parte, escribió: «Todas las mujeres llegan a ser como sus madres; esa es su tragedia». ¿Te ha pasado que de joven prometiste que nunca harías algo que tu madre solía hacer y ahora te descubres actuando así? Algunas hemos sido bendecidas con madres virtuosas y otras no. ¿Qué hacemos entonces con este dicho?

Una de las «chicas malas» más conocidas de la Biblia fue Jezabel, la esposa del rey Acab de Israel, la que tenía miles de profetas paganos y quería matar al profeta Elías. Hizo que el reino de Israel se alejara cada vez más de Jehová por sus muchas hechicerías e inmoralidades. De hecho, en Apocalipsis se usa su nombre para describir un reino de maldad.

Tristemente, los del reino del sur también se dejaron influir por esta mujer. El rey Jorán de Judá se casó con una hija de Acab y Jezabel y así siguió el mal ejemplo de los reyes de Israel. Podemos leer entre líneas que su esposa influyó en él para mal y el siguiente rey, Ocozías e hijo de Atalía también «hizo lo malo ante los ojos de Jehová» (2 Reyes 8:27, NVI).

Hoy, hagamos una lista de todo aquello que admiramos de nuestras madres y sigamos su buen ejemplo. Seguramente, también reconoceremos algunas actitudes o procederes que no honraron a Dios; esos debemos evitarlos. Y si somos madres, oremos para ser una buena influencia sobre nuestras hijas, ¡para que cuando nos imiten no sea una tragedia!

Señor, ¡hazme ser una bendición para los demás!

MH

Julio 10

Lectura diaria: 2 Reyes 10, 11, 12

Exterminio

Así exterminó Jehú a Baal de Israel.
(2 Reyes 10:28, RVR60)

Cuando pensamos en la palabra exterminio, seguramente la asociamos con una plaga. Por ejemplo, llamamos a los fumigadores para deshacerse de insectos o alimañas que consideramos peligrosos para nuestra familia. Y si, por ejemplo, contratamos a una compañía para que los alacranes no entren a casa, no esperamos que dejen uno que otro por ahí.

Cuando Jehú terminó con la familia de Acab y subió al trono, se encargó de exterminar todo rastro del culto a Baal. ¿Y quién era Baal? Se lo conocía como el dios de la lluvia, el trueno y la fertilidad. Los agricultores y ganaderos cananeos posiblemente participaban en rituales que incluían ritos y prácticas sexuales, danzas y borracheras, para tener mejores cosechas y rebaños.

Jehú, por lo tanto, no podía dejar una que otra estatua por ahí. Debía limpiar todo el país de esta plaga. Por esa razón, mató a los sacerdotes de Baal y derrumbó las columnas sagradas. Tristemente, no se deshizo de los becerros de oro que Jeroboam había construido y con los que también hizo que el pueblo se apartara de Dios.

Exterminar es aniquilar, extinguir y hacer desaparecer algo de manera radical. Eso es lo que debemos hacer para terminar con cualquier cosa que nos aleje de Dios y nos atraiga hacia la desobediencia y el pecado. ¿Cómo saber qué ídolos hay en casa? Analicemos dónde residen los afectos de nuestro corazón y descubriremos si adoramos a otros dioses. Extermina a los modernos baales, a cualquier práctica o cosa que tome el lugar que solo Dios merece.

Mi adoración es únicamente para ti, Señor.

MG

JULIO 11

Lectura diaria: 2 Reyes 13, 14

¡VOLVER A VIVIR!

Y aconteció que al sepultar unos a un hombre, súbitamente
vieron una banda armada, y arrojaron el cadáver en el
sepulcro de Eliseo; y cuando llegó a tocar el muerto los
huesos de Eliseo, revivió, y se levantó sobre sus pies.
(2 Reyes 13:21, RVR60)

En el año 1915 en Carolina del Sur, Essie Dunbar, de 30 años, sufrió un ataque epiléptico que la dejó inconsciente. El médico que la examinó la declaró muerta y el sacerdote planeó el funeral para el día siguiente. La única hermana que tenía llegó después del funeral, cuando ya habían cubierto el ataúd de tierra. Con enojo y queriendo despedirse de su hermana, hizo que la desenterraran.

Cuando removieron los clavos del ataúd, Essie se sentó y sonrió. Todos salieron corriendo de espanto y el mote de «zombi» nunca se le quitó durante los 47 años que vivió después de ese incidente. ¿Cómo habrá reaccionado el muerto que revivió al tocar los restos de Eliseo? ¿Qué pensó su familia? ¿Qué pasó por su cabeza?

No tenemos la respuesta a estas preguntas. Pero ¡nosotras hemos experimentado lo que siente alguien que ha estado muerto y vuelve a vivir! Pablo dice en Efesios 2:1: «Y él os dio vida a vosotros, cuando estabais muertos en vuestros delitos y pecados» (RVR60). La nueva vida que tenemos es tan diferente de nuestra vida anterior que no deseamos volver a vivirla otra vez.

Solo Dios tiene el poder de traer vida a lo que está muerto. Gracias a Él por darnos la oportunidad de salir de la tumba. Como dice el canto: «Tú me llamaste y de la tumba salí; de las tinieblas a tu gloriosa luz». Vivamos cada día con el recordatorio de esta noticia maravillosa.

¡Gracias, Señor, por darme una vida nueva!

YF

JULIO 12

Lectura diaria: Jonás 1, 2, 3, 4

DEL RESENTIMIENTO AL SERVICIO

> *¿Y no tendré yo piedad de Nínive?*
> (Jonás 4:11, RVR60)

¿Qué pasa cuando nos tragamos el enojo? Comenzamos a quejarnos, una y otra vez, contra las personas y las instituciones. Fomentamos el resentimiento, la fría y agonizante pasión que se convierte en una forma de ser. Pensamos que la vida nos ha decepcionado y que sufrimos injustamente. ¿Lo más peligroso? Se oculta bien.

¿Y sabes quiénes son los que más pueden sufrir de este mal? ¡Los que sirven a Dios! ¿Sabías que los líderes religiosos son propensos al resentimiento pues sienten que los demás se aprovechan de ellos? Jonás no fue la excepción. El profeta salvó a un pueblo que odiaba y ¡se quejó de que Dios fuera compasivo y clemente!

Jonás tuvo lástima de una calabacera que le proporcionaba comodidad, pero no la sintió por una nación que se perdía. Olvidó que todo lo que tenemos lo recibimos de Dios. La calabacera y la salvación de Nínive eran motivos para celebrar, si tan sólo él hubiera entendido que no era su historia, sino la de Dios y que, por gracia, podía formar parte importante en los planes salvíficos del Todopoderoso.

¿Cuál es el remedio al resentimiento? Tener un corazón de siervo, como el de Jesús. Él supo desde el principio que venía a dar, no a recibir y tuvo gozo. ¿Nadie reconoce lo mucho que haces por Dios? ¿Nadie nota tus muchos o pocos sacrificios? Quizá hemos olvidado que damos de gracia, porque de gracia recibimos. No seamos como Jonás. Aprendamos a servir sin esperar recibir nada a cambio.

Señor, dame la actitud de Jesús que se humilló, se despojó
y fue un siervo.

KO

JULIO 13

Lectura diaria: Amós 1, 2, 3

SIN EXAMEN SORPRESA

De hecho, el Señor Soberano nunca hace nada sin antes
revelar sus planes a sus siervos, los profetas.
(Amós 3:7, NTV)

Nunca me gustaron los exámenes sorpresa. Cierto que, como estudiante, debía estar al día con mis tareas y repasos, pero de todos modos lo consideraba un tanto desleal e injusto, pues ¿qué tal si el día anterior algún tema estresante surgía y me impedía estar preparada para la prueba?

Sin embargo, los israelitas no recibieron ningún examen sorpresa. Cuando el profeta Amós, pastor y agricultor de Tecoa, llegó a profetizar al pueblo del norte, no traía un mensaje nuevo. Los israelitas vendían a hombres justos, cometían inmoralidades sexuales y se embriagaban en templos de ídolos, pero Dios ya les había advertido que sufrirían por su pecado.

Aún más, Dios primero enumeró sus obras a su favor, como el liberarlos de la esclavitud y guiarlos por el desierto. Luego les reclamó, pues en vez de ser agradecidos y obedientes a sus mandatos, los israelitas se habían alejado de Él de forma espantosa. Así que nada quedaba salvo recibir la consecuencia de sus malas acciones.

Del mismo modo, el Señor no hace nada sin antes advertirnos sobre la paga del pecado, que es llanamente la muerte. Sin embargo, también a través de la boca de sus siervos, prometió un Salvador que es Jesús. ¡Y todo se ha cumplido! Toda la historia de la humanidad ya se ha anunciado en su palabra. Que nada nos sorprenda. Indaguemos en la Escritura y abramos los brazos a su perdón y estemos conscientes del resultado de no aceptar su gracia.

Señor, gracias por todo lo que has hecho por mí;
ahora quiero vivir por ti.

KO

Julio 14

Lectura diaria: Amós 4, 5, 6

Él nos quiere cerca

*Os trastorné como cuando Dios trastornó a Sodoma
y a Gomorra, y fuisteis como tizón escapado del fuego;
mas no os volvisteis a mí, dice Jehová.*
(Amós 4:11, RVR60)

A pesar de ser un objetor de conciencia, Desmond Doss recibió una Medalla de Honor por salvar a setenta y cinco soldados heridos durante la batalla de Okinawa en la Segunda Guerra Mundial. Uno de sus capitanes se disculpó porque cuando lo conoció solo vio a un chico flaco que se rehusaba a tomar un arma. Sin embargo, luego reconoció que ese joven hizo más que muchos para servir a su país.

Según lo que leemos en el libro de Amós, podemos concluir que los israelitas tuvieron una concepción muy pobre y errónea del Dios al que servían. Quizá vieron a alguien débil y por eso se apartaron de Él a pesar de los problemas.

Amós, por lo tanto, describe al Dios verdadero como el que forma montañas y da a conocer sus pensamientos, el que convierte la luz en oscuridad y que creó las estrellas. ¡Ese es el Dios maravilloso que tenemos! ¿Corremos el riesgo de rechazarlo también? ¿Confundimos su amor por debilidad? ¿Nos hemos dejado llevar por lo que no vemos y nos estamos perdiendo del gran privilegio de relacionarnos con el Dios del universo?

En la película que describe la vida de Desmond Doss, el capitán Grover dice: «No se ganan las guerras dando tu vida». Pero se equivoca. La guerra más importante de este universo, una cósmica y de vida o muerte, se ganó en la cruz del Calvario. Ese es el Dios al que seguimos: uno que se entrega y da, uno que ama y perdona. Él merece toda la gloria y el honor.

¡El Señor eres tú!

KO

Julio 15

Lectura diaria: Amós 7, 8, 9

Profeta profesional

Luego, Amasías le ordenó a Amós: —¡Largo de aquí, profeta!
Si quieres ganarte la vida profetizando, vete a Judá.
(Amós 7:12, DHH)

Imagino que Amasías tuvo cierto tipo de entrenamiento. Quizá participó en alguna escuela religiosa en la que los mejores alumnos recibían las mejores comisiones y por lo tanto, terminó a cargo de Betel, uno de los centros más importantes del reino, en el norte de Israel. De hecho, ahí estaba uno de los becerros de oro que Jeroboam había construido.

En contraste con Amasías estaba Amós, un pastor de ovejas que no había estudiado para ser un profeta profesional. Él solo había pretendido cultivar higueras, hasta que Dios lo llamó para ir a profetizar al pueblo de Israel. Así que, cuando Amasías tuvo miedo de perder su puesto por la predicación de Amós, usó sus palabras para intimidarlo. Pero Amós sabía que las palabras de Dios eran más poderosas.

Y por supuesto que nadie quería escuchar las palabras de Amós. Sus mensajes hablaban de juicio y destrucción, castigo y dolor. ¿Quién querría oírlo? Sin embargo, este agricultor también traía un mensaje de esperanza. Un día, dijo Dios, Israel volvería a plantarse firmemente en la tierra después de ser desarraigado.

Quizá tú y yo no somos mensajeras profesionales en el término de estudios y maestrías, sin embargo, no tengamos miedo de hablar las palabras de Dios a los que nos rodean. No se necesita un título para advertir a los demás de los peligros de dejar a Dios. Por lo tanto, invitemos a otros a ser parte del jardín de Dios, donde crecen las uvas, el grano y los higos.

Mi Dios, ¡solo quiero oír y confiar en tu palabra!

YF

Julio 16

Lectura diaria: 2 Reyes 15, 16

Por deferencia

*Por deferencia al rey de Asiria, también quitó una
especie de cubierta que se había construido dentro del
palacio para usar los días de descanso, así como la
entrada exterior del rey al templo del Señor.*
(2 Reyes 16:18, NTV)

Hace algunos años cursé un taller de escritura creativa. Fue mi primera experiencia con expertos en la lengua que no tenían la misma fe que yo. Leímos cuentos impactantes y nos asignaron escribir ciertos textos. Entonces comenzaron los problemas.

Primero, mi tutor me recomendó quitar todo lo que sonara bíblico. Poco a poco empezó a exigir más: no debía mencionar a Dios, tenía que retratar la vida en su dureza y desesperanza, se requería ser más gráfico. ¿Y qué hacía yo? Cumplir, pues no quería decepcionar. Y como Acaz, me equivoqué.

Este rey comenzó mal desde el principio, pues no hizo lo correcto ante Dios. Después, se alió con el rey de Asiria para librarse de otros reyes. Pero a cambio de protección, incurrió en mayores ofensas contra Dios. Le gustó tanto un altar pagano que ordenó que el sacerdote en turno construyera uno igual. Más tarde redecoró el templo de Dios y la Biblia nos indica que lo hizo por deferencia al rey asirio.

Deferencia significa mostrar respeto y cortesía a otros. Pero, en este caso, tanto el rey Acaz como yo dimos tanta importancia a la opinión de simples seres humanos, que quitamos del altar al Dios que merece nuestros corazones. Tengamos cuidado. Sutilmente podemos empezar a renovar lo que Dios ya ha establecido y perder el rumbo. Que no nos pase. La única deferencia la merece Jesús, el Salvador de nuestras almas.

Señor, quiero ser fiel solo a ti.

KO

JULIO 17

Lectura diaria: 2 Reyes 17, 18

SIGUE LA VERDAD

*Entonces el rey de Asiria ordenó: «Lleven de vuelta
a alguno de los sacerdotes que trajeron de allá, y déjenlo
vivir allí, para que les enseñe la ley del Dios del país».*
(2 Reyes 17:2, RVC)

Hace poco salió en las noticias una nota sobre 47 personas que murieron por inanición en Kenia, engañados por su pastor. Les había dicho que se pusieran en ayuno porque se encontrarían con Jesús. Adivinen qué: ese líder no ayunó y no se murió.

Todos sabemos de la existencia de sectas falsas.. Existen varias señales para identificarlas. Una es que niegan uno o más de los fundamentos de la verdad bíblica, especialmente en cuanto a la salvación. Otra es que añaden alguna doctrina que no tiene bases bíblicas. Existen también casos de sincretismo, que combinan creencias cristianas con tradiciones paganas.

Cuando Dios castigó a Israel por su idolatría, que incluía sacrificios humanos, los asirios los conquistaron y los llevaron cautivos. El reino fue repoblado por personas de naciones paganas, pero Dios les envió leones que mataron a la gente. Aun esos paganos reconocieron que era porque no conocían la ley del Dios de la tierra. Sorprendentemente, el rey de Asiria ¡envió un sacerdote hebreo para enseñarles esa ley! Tristemente, combinaron las nuevas enseñanzas con sus costumbres antiguas (vv. 33-34) y por eso los judíos aborrecían a los de Samaria, que pertenecía a Israel.

Si no estás segura de alguna enseñanza, estudia las Escrituras y asesórate con personas que tengan conocimiento bíblico. No te guíes por las emociones ni por maestros con gran magnetismo. Procura seguir la verdad y no ser engañada por doctrinas falsas. ¡Dios es un Dios de verdad!

Abre mis ojos, Señor, para comprender tu palabra y seguirla siempre.

MH

Julio 18

Oprime el botón

*Vuelve y di a Ezequías, príncipe de mi pueblo: «Así dice
el Señor, Dios de tu padre David: he escuchado
tu oración y he visto tus lágrimas; he aquí, te sanaré.
Al tercer día subirás a la casa del Señor».*
(2 Reyes 20:5, LBLA)

Cuando cuidé a mi esposo después de una cirugía, la enfermera
nos mostró un botón que comunicaba a la central de enfermería,
me dijo que lo oprimiera si necesitaba algo. El suero se acabó y
oprimí el botón. Inmediatamente respondieron y enviaron a alguien. Me tranquilizó saber que siempre escuchan y responden.

Algo semejante pasa con nuestro Dios: Él siempre escucha y
siempre responde a nuestras oraciones. Cuando el profeta Isaías
comunicó a Ezequías que iba a morir, Ezequías empezó a llorar
y a clamar por su vida. Antes de que Isaías saliera hasta la mitad
del patio, Dios ya había respondido.

Seguramente Dios tuvo en cuenta la integridad del corazón de
este siervo y consideró su vida recta. El Padre hizo lo que le
pidió: decidió sanarlo y añadir a su vida otros quince años más.
Saber que Dios ve nuestras lágrimas y escucha nuestras oraciones nos brinda confianza y paz.

A veces la respuesta tardará más de lo que nos gustaría. Otras,
no nos responderá de la manera en la que quisiéramos, pero todas las cosas obran para el bien de quienes aman a Dios y le
sirven como Ezequías: con íntegro corazón. Charles Spurgeon
dijo: «Nuestras necesidades son tan profundas que no debemos
cesar de orar hasta que estemos en el cielo». Así que cuando lo
necesites, oprime el botón de la oración. Siempre funciona.

Gracias, Dios, porque siempre me escuchas.

MG

Julio 19

PALABRA INVALUABLE

*Como te has conmovido y humillado ante el Señor al escuchar lo
que he anunciado contra este lugar y sus habitantes, que serían
asolados y malditos; y, como te has rasgado las vestiduras y has
llorado en mi presencia, yo te he escuchado. Yo, el Señor, lo afirmo.*
(2 Reyes 22:19, NVI)

Un hombre compró un bonito armario por 49 dólares. Quiso
hacerle algunas reparaciones, así que lo puso en su taller. Al ir
limpiando y reparando, después de tres semanas, encontró un
pequeño cajón oculto con un joyero. Con sorpresa, encontró
adornos de baquelita de Sarah Coventry y piezas de vidrio Hei-
senberg. Luego vio un anillo de diamantes de cuatro quilates,
valorado en 25 mil dólares.

En los tiempos caóticos de los reyes, vemos a Josías de ocho años
ocupar el trono de David con un corazón firme para adorar al
Dios de Israel. Cuando hubo consolidado su reino, decidió abrir
la casa del Señor y restablecer el culto a Jehová. Así que encargó al sacerdote Hilquías las reparaciones del templo. Al hacerlo,
Hilquías encontró un tesoro: ¡la ley de Dios!

Al hallar el rollo de la Ley y saber su contenido, Josías consideró
la Palabra de Jehová digna de obedecerla, se humilló ante el Señor e instó a su pueblo a hacer lo mismo. ¡Y el Señor lo escuchó!
A partir de entonces, Josías recibió grandes bendiciones.

Si bien el hombre de la historia recibió un tesoro millonario pa-
gando 49 dólares, tú y yo tenemos algo más preciado que los
diamantes, en el libro titulado Santa Biblia que seguramente está
en tu mesita de noche o tu estante. ¿Qué tan valiosa es para nosotras? De nuestro amor y obediencia hacia ella depende nuestra
bendición. ¡Qué lleguemos a amarla con todo el corazón!

¡Oh, cuánto amo yo tu ley! Todo el día es ella mi meditación.

YF

Julio 20

Constructoras

*Quemó por completo el templo del Señor, el palacio real
y todas las casas de Jerusalén. Destruyó todos
los edificios importantes de la ciudad.*

(2 Reyes 25:,(NTV)

Mi hijo llevaba jugando más de una hora con sus Legos. En ese entonces tenía cuatro años y armaba pequeñas ciudades. De repente su hermanita, dos años menor y feliz por dar sus primeros pasos, pasó por la ciudad encantada y la desbarató. Jamás olvidaré el enojo y la impotencia en el rostro de mi hijo.

Me alegra que Salomón no haya vivido durante ese fatídico año de 586 a.C. cuando los soldados babilonios hicieron pedazos las columnas y quemaron por completo el templo del Señor. Sin embargo, no puedo olvidar que él también tuvo un poco de culpa en que esto sucediera. Salomón se desvió del culto del Señor durante su vejez y sus descendientes imitaron sus pasos.

Aunque algunos vivieron en fidelidad como David, no se deshicieron por completo de todo rastro de idolatría y esta aumentó cada vez más. Dios les advirtió de las consecuencias, pero no hicieron caso. Y así, el 14 de agosto del año diecinueve del reinado de Nabucodonosor, el hermoso templo terminó en cenizas, lo que trajo llanto y dolor.

Si bien el enemigo se dedica a arruinar, Dios edifica y da vida. ¿A quién nos parecemos? No seamos como mi hija que, queriéndolo o no, desbarató el trabajo de su hermano. Tampoco permitamos que nuestras malas decisiones traigan la ruina de las futuras generaciones. Busquemos siempre poner la siguiente piedra en el edificio con ayuda del arquitecto divino. Seamos constructoras de nuestro hogar.

Señor, quiero construir y no echar abajo.

KO

Julio 21

El último que se ríe

*Se levantan los reyes de la tierra, y los gobernantes
traman unidos contra el Señor y contra su Ungido.*
(Salmos 2:2, NBLA)

¿Te suena familiar el nombre de Diocleciano? Se trata de un emperador romano que reinó desde 284 hasta 305 d.C. Persiguió a la iglesia cristiana sin piedad y llegó al punto de declarar que había derrotado al cristianismo. De hecho, ordenó hacer una medalla con la inscripción: «El nombre del cristianismo se extingue».

También mandó erigir monumentos en su honor que declaraban que había abolido la superstición de Cristo en todas partes, por haber extendido el culto a los dioses. Sin duda conocemos otros gobiernos que se han propuesto borrar esta fe de la faz de la tierra, pero ¡los que han desaparecido son ellos!

Este salmo profético, escrito por el rey David, visualiza a «los reyes de la tierra» tramando contra Dios y «su Ungido», el Mesías (Salmo 2:2, NBLA). El Señor incluso revela en este texto la naturaleza de Jesús como su Hijo. ¿Y la reacción de Jehová ante esos ataques? «Se ríe… se burla de ellos» (v. 4). Él sabe quién vencerá al final y le dice a Su Hijo: «Te daré las naciones como herencia Tuya y como posesión Tuya los confines de la tierra» (v. 8).

Quizás te sientas desanimada por las personas que se burlan de tu fe. Tal vez te entristece ver cuánto se atacan los valores cristianos en todas partes. En ocasiones nos puede parecer que estamos del lado de «los perdedores». Pero Dios es eterno, soberano y poderoso. Sabemos que Él es el ganador al final y si estamos de su lado, ¡también somos vencedoras!

Me aferro a ti, Señor, aunque otros se burlen de ti.

MH

Julio 22

Lectura diaria: Salmo 33, 43, 66

¿Perfección o integridad?

Alegraos, oh justos, en Jehová;
en los íntegros es hermosa la alabanza.
(Salmos 33:1, RVR60)

En las plataformas digitales podemos encontrar videos de los mejores coros del mundo interpretando obras maestras como *El Mesías* de Federico Handel o *Cristo en el monte de los olivos* de Ludwig van Beethoven acompañados por excelentes orquestas. También se ha hecho viral el coro de niños nigerianos cantando alabanzas a Dios a capela.

Sin embargo, leemos que la hermosura de la alabanza radica en el corazón de quienes la entonan. A algunos de nosotros quizá nos tranquiliza que Dios no se fija en la afinación, sino en lo que nadie ve: el corazón. ¿Y qué encuentra Dios cuando nos escucha adorar? ¿Preocupación por cómo lucimos o cómo saldremos en el video? ¿Pensamientos egoístas y de orgullo?

Los salmos animan al adorador a hacerlo bien, con el entendimiento y con alegría. También nos invitan a alabarle con instrumentos y cantarle cantos nuevos. Sin embargo, podemos enunciar las palabras, pero ¿las creemos? ¿Obedecemos los mandatos del Señor? ¡Qué gran privilegio tenemos por poder acercarnos a Dios con nuestros cantos!

Si participas en algún coro o grupo de alabanza, da lo mejor de ti pero también preséntate con un examen personal del porqué lo haces. Como leemos: «¡Qué alegría para la nación cuyo Dios es el Señor!» (Salmos 33:12, NTV). ¿Te imaginas cómo será nuestra adoración allá en el cielo? Gracias a Dios porque cada vez que nos reunimos como iglesia podemos saborear una probadita de lo que algún día será el estar en su presencia.

Ayúdame a presentarme ante ti aprobada, sin nada
de qué avergonzarme.

MG

Julio 23

Lectura diaria: Salmos 67, 71

Un corazón misionero

*Que se conozcan todos tus caminos en toda la tierra
y tu poder salvador entre los pueblos por todas partes.*
(Salmos 67:2, NTV)

Cuando mi familia y yo llegamos a una nueva ciudad comenzamos a buscar un lugar de reunión. Como no conocemos a nadie, visitamos diversas congregaciones con gran expectativa. Sin embargo, aprendí algo muy importante. La música no era un gran referente, pues en la mayoría se entonaban las mismas canciones, incluso con los mismos instrumentos y ritmos.

Tampoco me dejé deslumbrar por los edificios y sus comodidades o falta de ellas. Realmente no se trata de eso. ¿La predicación? Obviamente ese punto nos motivaba a indagar con cuidado en la doctrina y las propuestas desde el púlpito. Sin embargo, una iglesia nos cautivó desde el principio por una sencilla razón: su visión por las misiones.

Desde el primer encuentro, comprendimos que esta iglesia toma muy en serio el deseo de Dios de que todas las naciones lo conozcan y alaben. A pesar de ser una iglesia pequeña en números, sostiene a misioneros locales en el estado, el país y en el extranjero. Sueñan con ver que el mundo entero cante de alegría por amor a Dios y se deje guiar por el Dios del universo.

¿Latimos con el mismo corazón que el salmista expresa en el salmo 67? ¿Oramos porque todos los pueblos conozcan los caminos de Dios y su poder salvador? ¿Usamos nuestros recursos para que la Palabra de Dios llegue a todas las etnias? ¿Ofrendamos para sostener a quienes han ido hasta el fin del mundo para predicar el Evangelio? Tengamos un corazón misionero.

Señor, que te alaben todos los pueblos.

KO

Julio 24

Florecer en la vejez

Aun en su vejez, darán fruto; siempre estarán vigorosos y lozanos.
(Salmos 92:14, NVI)

El peral de Endecott, en Massachusetts, tiene cuatrocientos años y todavía da fruto. ¿Lo puedes creer? Cuando pensamos en el reino vegetal y la brevedad de la vida, nos imaginamos una flor que se marchita con rapidez. Pero si queremos encontrar ejemplos de longevidad, solo tenemos que mirar a los árboles.

Por esa razón, el salmista piensa en palmeras y cedros en el Salmo 92 y los compara con los justos. «Aun en su vejez», nos dice, «darán fruto; siempre están vigorosos y lozanos» (Sal. 92:14, NVI). ¿Sabías que las palmeras viven entre 350 y 500 años? Los cedros, por su parte, pueden vivir ¡hasta tres mil años! Y en lugar de lucir viejos y decaídos, lucen firmes y frondosos.

Sin embargo, notemos la condición para florecer aun en la vejez: «Plantados en la casa del Señor, florecen en los atrios de nuestro Dios» (v. 13, NVI). La clave está en las raíces. Cuando son sanas y profundas, los árboles logran sobreponerse a las inclemencias del clima y las plagas. Por el contrario, unas raíces enfermas, terminarán pronto con la vida.

Cuando nuestra raíz es Dios, cuando vivimos en su presencia, logramos crecer y florecer incluso en los años dorados. Pero que no se nos olvide la razón por la que crecemos, nos fortalecemos y damos fruto: para proclamar que el Señor es justo y en Él no hay injusticia. Seamos árboles con raíces arraigadas en la roca que es Cristo y aun cuando las canas pinten nuestro cabello, ¡demos fruto!

Señor, quiero florecer para ti.

KO

Julio 25

Lectura diaria: Salmos 93, 94, 95

No puede ser sacudido

Ciertamente el Señor se viste de majestad y está armado con fuerza. El mundo permanece firme y no puede ser sacudido.
(Salmo 93:1, NTV)

Cada año leemos sobre lugares que sufren la destrucción de huracanes, terremotos y tornados. Algunos incluso no han salido de un peligro cuando ya están enfrentando otro. Supongo que podríamos llegar a pensar que el mundo tarde o temprano quedará en ruinas y terminará destruido. Y según la Biblia, ¡así será!

Sin embargo, el salmo de hoy nos recuerda que hay cosas eternas e inmutables, es decir, que no cambian ni se alteran. Primeramente, el trono del Señor y Dios mismo existen desde el pasado eterno. El pasado y el futuro son eternos. Desconocemos el principio de la existencia de Dios y jamás podremos pensar en su final, ¡pues no es posible! Dios fue, es y será.

Segundo, el versículo 5 nos recuerda que las leyes soberanas del Señor no pueden modificarse. Muchos estatutos constitucionales se alteran o tergiversan, quizá incluso sean anticuados y deban modernizarse. Los mandatos bíblicos, por el contrario, poseen el mismo sello de eternidad que el Dios que los dictaminó. Recordemos esta verdad: los principios bíblicos no pasan de moda ni se alteran.

Finalmente, el reino del Señor es santo por siempre y para siempre. Nada manchará ni teñirá de pecado su presencia. ¿Qué nos produce saber todo esto? Mientras Dios esté al mando y siempre lo estará, el mundo permanecerá firme y no podrá ser sacudido. Quizá tengamos cielos nuevos y tierra nueva, pero Dios, su palabra y sus hijos hemos sido sellados con eternidad. ¡Qué alegría!

Te alabo, Padre, porque tú eres más poderoso que cualquier fuerza terrenal.

KO

Julio 26

Lectura diaria: Salmo 96, 97, 98

Él reina

Jehová reina; regocíjese la tierra, alégrense las muchas costas.
(Salmos 97:1, RVR60)

Jaime Murrel, un cantautor panameño de música evangélica, lanzó en 1994 una de sus interpretaciones más populares: «Cristo Reina». La parte del coro dice: *Cristo reina sentado en los cielos, Cristo reina firme en su trono, Cristo reina, alégrate Sión, Cristo reina en mi corazón.* Estas palabras afirman nuestra convicción de que Él está sentado en el trono y tiene el control de todo lo que sucede.

Después de escuchar cualquier noticiero o leer algún periódico, nos sobrecoge la realidad en la que vivimos: hay maldad en el mundo, guerras, pandemias y violencia. Cuando los niños llegan a escuchar todo esto, pueden sentirse temerosos hasta de una invasión extraterrestre. Es muy importante tener presente en todo momento que Dios reina. Él es el Rey, está sentado en el trono y su reinado es firme y eterno.

Nada se le escapa de las manos. Él nunca tiene un plan «B» porque su plan es único y perfecto. Suyos son el poder y la sabiduría. Jesús mismo dijo que no tengamos temor, que Él tiene contados hasta los cabellos de nuestra cabeza. Lo más importante es que Dios reine en nuestro corazón y reine en nuestra vida entera.

Antes de escuchar el noticiero matutino es mejor escucharle a Él. Este tiempo devocional es muy importante porque llenamos nuestra mente de su palabra, de sus palabras de amor y sus promesas, que nos empapan de esperanza y nos renuevan para iniciar un nuevo día. Repítelo y hasta cántalo con Jaime Murrell: ¡Cristo Reina!

Dios, tú eres el rey.

MG

Julio 27

Disfrutar su presencia

¡Reconozcan que el Señor es Dios! Él nos hizo,
y le pertenecemos; somos su pueblo, ovejas de su prado.
(Salmos 100:3, NTV)

Hace más de cincuenta años, Malcolm Muggeridge advirtió sobre los peligros de la televisión. Este medio de diversión apenas comenzaba y él había sido parte de las noticias y el entretenimiento, pero al ir a Cristo comprendió que todo lo que aparecía en la pantalla era mera fantasía.

De primera mano experimentó cómo las noticias maquillaban, diluían o exageraban la verdad a conveniencia de los productores y dueños. También comprendió que incluso la llamada «televisión de realidad» no presentaba las cosas tal como eran. Ni siquiera los programas religiosos se escapaban del problema principal: crear algo no verdadero. ¿A qué invitó a quienes lo escucharon? A buscar el reino de Dios en la creación y el prójimo.

El Salmo 100 nos invita a lo mismo. Nos llama a venir ante Dios con gozo y a reconocer que le pertenecemos. Nos insta a entrar por las puertas de la presencia del Señor con acción de gracias. Nos recuerda también que Dios es lo más real que puede existir, siempre bueno, amoroso y fiel.

Hoy seguimos inundados por la fantasía de las redes sociales y el Internet. Lo que vemos en fotos e historias, publicaciones y pantallas no representa la verdad en todo su esplendor. En pocas palabras, debemos reconocer que mucho de lo que vemos se ha manipulado. La verdad, sin embargo, nos dice que tenemos un Dios maravilloso, sabio y perfecto. Acerquémonos con alegría, pensando que somos bendecidos de tenerle y de disfrutar de lo que Él es.

Señor, soy bendecida con tu presencia en mi vida.
¡Te lo digo con alegría!

KO

Julio 28

Coloridas y hermosas

Que todo lo que soy alabe al Señor. ¡Oh, Señor mi Dios,
eres grandioso! Te has vestido de honor y majestad.
(Salmos 104:1, NTV)

Cielos. Nubes. Vientos. Montes. Aguas. Valles. Arroyos. Asnos. Aves. Heno. Hierba. Vino. Aceite. Savia. Cedros. Hayas. Cigüeñas. Cabras. Peñas. Conejos. Luna. Sol. Leones. Estos son solo algunos ejemplos de «todas las cosas coloridas y hermosas», como dice el hermoso himno anglicano compuesto por Cecil Frances Alexander, que enlista el salmo 104.

De hecho, la señorita Cecil Alexander publicó un himnario para niños e incluyó esta canción. ¿Se inspiró en su bella Escocia? ¿Trajo a su mente este salmo o algún otro poema? Lo cierto es que la letra del himno nos enseña que Dios hizo a todas las criaturas grandes y pequeñas, todas las cosas sabias y maravillosas. Cada pequeña flor y ave, al rico y al pobre, el frío y el calor, todo lo hizo Dios.

Y no solo lo creó, sino que sostiene a su creación. Todas las criaturas esperan en Dios y Él no les falla pues les da su comida a su tiempo. Además hace que se sacien de bien y, cuando también Dios lo desea, les quita el hálito de la vida y vuelven al polvo. Estos pensamientos nos conmueven, pero también nos deben llevar a la reverencia.

Por eso, como el salmista, podemos bendecir a Dios. Al contemplar su hermosa creación podemos darle la gloria al Creador y alegrarnos en sus obras. Y, como dice el final del salmo, alabémosle hasta el último suspiro y que nuestros pensamientos le agraden, pues nos alegramos en Él. Sí, «que todo lo que soy alabe al Señor».

Señor, cantaré salmos mientras viva.

KO

Julio 29

ÉXITO DEL BUENO

Sus hijos tendrán éxito en todas partes;
toda una generación de justos será bendecida.
(Salmo 112:2, NTV)

En mayo de 2023 falleció Timothy Keller, reconocido autor y pastor en la ciudad de Nueva York. No solo el mundo cristiano lamentó su partida; también era muy respetado en el mundo secular. Hasta la compañía Google lo invitó a dar una conferencia ante un público mixto, con tiempo de preguntas y respuestas.

Cuando Tim Keller quiso iniciar una iglesia en la gran urbe, muchos trataron de desanimarlo. Era un lugar donde había mucha gente joven, que solo se interesaba en salir adelante y hacerse ricos. Según otros pastores, no había interés en los asuntos espirituales. Aun así, Keller estaba seguro de que sí había necesidad y procuró alcanzar a ese público difícil; con el tiempo su iglesia llegó a ser de las más grandes de Nueva York. Su éxito nació de su fe y su forma de comunicar esa fe de una forma relevante en el mundo moderno.

El éxito verdadero no se trata de tener muchos bienes materiales. Si reflejamos a Cristo de una forma fidedigna, el mundo tiene que verlo. Influirá en nuestros hijos y en «toda una generación de justos» (Salmo 112:2, NTV). En vez de centrarse en la gratificación propia, el éxito bíblico se define en términos espirituales, pues depende de obedecer a Dios y tiene consecuencias eternas.

Ignoro si la familia Keller es rica, pero lo cierto es que su vida tocó la de muchas personas a través de su predicación y los libros que escribió. Seamos fieles al Señor y veremos fruto en nuestra familia y más allá.

Te pido, Señor, por mis hijos y mis hijos espirituales. Que tu bendición
se refleje en sus vidas.

MH

Julio 30

Una alabanza continua

*Desde la salida del sol hasta su ocaso,
sea alabado el nombre del Señor.*
(Salmos 113:3, NVI)

El Salmo 113 pertenece al Hallel, que son salmos que conmemoran la liberación de Israel de Egipto. Los salmos del Hallel egipcio se cantaban como parte de la ceremonia de la Pascua. El 113 se cantaba antes de la comida y muy probablemente Jesús lo entonó junto con sus discípulos en la última cena.

Jesús sabía muy bien que al mismo tiempo que anochecía, su vida en la tierra estaba llegando a su ocaso también. Y a la par que entonaba estas palabras del verso 3, alabó el nombre de Dios sabiendo que ofrecería su propia vida hasta extinguirse como la luz en la oscuridad de la noche. Él obedeció por amor a ti y a todo aquel que en Él cree. Al tercer día junto con el alba, resucitó y como resurge el sol cuando amanece, su luz brilló con toda su fuerza.

Él es la luz del mundo, digno de recibir la alabanza cada día y durante todos los días. Si todo lo que hacemos lo hacemos como para Él, nuestra vida será un grato sacrificio de alabanza, desde el inicio hasta el fin del día. Que cada segundo y cada hora sean para Él. Y si morimos, será para estar con Él, que según palabras de Pablo, es ganancia.

Nos toca compartir esa luz y dejarla brillar en nuestra vida. No la escondas, déjala brillar por la mañana mientras eres joven; y en el atardecer de nuestras vidas o en el ocaso de nuestra existencia, ¡sea alabado el nombre del Señor!

Con mis labios y mi vida te alabo, bendito Señor.

MG

Julio 31

Lectura diaria: Salmos 116, 117, 118

Tener compasión

El Señor es compasivo y justo; nuestro Dios es todo ternura.
(Salmo 116:5, NVI)

Nuestro lugar de reunión ha sido objeto de varios robos. Hace unos años, hurtaron nuestro equipo de sonido, el teclado y todo lo valioso. Se llevaron instrumentos musicales que después encontramos a la venta en internet. Uno de los jóvenes compró su guitarra dos veces. A mi hermosa mandolina, cavada en una sola pieza de madera, nunca la volví a ver.

Este mes se han metido dos veces para robar nuevamente. La primera vez se llevaron mesas, el equipo de sonido y el teclado. Yo estaba tan enojada que oraba por justicia, dispuesta a encontrar a los malvados para darles su merecido. Con el segundo robo, la noticia me devastó. Se llevaron las cosas de la cocina que nuestra reunión femenil había comprado con esfuerzo, más todas las sillas.

Me sentía humillada y pensaba en esos malvados burlándose de nosotros cada vez que pasaban por nuestra calle. Pero orando con frustración, el Señor me dijo: «Son cosas, y son mías. No te corresponde vengarte». Una hermana me dijo: «¿Has orado para que sean salvos? No queremos que se vayan al infierno solo por habernos robado». Eso me desarmó. ¡No quiero que nadie vaya al infierno!

Y Dios tampoco. Muchas veces queremos a Dios airado con quienes nosotros estamos airados. Pero Él es compasivo y clemente y está dispuesto a perdonar a los que se arrepienten. ¿Alguna vez has estado airada con alguien que quisieras que Dios castigara duramente? ¿Has orado por esa persona? Que Dios nos ayude a tener compasión.

Señor, perdona mi ira y tenme compasión.

YF

Agosto 1

Lectura diaria: Salmos 119: 1-88

El tema de mis canciones

Tus decretos han sido el tema de mis canciones
en todos los lugares donde he vivido.
(Salmos 119:54, NTV)

Irving Berlin publicó cerca de 1 500 canciones, entre ellas las conocidas *God Bless America* y *Blanca Navidad*. Sin embargo, Paul McCartney ha tenido 91 canciones en el top 10 y 33 de estas en el número 1. Sin embargo, alguien les gana y por mucho: Fanny Crosby, una mujer que perdió la vista y compuso más de 8 000 himnos. Entre ellos, están *A Dios sea la gloria; Avívanos, Señor; Mi mano ten, Señor; Salvo en los fuertes brazos; Un poco más Jesús vendrá* y *Grata certeza*.

Fanny quedó ciega a las seis semanas de nacida. A pesar de su ceguera, no se consideró en desventaja. De hecho, escribió: «Oh, qué alma tan feliz yo soy aunque no pueda ver, decidida estoy que aquí yo contenta estaré». Cuando Fanny comprendió que cualquier talento que uno tiene pertenece a Dios, entendió también que debía dedicar a Dios sus poesías.

Y a Fanny no le faltaron motivos para escribir canciones. Como dice el salmo de hoy, la Palabra de Dios le proporcionó temas incontables para cada poema y composición. Fanny memorizó grandes porciones de las escrituras y estas surgieron en cada himno que plasmó con la pluma.

¿Cuál es el tema de tus canciones? ¿Cantas sobre el despecho y el amor no correspondido? ¿Llenas tu mente y tus oídos con canciones que no glorifican a Dios? Que el tema de lo que entonas gire alrededor de Dios y sus palabras. ¡Nunca te faltarán motivos para cantar!

Señor, a ti dedico mi canto.

KO

Agosto 2

Lectura diaria: Salmo 119: 89-176

Llena tu mente de Dios

¡Cuánto amo yo tu ley! Todo el día medito en ella.
(Salmos 119:97, NVI).

«Vacía tu mente. Repite este mantra». Los que enseñan la meditación en las religiones orientales o la Nueva Era, tienden a hacer este tipo de declaraciones. Se promueve la pasividad mental, a menudo para sentir la unión metafísica con alguna fuerza superior. Se enseña la separación del mundo material y un viaje al interior para descubrir «el centro de tu ser».

Los cristianos pueden sentir rechazo al término de la meditación por relacionarlo con estas prácticas, pero la meditación bíblica es una disciplina espiritual importante. En vez de vaciar la mente, se trata de llenarla con reflexiones sobre Dios y su palabra. Podemos compararlo con poner una bolsa de té (la palabra) en una taza de agua caliente (nuestra mente y corazón) y dejar que el sabor se impregne. Eso es meditar.

Solo en este pasaje, tenemos varias menciones del concepto. El salmista declara que medita sobre la Ley de Dios todo el día y concluye que el discernimiento que tiene y que supera al de sus maestros, proviene de meditar los mandatos divinos. También dice: «En toda la noche no pego los ojos, para meditar en tu promesa» (Salmos 119:148, NVI). Haríamos bien en imitarlo.

Tomemos tiempo para pensar profundamente en las enseñanzas de Dios, en sus obras y en Él mismo. Deleitémonos en Él. Si combinamos la meditación bíblica con la memorización y la oración, ¡cuánto mejor! Esta práctica nos ayudará a adorar a Dios, orar según su voluntad y acercarnos cada vez más a Él.

Mi Dios, ¡anhelo centrarme en ti y en tu Palabra!

MH

Agosto 3

Cuidado total

No dará tu pie al resbaladero, ni se dormirá el que te guarda.
(Salmos 121:3, RVR60)

Mónica está muy contenta por haber inscrito a su pequeña hija en un preescolar en el que hay cámaras, que permiten que las madres puedan observar en todo momento lo que está sucediendo en el salón de sus hijos, mediante una aplicación en su celular. Mónica siempre está pendiente de su pequeña; se alegra cuando la ve feliz y se da cuenta cuando llora porque se siente sola.

Algo semejante ocurre con Dios. Nos ama tanto que todo el tiempo está pendiente de nosotros. Él no se distrae ni parpadea. No nos mira desde un remoto lugar por medio de algún dispositivo; Dios es omnipresente y tiene el poder no solo de vernos sino de estar con nosotros e intervenir a nuestro favor cuando es necesario. Puede sanarnos, librarnos de cualquier mal, consolarnos y acompañarnos.

La palabra hebrea *shamar*, traducida como guarda y preserva, se usa seis veces en el salmo 121. El tema del capítulo es que Dios vela por su pueblo como un centinela que nunca se ve sobrepasado por el sueño. Sus vigilantes ojos siempre nos mirarán con atención y con amor, ya sea en un día soleado o cuando el horizonte se torna oscuro.

El gran misionero David Livingstone leyó este salmo junto con su padre y su hermana antes de partir hacia África en 1840. Encontró en esta porción la seguridad que necesitaba al saber que Dios gobierna de manera soberana. Como Livingstone, encontremos aliento ante nuestros difíciles retos: Dios te ve y siempre está contigo. Siempre.

Gracias, Dios, porque tú siempre estás y siempre me cuidas.

MG

Agosto 4

Lectura diaria: Salmos 123, 124, 125

En el camino

*Como rodean los montes a Jerusalén, así rodea
el Señor a su pueblo, desde ahora y para siempre.*
(Salmos 125:2).

De reojo vi que una camioneta se aproximaba, pero supuse que se detendría para respetar el señalamiento, así que avancé. El grito de mi esposo hizo que pisara el freno y que no colisionáramos con la camioneta que más bien aceleró y pasó volando frente a nosotros. Me quedé sacudida, luego agradecí a Dios sus misericordias. Nos había salvado de un terrible accidente.

Los israelitas que dejaban sus aldeas tres veces al año para subir a la capital y celebrar las fiestas seguramente también enfrentaban muchos peligros como asaltantes, accidentes y enfermedades. Pero contaban con unos cánticos especiales para el recorrido. Se los conoce como los cánticos para los peregrinos que suben a Jerusalén.

En el salmo 123 claman por misericordia. En el canto del salmo 124 concluyen que si el Señor no hubiera estado de su lado ya habrían sido destruidos. Luego ven a Jerusalén a lo lejos y perciben que los montes alrededor protegen la ciudad. Por lo tanto, declaran que los que confían en el Señor están seguros. Dios es ese monte que cubre y protege a su pueblo.

Probablemente, como yo, puedes recordar una o más ocasiones en que Dios te ha librado de un conductor imprudente, una tormenta o una enfermedad que pudo haberse complicado. Si bien en el camino hay muchas oportunidades de percances, tenemos un Dios que nos lleva con bien. Por lo tanto, no haríamos mal en entonar cantos que hablen de su misericordia y favor antes, durante y al finalizar nuestros trayectos, ¿no crees?

Gracias, Dios, por tu protección y cuidado.

KO

Agosto 5

Lectura diaria: Salmos 127, 128, 129

El lugar de la magia

Esa es la bendición del Señor, para los que le temen.
(Salmos 128:4, NTV)

¿Piensas que el hogar es un lugar aburrido? Se nos ha hecho creer que dentro de la casa solo hay rutinas. Afuera, nos dicen, están la acción y la variedad. ¿Pero es eso correcto? G. K. Chesterton dice que no, pues concluye que el hogar «es el único sitio donde se respira libertad».

Por ejemplo, en un restaurante no puedes comer en el suelo, pero en tu casa sí. En un hotel no puedes cambiar la cama de lugar, pero en tu recámara sí. En el cine no te quitas los zapatos para ver la película, en tu sala sí. En el hogar «podemos poner la alfombra en el techo y las tejas en el suelo», si así queremos.

El hogar es un lugar protegido, el sitio de regalos y recompensas, la mesa con frutos alrededor y la fuente de bendición, según los Salmos 127 y 128. En otras palabras, ¡la vida es una aventura! Y parte de la aventura consiste en meterse en ambientes incómodos y que no esperamos —y si no lo crees, recuerda cualquier historia de acción.

Del mismo modo, no elegimos a nuestros padres ni hermanos. No pronosticamos cómo será la personalidad de nuestros hijos. En el hogar se darán situaciones limitantes y no muy gratas, pero estas otorgan la diversidad y emoción que tanto ansiamos. La familia es el lugar donde ocurre la magia más pura y hermosa, pues ahí crecemos juntos, como vides y olivos. La familia, en resumen, es una bendición.

Señor, concédeme vivir para disfrutar a mis nietos y bisnietos.

KO

Agosto 6

Lectura diaria: Salmos 130, 131, 132

En el regazo de Dios

He calmado y aquietado mis ansias. Soy como un
niño recién amamantado en el regazo de su madre.
¡Mi alma es como un niño recién amamantado!
(Salmo 131:2, NVI).

Por milenios, la lactancia materna era la única manera de alimentar a los bebés, excepto en casos de emergencia. Las mamás que han dado pecho a sus hijos saben bien que es mucho más que nutrición pues fortalece el vínculo materno-infantil y ofrece importantes defensas inmunes.

Sin embargo, llega el momento en que el niño es destetado, es decir, ya no depende de la leche materna para su alimentación. Comienza a comer sólidos y beber de otras fuentes. Al parecer, el destete en tiempos bíblicos culminaba a los tres años y este gran evento se celebraba en familia. El niño entonces podía estar en el seno de su madre sin armar una rabieta exigiendo alimentos. ¿Has notado que a veces los bebés no tienen hambre y solo buscan el calor del seno materno?

En este salmo, David usa la palabra niño y no bebé. Ya no era un pequeño que deseaba solucionar cualquier situación cambiando las circunstancias. De hecho, buscaba ser humilde por sobre todas las cosas. Y en esa humildad, ese no interesarse en cosas demasiado grandes o impresionar a los demás, lograba sentarse en el regazo de Dios con un alma quieta y confiada.

David sabía quién era el Dios al que servía. Comprendía que sin importar lo que lo rodeara, Dios, en su soberanía, ordenaría las cosas. Tenía la calma que tranquiliza a cualquier niño después de saciarse y sentir los brazos de su madre alrededor. ¿Tienes hambre de Dios? ¿Sientes alguna angustia? Acude al regazo de Dios y confía en Él.

Descanso tranquila en tu regazo, Señor.

MH

Agosto 7

Lectura diaria: Salmos 133, 134, 135

Comunión refrescante

Como el rocío de Hermón, que desciende sobre los montes de Sion;
porque allí envía Jehová bendición, y vida eterna.
(Salmo 133:3, RVR60)

Actualmente, debido al calentamiento global, los incendios forestales alcanzan a devastar comunidades enteras. Las altas temperaturas secan la hierba. Cualquier pedazo de vidrio funciona como lupa iniciando la combustión y esta se propaga con el viento. En Australia, Hawaii, Grecia y otros lugares cientos de personas y animales han perdido la vida. Grandes desastres iniciaron solo con una chispa en la hierba seca.

El rocío que cubre al monte Hermón es muy copioso. Maundrell dice que «con este rocío, incluso en clima seco, las tiendas solían estar tan mojadas como si hubiera llovido toda la noche». Este rocío refresca la tierra y aviva la vegetación, algo contrastante con el desierto que se encuentra en otras partes de Israel. Este rocío es sin duda algo que trae bendición y vida.

Así es la comunión entre los hermanos que compartimos una misma fe: refrescante como ese rocío que cae suavemente sobre el espíritu y nos ayuda a revivir las fuerzas. La unidad en el cuerpo de Cristo es saludable y nos trae bendición. Tal vez no estemos familiarizadas con la frescura vivificante del monte Hermón, pero sí con la de un vaso de agua fresca o una soda fría en medio del desierto.

Cuando nos alejamos en solitario, nos secamos. Estamos expuestos a las chispas del desánimo y soledad que devastan vidas. Necesitamos la bendición de la unidad y ese compañerismo que refresca y fortalece. Las aflicciones dejan nuestras almas sedientas pero habitar juntos en armonía es bueno y delicioso. No dejemos de congregarnos.

Gracias, Señor, por mis hermanos en la fe; ayúdanos
a permanecer unidos.

Agosto 8

Lectura diaria: Salmos 136, 146

Cuenta tus bendiciones

Den gracias al Señor, porque él es bueno;
su gran amor perdura para siempre.
(Salmos 136:1, NIV)

Se le atribuye al cantautor argentino Facundo Cabral esta parábola: Dios, en forma de vagabundo, fue a la casa del zapatero y le dijo que sus sandalias estaban rotas. «Todos me piden, pero nadie me da». El vagabundo le dijo que le daría todo lo que quisiera. «¿Me puedes dar el millón de dólares que necesito para ser feliz?», preguntó el zapatero.

El vagabundo le dijo que le daría diez millones por sus dos piernas. El zapatero no aceptó porque ya no podría caminar. Le ofreció cien millones por sus brazos, que el zapatero rechazó porque no podría ni siquiera comer. Le ofreció mil millones de dólares por sus ojos, que también el hombre rechazó porque no podría ver a su familia y amigos. Entonces, el vagabundo le dijo: «¡Qué fortuna tienes y no te has dado cuenta!»

El Salmo 136 es una canción de gratitud que contiene las veintiséis razones que Israel tenía para reconocer el amor eterno del Señor. Enlista varias acciones que Dios hizo a favor de su pueblo, como que hirió a Egipto, liberó a Israel, dividió el Mar Rojo, pastoreó a su pueblo en el desierto, derrotó a muchos reyes para rescatarlos y les dio una herencia. ¡Grandes maravillas!

¿Y a nosotras? Quizá como el zapatero, ansiamos el dinero que pueda, en nuestra opinión, resolver nuestros problemas, pero estamos rodeadas de bendiciones. ¿Podemos enumerar veintiséis bendiciones que hoy disfrutamos? Con el pueblo de Israel repitamos: «Su gran amor perdura para siempre».

Señor, gracias por mi familia, por mi trabajo, por mi casa, por …

YF

Lectura diaria: Salmos 147, 148

Alabanzas por doquier

¡Alabado sea el Señor! ¡Alaben al Señor desde los cielos!
¡Alábenlo en el firmamento!
(Salmo 148:1, RVR60)

Doce veces el salmo 148 dice que alabemos a Dios. ¿Quién lo debe hacer? El firmamento, los ángeles, el sol y la luna, las estrellas y los vapores, todo lo creado. El salmista invita a las criaturas del océano, a los árboles frutales, a los muchachos y las jovencitas, los ancianos y los niños.

¿Pero qué es alabar a Dios? Lo podemos traducir como cantar, decir, dar o confesar. Implica agradecer a Dios por sus bendiciones. ¿Pueden las criaturas y las plantas alabar? Yo creo que sí. Ellas cantan con su obediencia, dicen con su esencia, dan con sus frutos y confiesan con su belleza la grandeza de nuestro Dios. ¿Crees que alabamos a Dios lo suficiente?

San Francisco de Asís, el monje del siglo XII, que se dedicó a servir a los pobres y cuidar de los animales, reconoció esta verdad. Casi al finalizar su vida, ciego y con mucho dolor, escribió un himno conocido como el cántico del sol, quizá el más antiguo en italiano.

En él, enumera a los participantes del majestuoso coro: el ardiente sol, la suave luna, el viento veloz, las nubes, el dorado amanecer, la noche, las fuentes de agua de cristal, el fuego que da luz y calor, la tierra maternal, la cosecha y la bella flor. ¡Todos deben alabar al Padre, al Hijo y al Consolador! La próxima vez que escuches un ave cantar o mires una nube ¡únete a su alabanza!

Quiero alabarte más y más.

KO

Agosto 10

Lectura diaria: Salmos 149, 150

Trovadores de Dios

*Canten al Señor un cántico nuevo, alábenlo
en la comunidad de los fieles.*
Salmo 149:1 (DHH).

Cuando estuve en Colombia, me tocó escuchar la «trova paisa», típica de la región de Antioquia. Invitaron a nuestro grupo de cristianos a escuchar a un dúo que cantaba trova. Una definición del género de trova es: «canciones con letra poética que cuentan una historia de amor, crítica o de contenido sociopolítico». Sin embargo, ¡no era lo mismo!

Después de preguntar de qué países éramos y a qué nos dedicábamos, el par de cantantes empezó a improvisar letras que incluían información sobre nosotros; añadían detalles humorísticos acerca de cada país o cada persona presente. Ese día aprendí sobre esa tradición, que es todo un arte. Es admirable su creatividad y la rapidez con que inventan cada vez una canción nueva.

Más de una vez los salmos mencionan cantar un cántico nuevo al Señor. «Puso en mis labios un cántico nuevo, un himno de alabanza a nuestro Dios» (Salmos 40:3, NVI) Los salmistas creaban cantos para diferentes ocasiones: alababan al Señor o clamaban a Él, según la necesidad del momento. La letra de muchos salmos se registró y ha servido de inspiración a miles de músicos a lo largo de los años.

Diariamente, diferentes personas siguen componiendo «nuevos cánticos» a Dios y seguramente lo seguirán haciendo. En tu tiempo diario con Dios ¡puedes crear tus propios cantos y alabanzas! Sé una trovadora que cuente las bondades de Dios para contigo, tu familia, tu comunidad y tu iglesia. Da testimonio así de lo grande que es el Señor, Dios del universo.

Gracias, Señor, porque puedo alabarte con un cántico nuevo, ¡cada día!

MH

Agosto 11

Más que nombres

Adán, Set, Enós, Cainán, Mahalaleel, Jared Enoc,
Matusalén, Lamec, Noé, Sem, Cam y Jafet.
(1 Crónicas 1:1, RVR60)

La BBC dio a conocer que por medio del análisis del ADN de los ocupantes de una tumba de 5700 años en Cotswolds, Reino Unido, se ha logrado compilar el árbol genealógico más antiguo. Análisis de los huesos revelaron que las personas enterradas ahí constituían cinco generaciones de una familia. Sin embargo, la Biblia tiene los registros más antiguos, pues incluye genealogías que inician con Adán: el primer hombre creado por Dios.

Puede parecernos aburrido leer las genealogías pero son parte de la Biblia y toda la escritura es inspirada por Dios. Estos registros ayudan a corroborar la exactitud histórica de la Biblia, confirmando la existencia física de estas personas y la genealogía de Jesús, que confirma el cumplimiento de la profecía. El Mesías vendría del linaje de David.

Las listas nos indican que el Padre es un Dios personal que se interesa por cada uno con precisión y detalle. Los conoció por nombre y cada uno tuvo su propósito y parte en el plan de Dios. No son solamente relatos históricos sino personas reales con historias reales. Así como Dios conoció la historia de cada una de esas personas, Él conoce tu historia y la mía.

¿Has pensado que aunque el registro no esté documentado por escrito, la genealogía continuó hasta llegar a ti? Nuestras familias no son casualidad. Si trazamos todas nuestras generaciones llegaríamos hasta Adán y, por lo tanto, a Dios mismo. Para Dios, cada persona tiene una historia importante y si formas parte de su familia, ¡con más razón!

Eres el mismo ayer, hoy y por los siglos. Gracias, Dios, por tu fidelidad.

MG

Agosto 12

Lectura diaria: 1 Crónicas 4, 5, 6

¡Ayuda!

Y Dios les ayudó contra ellos, y los agarenos y todos los que estaban con ellos fueron entregados en sus manos; porque clamaron a Dios en la batalla, y Él fue propicio a ellos porque confiaron en Él.
(1 Crónicas 5:20, LBLA)

Seis tripulantes naufragaron en la isla de Flechas en el estado de Pará, Brasil. El barco *Bom Jesús*, donde viajaban, quedó a la deriva debido a un incendio y una tormenta. Sobrevivieron durante diecisiete días con la comida que tenían a bordo y el agua de lluvia. Supongo que buscaron, por todos los medios, tocar tierra.

Finalmente, a alguien se le ocurrió mandar una nota de rescate dentro de una botella. Además de pedir ayuda, dieron los nombres y teléfonos de sus familiares para que les avisaran sobre su paradero. Unos pescadores encontraron la botella y avisaron a la Marina. Estos marineros pidieron ayuda como último recurso. Primero trataron de sobrevivir por su cuenta.

Los descendientes de Rubén, Gad y la media tribu de Manasés eran hábiles en combate y contaban con armas poderosas. Como se encontraban del otro lado del Jordán, tuvieron que ir a la guerra contra diversos pueblos en su territorio. No sé si clamaron a Dios de inmediato o primero intentaron ganar la batalla por sí mismos, pero el versículo de hoy nos dice que Dios los escuchó. Él honró su fe.

A veces tratamos de encontrar la solución a los problemas sin involucrar a Dios desde el principio. Solo recurrimos a Él cuando hemos intentado otras maneras que no nos dan resultado. ¿Qué tal si la próxima vez que estemos en un apuro, nos detenemos un momento y le entregamos al Señor nuestras preocupaciones antes de hacer cualquier otra cosa?

Señor, pongo en tus manos mis preocupaciones y problemas.

YF

AGOSTO 13

Lectura diaria: 1 Crónicas 7, 8, 9

UNA GRAN FAMILIA

Tuvo una hija llamada Seera. Ella construyó las ciudades de Bet-horón de abajo, Bet-horón de arriba y Uzen-seera.
(1 Crónicas 7:24, NTV).

No existen familias perfectas, pero sí consagradas. Esta familia comienza con Abraham, el padre de la fe, que tuvo un hijo llamado Isaac, un nieto llamado Jacob y un bisnieto llamado Efraín. Efraín nació en Egipto, pero entendió su herencia espiritual y siempre se identificó con el pueblo de Dios. Los hijos de Efraín, sin embargo, se equivocaron. Dos de ellos intentaron robar ganado y murieron en el proceso.

Su padre hizo duelo por ellos durante mucho tiempo. Sus parientes lo consolaron, pero él no recibió paz hasta que su esposa dio a luz un hijo al que llamó Bería o tragedia. La familia de Efraín bien pudo quedarse atorada en esta desgracia, pero sus descendientes optaron por seguir a Dios.

De entre sus tataranietos surgió Josué, el valiente general que ayudó a Israel a conquistar la Tierra Prometida, pero también vino una mujer llamada Seera, que reconstruyó dos ciudades. Seera seguramente heredó estas ciudades y las fortificó, pero sus actos trascendieron. En algún punto entre estas ciudades, el sol se detuvo por órdenes de Josué. Y luego Salomón las fortificó para que duraran todavía mil años más.

¿Cómo es tu familia? Seguramente no perfecta. Pero sí hoy nos comprometemos a construir sobre la roca que es Cristo, nuestra influencia perdurará y traerá fruto. Seera quizá solo se menciona en un versículo, pero Dios eligió no olvidar sus acciones, sino dejarnos su diligencia como ejemplo. Podemos imitarla hoy y edificar la familia que Dios nos ha dado.

Señor, hoy consagro a ti mi familia.

KO

Agosto 14

Lectura diaria: 1 Crónicas 10, 11, 12

Seguir al Rey

En realidad, todos en Israel estaban de acuerdo
en que David debía ser su rey.
(1 Crónicas 12:38, NTV)

Una vez, al ver una película sobre la Guerra Civil en los Estados Unidos, me horrorizó lo que pasaba con los desertores, en este caso de los ejércitos del sur. Aquellos hombres se tenían que esconder; sus familias vivían con gran temor ya que también podían sufrir las consecuencias y en muchos casos, había ejecuciones inmediatas si eran descubiertos.

La deserción, que consiste en abandonar el ejército y no regresar, se considera un acto de deslealtad y tiene una variedad de causas. Un estudio de un regimiento del estado de Virginia indica que en un momento la tasa de deserción llegó al 30 por ciento.

En estos capítulos se nos revela que, entre los guerreros de David, había muchos desertores del ejército de Saúl, a quien Dios abandonó por ser infiel. Algunos eran expertos arqueros y parientes de Saúl. El líder de los guerreros más valientes, de los Treinta, declaró «¡Somos tuyos, David!… pues tu Dios es el que te ayuda» (1 Crónicas 12:18, NTV). La mayoría de los israelitas reconocían que el nuevo ungido de Dios era David.

Algunas de nosotras, al entregar nuestras vidas a Cristo, tuvimos que tomar decisiones difíciles. Entre ellas, quizás hubo que «desertar» de amistades y familiares que nos rechazaron. Como ya no queríamos participar en algunas de sus actividades o sus conversaciones, ellos también pudieron habernos abandonado. Quizá hoy todavía hay momentos en que nos preguntamos si estamos en el bando correcto, pero como a David, hemos visto que Dios nos ayuda. ¡Seamos fieles al seguir al Rey!

Eres mi Rey y ¡quiero seguirte!

MH

Agosto 15

Magno evento

Así que entre vítores y al son de trompetas, clarines, címbalos, liras
y arpas, todo Israel llevaba el arca del pacto del Señor.
(1 Crónicas 15:28, NVI)

David se propuso en su corazón traer el arca a Jerusalén. El traslado se organizó cuidadosamente por David que, siendo músico y un adorador como ningún otro, no podía dejar la música fuera de la celebración. ¿Puedes imaginar el programa? Música y alabanza: tribu de Leví. Címbalos, cantores, arpas, dirección de canto y trompetas.

Los sacerdotes y levitas se consagraron para transportar el arca, David iba vestido de lino fino al igual que los levitas. Todo el pueblo se congregó y el arca llegó a la ciudad de David en medio de júbilo, cantos y danzas. David estableció a Jerusalén como la capital de Israel y deseaba que el arca estuviera ahí como un símbolo de que Dios estaba con ellos. La celebración resultó magna y David tuvo cuidado de todos los detalles.

No así el primer intento de trasladar el arca en el que el arca casi se cae y terminó en la muerte de una persona. El proyecto tuvo que suspenderse y posponerse. David entendió que la presencia de Dios, su gloria y poder, implicaba que el arca debía manejarse de una manera cuidadosa, respetuosa y santa. El rey volvió a intentarlo y esta vez puso todo su entendimiento y corazón en ello.

Aprendamos de él. No se dio por vencido. Aceptó el reto, planificó con sabiduría y logró el objetivo. Tener la presencia de Dios en nuestra vida y al Espíritu Santo morando plenamente en nuestro ser, es un reto que debemos afrontar de la misma manera: con intencionalidad, discernimiento y santidad.

Dios, ayúdame a comprender la hermosura de tu santidad.

MG

Agosto 16

Nunca duerme

¡Despierta, Señor! ¿Por qué duermes?
¡Levántate! No nos rechaces para siempre.
Salmos 44:23 (NVI)

Dormir es absolutamente necesario para casi todos los seres vivos. La falta de sueño produce depresión, falta de memoria y concentración, envejecimiento prematuro y muchas enfermedades. Pero, muchas aves y las ballenas y los delfines tienen que estar alertas por los depredadores o para cuidar su respiración.

Por eso, al dormir, uno de sus hemisferios cerebrales está despierto mientras el otro duerme y un ojo abierto está vigilando mientras el otro descansa. Estos animales han podido subsistir gracias a este maravilloso comportamiento. Por ejemplo, las madres despiertan en su totalidad para defender a sus crías si su ojo vigilante ve algún peligro acechando.

Los hijos de Coré, al componer este salmo, habían visto a Israel en terrible sufrimiento. En su desesperación, reaccionaron tal como los discípulos hicieron cuando el Señor Jesús dormía en la barca. Dicen algo que ellos mismos saben que no es posible: ¡Dios duerme! ¿Esto puede suceder? Si entre los seres creados hay animales que siempre están alerta y vigilando, ¿Dios desatiende a los que ama y se duerme?

No, Él no se cansa y nada le toma por sorpresa. ¡Qué maravilla que el que tiene cuidado de nosotros nunca duerme! Seguramente nos hemos visto en medio de intranquilidad, preocupación y desesperanza, pero estas emociones nos desgastan en vano. Dormir es necesario. No dejemos que nada nos robe el descanso, pues el Señor está pendiente de nosotras.

Señor, ¡gracias por tu cuidado amoroso!

YF

AGOSTO 17

LA FIESTA DE LA ASCENSIÓN

*Dios ascendió con un grito poderoso; el Señor
ha ascendido al estruendo de las trompetas.*
(Salmo 47:5, NTV).

Cuarenta días después del Domingo de Resurección se celebra
el Día de la Ascensión. En días de los padres de la iglesia, como
Agustín de Hipona, Juan Crisóstomo y Gregorio de Nisa, ya se
celebraba. La iglesia ortodoxa pone gran énfasis en la *Analepsis*,
como le llaman en griego, pues indica la obra completa de redención a nuestro favor.

Comienza con una vigilia que dura toda la noche. Se leen las
escrituras y se canta un himno: «Ascendiste glorioso, oh, Cristo
Dios nuestro y alegraste a los discípulos con la promesa del Espíritu Santo. Tu bendición les confirmó que eras el Hijo de Dios
y Salvador del mundo». ¿Notamos la importancia de esta fiesta?
Si bien su muerte pagó por nuestros pecados y su resurrección
venció a la muerte, ¡su ascensión confirmó su deidad!

Por esa razón, bien dice nuestro salmo que debemos aplaudir y
gritar alabanzas a Dios. Así como el rey ascendía al templo para
coronarse y mostrar su dominio, del mismo modo Jesús se ha
sentado en el trono para gobernar por siempre y para siempre.
Por esa razón, esta fiesta se ha asociado históricamente con muchos himnos y música sacra.

Tristemente, en nuestra tradición cristiana esta no es una fiesta
que conmemoramos, pero podemos comenzar una nueva práctica. Cuarenta días después de la resurrección, o en un domingo
cualquiera, busca himnos que hablen de la ascensión, como los
oratorios de Bach y aplaude y canta porque ¡Jesús es Rey!

*Señor, ¡Tú eres Rey de toda la tierra! ¡Que seas exaltado
en gran manera!*

Agosto 18

Lectura diaria: Salmos 48, 49, 50

Resurrección, no reencarnación

Pero en mi caso, Dios redimirá mi vida;
me arrebatará del poder de la tumba.
(Salmo 49:15, NTV).

Varias religiones, entre ellas el hinduismo y el budismo, enseñan sobre reencarnación. Esta creencia consiste en considerar que la vida es un ciclo en el cual, al morir el cuerpo, el alma o espíritu se traslada a otro ser y sigue viviendo. Idealmente el alma se sigue perfeccionando y «renace» como un ser más evolucionado.

El estado en el que reaparece el alma depende de las buenas o malas acciones (karma) de la persona en su vida anterior. Se cree que al fin de muchas reencarnaciones, el alma trasciende y llega al estado más allá del sufrimiento conocido como nirvana. Al fin se libera del ciclo de nacimientos y muertes que se repite.

Aunque se han hecho populares estos conceptos, en realidad son muy distintos a lo que enseña la Biblia. En primer lugar, el ser humano nunca se puede salvar a sí mismo por medio de buenas obras. Aun en el judaísmo se cree en la resurrección, como podemos apreciar en el Salmo 49: «Dios redimirá mi vida; me arrebatará del poder de la tumba» (v. 15, NTV). Es una acción de Dios, no del hombre.

Desde la venida de Cristo, esta verdad se basa en el triunfo de Jesús en la cruz para redimirnos y en su resurrección. ¡Gracias a Él no tenemos que preguntarnos si algún día seremos «lo suficientemente buenos» como para llegar al cielo! Nos hemos liberado de un ciclo fútil que no ofrece esperanza. Nuestro Señor nos ha dado seguridad de una vida eterna con Él si recibimos su maravillosa gracia.

Te alabo, Señor, porque ¡ya me has redimido!

MH

AGOSTO 19

Lectura diaria: Salmos 73, 85

VALE LA PENA

¿Conservé puro mi corazón en vano?
¿Me mantuve en inocencia sin ninguna razón?
(Salmos 73:13, NTV)

«¿Todavía eres virgen?», preguntaron mis amigas. Cursábamos la universidad y no podían concebir que yo todavía me conservara pura. La escena se repitió en mi lugar de trabajo, incluso en el médico. Me casé a los 34 años, así que escuché esta pregunta en muchos contextos y, como el salmista, me pregunté si había valido la pena esperar.

Tristemente, corrí el mismo peligro del salmista de llenarme de amargura y de envidiar a las chicas que parecían más felices que yo. Sin embargo, el Señor me guio con su consejo y comprendí que podía recibir una fuerza interior inusitada por medio de la oración y una relación estrecha con Jesús. Cuando me casé y me di cuenta de todas las cosas de las que Dios me había librado, exclamé: «En cuanto a mí, ¡qué bueno es estar cerca de Dios!» (Salmos 73:28, NTV).

Si aún no te casas, espera a la persona correcta y mantente pura. ¡Vale la pena! Si ya estás casada, seguramente hay muchas cosas que los demás hacen que te llevan a dudar sobre los mandatos del Señor. Muchas veces parece que los que lo ignoran no tienen dificultades ni están llenos de problemas.

No creamos esas mentiras. Todos los seres humanos contamos con nuestras propias angustias y todos necesitamos a Dios. Aferrémonos a Él y clamemos con Asaf: «¿A quién tengo en el cielo sino a ti? Te deseo más que cualquier cosa en la tierra» (v. 25, NTV). Vale la pena seguir a Cristo.

Señor, seguiré fiel a ti.

KO

Agosto 20

Muerte y soledad

Has alejado de mí al amigo y al compañero,
y a mis conocidos has puesto en tinieblas.
(Salmo 88:9, RVR60)

El hiperrealismo es una técnica artística en la pintura, la escultura o el dibujo que busca representar las imágenes tal como si fueran reales. Un representante de la escultura hiperrealista es Rubén Orozco Loza, quien es famoso por crear esculturas muy parecidas a las reales en donde usa silicón, pelo humano y resina. Entre sus esculturas están la de José Clemente Orozco, Frida Kahlo y otras más.

Otra escultura de este artista es la de Mercedes, una mujer española de 90 años que lucha con la soledad. En un video se puede apreciar a Mercedes sentada en una banca junto a su estatua, la cual está mirando fijamente un reloj que tiene entre las manos. Mercedes, que nunca se casó, no tuvo hijos y ahora en la ancianidad, no tiene amigos, comenta: «Se te van muriendo los amigos, se te va muriendo la familia y eso es terrible. Es como si estuvieras muerta en vida».

Hemán el ezraíta, al escribir este salmo, parece que también estaba pasando por la soledad de la vejez. Está cansado y sabe que pronto irá al sepulcro. En su oración expresa que sus amigos ya están en las tinieblas, ¡casi las mismas palabras de Mercedes!

Pero hay una diferencia: Mercedes habla sin esperanza. Hemán, en cambio, sabía a quién clamar: «Oh, Jehová, Dios de mi salvación». ¡No hay nadie más que pueda ayudarnos a atravesar el valle de la muerte! Es inevitable llegar a ese estado, pero podemos estar seguras de que el Señor Jesucristo estará ahí para ayudarnos.

Señor, no le temo a la muerte porque Tú estarás conmigo.

YF

Agosto 21

Tú sabes cómo soy

¿Qué más puedo decirte acerca de la forma en que me has honrado? Tú sabes cómo es realmente tu siervo.
(1 Crónicas 17:18, NTV)

Imagina que despiertas una mañana y te miras en el espejo. Rostro desmaquillado y cabello revuelto. Luego dices: «El espejo miente. No sabe realmente quién soy». Así que sales a la calle tal como despertaste. ¿Cómo crees que reaccionarán los demás ante tu aspecto? Con esa misma locura nos solemos presentar delante de Dios.

La Biblia nos revela cada mañana nuestro verdadero corazón, pero solemos encogernos de hombros y pensar que exagera. Muchas veces hemos oído decir que David era un hombre conforme al corazón de Dios, pero ¿a qué se refiere esta frase? Me parece que el pasaje del día de hoy lo ilustra bien.

David solo planeaba construir un templo. Así que le sorprendió que Dios le prometiera algo mucho mayor: una dinastía perpetua. Movido por la gratitud y el asombro, David se postró y humilló. «¿Quién soy yo, oh, Señor Dios, y qué es mi familia?» (1 Crónicas 17:16, NTV). Dios había sacado a David de entre las ovejas para coronarlo. Sumado a eso, ahora le prometía permanencia en el trono. Y concluye: «Hablas como si yo fuera una persona muy importante» (v. 17).

¿Cuándo fue la última vez que nos acercamos a Dios de rodillas, conscientes de nuestra pequeñez y avergonzadas por nuestros pecados? Muchas veces me parece que más bien desdeñamos la imagen del espejo y nos enorgullecemos de nuestras ojeras de orgullo y la suciedad de nuestro egoísmo. Seamos como David y digamos: «Tú sabes cómo es realmente tu sierva». Seamos humildes.

Señor, tú me conoces bien. Ayúdame a cambiar.

KO

Agosto 22

Tío y sobrino

*Joab le respondió: ¿Por qué ha de hacer algo
que traiga la desgracia sobre Israel?*
(1 Crónicas 21:3, NVI).

Joab era sobrino de David y capitán del ejército de David. Su relación solo puede describirse como compleja. En la historia de hoy, David propuso llevar a cabo un censo. El texto bíblico, sin embargo, nos informa que esta acción venía como una instigación de Satanás.

Joab alertó respetuosamente a David sobre la imprudencia de su deseo, pues reconocía dicha acción como una falta de fe y dependencia de Dios. El rey no quiso hacerle caso y la nación sufrió graves consecuencias. David, al reconocer su pecado, oró: «Oh, Señor, mi Dios, que tu enojo caiga sobre mí y mi familia, pero no destruyas a tu pueblo» (1 Crónicas 21:17, NTV).

Si solo leyéramos esta historia, pensaríamos que Joab fue un hombre recto, pero al menos dos veces, mató a sangre fría para mantener su puesto. Así que David y Joab se nos presentan como personas de carne y hueso. Los dos actuaron mal. Los dos, temieron a Dios, quizá David de un modo más visible. Los dos, sin embargo, también establecieron el reino hombro con hombro.

Seguramente en la iglesia a la que asistimos tengamos familiares o personas con las que convivimos más que con otras; personas como Joab o como David. Del mismo modo, tendremos éxitos y fracasos que a veces costarán caro. Pero, como David, aprendamos a confesar y, como Joab, seamos leales a la misión. Las relaciones humanas son complejas, porque todos somos complejos. ¡Gracias a Dios porque aun así nos usa en el reino!

Dios, te doy gracias por los consejeros sabios que pones en mi vida.

MH

Agosto 23

Lectura diaria: 1 Crónicas 23, 24, 25

El grupo selecto

*Los músicos se designaban para los turnos de servicio
mediante el sorteo sagrado sin tomar en cuenta
si eran jóvenes o ancianos, maestros o discípulos.*
(1 Crónicas 25:8, NTV)

Carolina se acercó para ofrecer sus talentos para la alabanza en la iglesia. El líder titubeó. Si bien Carolina había sido maestra de piano durante más de treinta años, el líder no pensó que se vería bien en el estrado. Ellos buscaban personas «más jóvenes». Por el contrario, Paulina, de quince años, pidió que se le permitiera tocar la flauta. La consideraron demasiado joven, a pesar de que ella tocaba en la orquesta juvenil de la ciudad.

Quizá hemos convertido todo el tema de la música en una situación complicada y selecta, pero aprendamos de David. En primer lugar, eligió a familias de músicos para «proclamar los mensajes de Dios» (1 Crónicas 25:1, NTV). Esta responsabilidad se tomaba con seriedad pues no se trataba de armar un espectáculo, sino de anunciar a un Dios santo.

En segundo lugar, todos eran músicos por excelencia. Finalmente, se designaban los turnos por sorteo. No se consideraba la edad del participante o su nivel académico, pero sí su corazón. El pasaje termina con una lista extensa de personas y parientes que tocaban en el templo.

¿Formas parte de la alabanza en tu iglesia? ¿Te gustaría participar? Reconozcamos la gran oportunidad que esto implica de hablar de nuestro Señor. Estudiemos y preparémonos, pero, sobre todo, permitamos que todos acompañen el canto congregacional con sus instrumentos. No se trata de sobresalir, acaparar o fingir devoción; se trata de proclamar los mensajes de Dios.

Señor, gracias por el regalo de la música.

KO

Agosto 24

Oliendo a servicio

*Jerías tenía dos mil setecientos parientes, hombres valientes
y jefes de familias, y el rey David les asignó la administración de
las tribus de Rubén y Gad y de la media tribu de Manasés, en
todos los asuntos relacionados con Dios y con el rey.*
(1 Crónicas 26:32, NVI)

Joy Milne nació con una anormalidad llamada hiperosmia que
es una alteración que aumenta el sentido del olfato. Después de
algunos años, descubrió que la piel y el olor de su esposo habían
cambiado. Veinte años después de esto, diagnosticaron a su esposo con Parkinson. Una vez, al entrar a una sala con pacientes de
Parkinson, Joy se dio cuenta que todos olían como su esposo y lo
comunicó a los médicos.

¡Ella puede oler las enfermedades! Joy, además de oler el Parkinson, ha distinguido el olor del Alzhéimer, la tuberculosis, la
diabetes y el cáncer. Los científicos, para diagnosticar en forma
temprana, trabajan con ella.

David tenía un olfato especial para poner a las personas que debían ministrar en el templo. Supo que los hijos de Meselemías
y de Obed-edom serían excelentes porteros. Ahías, los hijos de
Jehieli y otros, serían buenos mayordomos. Supo también a quién
poner como gobernantes, siempre encontrando en ellos alguna
cualidad como fuerza, valentía, prudencia o fidelidad.

¿Qué pasaría si pudiéramos «oler» a los que serán fieles en el
servicio, o a los que lentamente se están «enfermando» espiritualmente? Oremos por líderes como David que puedan «oler»
los dones de los demás y los animen a servir con fidelidad. Y nosotras, mantengamos afinado nuestro olfato para alentar a otros
que están haciendo las cosas bien en el servicio a Dios.

Señor, quiero ser fiel a tu ministerio.

YF

Agosto 25

Lectura diaria: 1 Crónicas 28, 29

Todo le pertenece

¡Oh, Señor nuestro Dios, aun estos materiales que hemos
reunido para construir un templo para honrar
tu santo nombre, vienen de ti! ¡Todo te pertenece!
(1 Crónicas 29:16, NTV)

Mi pequeña hija le pidió dinero a su papá para comprar su regalo del Día del Padre. Luego, le rogó que nos llevara en el auto a desayunar a un restaurante. ¿Quién pagó? Mi esposo. Finalizó el día dándole una tarjeta con un dibujo. Curioso que ese fue el único obsequio que realmente surgió de sus propios medios; todo lo demás, por así decirlo, lo pagó el mismo festejado. Pero así pasa con Dios, a quien todo le pertenece.

David reconoció esta verdad en su oración de despedida. De Dios provenía la vida y el trono que había ocupado durante cuarenta años. Dios le había dado muchos hijos, entre ellos, a Salomón, su sucesor. Dios se sentía a gusto con su proyecto de construcción y le dio la inteligencia para trazar los planos del templo.

Dios, también, le dio gracia con los reyes vecinos para juntar el material de construcción, e incluso ese bronce, oro y madera provenían de la buena mano de Dios. Incluso la honra que David recibió era un regalo del Padre. David murió en buena vejez y disfrutó de una larga vida con las bendiciones del Señor.

Tú y yo podemos hoy disfrutar de la misma paz al reconocer que todo lo que tenemos le pertenece a Él. Agradezcamos hoy por la familia que tenemos y por cada posesión material. Pero por sobre todas las cosas, alabemos a Dios por el regalo de Jesús, el descendiente de David, que vino a salvarnos de nuestro pecado. ¡No hay un regalo mejor!

Señor, gracias porque todo lo que tenemos ha venido de ti.

KO

AGOSTO 26

LAS SORPRESAS DE DIOS

*¡Alabado sea el Señor, Dios de Israel, que hizo el cielo
y la tierra, porque le ha dado al rey David un hijo sabio,
dotado de sabiduría e inteligencia, el cual construirá
un palacio real y un templo para el Señor!*
(2 Crónicas 2:12, NVI)

Yasser Arafat fue conocido como combatiente por los palestinos y como terrorista por los israelíes. El escritor y conferencista cristiano R.T. Kendall pidió entrevistarse con él y le indicó que llevaba veinte años orando por él. La primera cita terminó siendo de casi dos horas. Vieron *La pasión de Cristo*; Arafat lloró durante la película y pidió que Kendall orara por él al final.

En cada una de sus cinco visitas al líder palestino, Kendall pudo explicar el significado de la muerte y la resurrección de Jesús y cómo recibir a Cristo. Al referirse a Arafat, Kendall suele decir: «No me sorprendería verlo en el cielo».

El rey David había forjado una relación amistosa y de negocios con el rey Hiram, de la vecina ciudad de Tiro. Hiram pertenecía a una cultura pagana que adoraba al dios Melkart. Sin embargo, cuando Salomón pidió a Hiram que colaborara con la construcción del templo israelita, la declaración sorprendente de Hiram sugiere que posiblemente David le había convencido de que Jehová era el único Dios verdadero: «¡Alabado sea el Señor, Dios de Israel, que hizo el cielo y la tierra!» (2 Crónicas 2:12, NVI).

Aunque Dios se reveló de manera especial al pueblo judío, desde el principio dio indicios de que su salvación en realidad era para todas las naciones. Tú y yo podemos dudar que ciertas personas puedan aceptar el Evangelio, pero no nos toca juzgar. ¡Dios puede usarnos para tocar el corazón de cualquiera!

Úsame, Señor, para declarar tu amor a los demás.

MH

Agosto 27

Lectura diaria: 2 Crónicas 4, 5, 6

Mini-templos

¿Pero es realmente posible que Dios habite en la tierra, entre seres humanos? Ni siquiera los cielos más altos pueden contenerte, ¡mucho menos este templo que he construido!
(2 Crónicas 6:18, NTV)

Muchas ciudades se distinguen por edificios icónicos, construcciones que atestiguan eras pasadas, gustos diversos o nuevas corrientes. Por ejemplo, Hagia Sofía nos remonta a la época bizantina en Estambul. No podemos mencionar Barcelona sin recordar la iglesia de la Sagrada Familia. El Taj Mahal nos habla de India y el Partenón de Atenas. Entre los más modernos están el Gherkin en Londres y la Casa de la Ópera en Sídney.

¿Qué edificio se destaca en tu ciudad? En tiempos de los reyes, sobresalía el templo de Salomón, el lugar donde Dios habitaba entre su pueblo. El mismo Salomón reconoció que Dios no podía ser contenido dentro de cuatro paredes, pero agradece que Dios eligiera ese lugar para mostrar su presencia.

Hoy sabemos que el Espíritu Santo reside en cada creyente. Somos, por así decirlo, mini-templos. Así que, notemos que Salomón no escatimó dinero para hacer del templo un lugar magnífico. La Biblia nos detalla cada pieza de mobiliario y la cantidad de metales preciosos con los que todo se construyó.

Del mismo modo, si somos mini-templos donde el Señor habita, ¿estamos dispuestas a usar lo mejor de nuestro tiempo y nuestros talentos en donde estemos y en cualquier cosa que hagamos? ¿Cuidamos nuestro cuerpo, el mobiliario que tenemos? ¿Regulamos nuestra alimentación y el ejercicio que hacemos? ¿Mantenemos las puertas del templo bajo vigilancia y prohibimos que entre cualquier cosa sucia a través de nuestros sentidos? Meditemos en ello.

Señor, quiero cuidarme para ti.

KO

Agosto 28

Lectura diaria: 2 Crónicas 7, 8, 9

Como casa santificada

Porque ahora he elegido y santificado esta casa,
para que esté en ella mi nombre para siempre;
y mis ojos y mi corazón estarán ahí para siempre.
(2 Crónicas 7:16, RVR60)

En Colombia, una pareja de ancianos ha vivido por más de 30 años en una alcantarilla. De jóvenes, Miguel y María fueron drogadictos, quedándose sin un lugar para vivir. Se ayudaron el uno al otro para vencer las drogas y encontraron una alcantarilla en desuso y la acondicionaron para vivir.

¿Tú vivirías en una alcantarilla? ¿Aceptarías una invitación para quedarte a dormir en la casa de Miguel y María? Así mismo, ¿alguna vez nos hemos puesto a pensar cómo es posible que un Dios perfecto y grandioso, que tiene su trono en el cielo, quiera habitar entre los hombres?

David y Salomón pensaron en construir un lugar excelso y prepararon lo que en la tierra se aprecia como valioso. Pero nuestro Dios merecía algo mucho más precioso que el oro o las piedras preciosas que usó Salomón. Ni todo el dinero del mundo alcanzaría para edificar algo digno de su presencia. Y aun así, Él escogió humillarse para habitar entre los hombres en un cuerpo humano y después en el corazón de los que quieren creer en Él.

El Señor es el invitado a la alcantarilla, pero solo Él puede también hacer el milagro de limpiar y santificar el lugar para convertirlo en un palacio. El Señor eligió la casa que Salomón le erigió y luego la santificó. Nos ha elegido a ti y a mí, y nos ha santificado. ¡Demos gracias a Dios por venir a habitar entre nosotros!

Señor, ¡gracias por elegirme y santificarme!

YF

Agosto 29

Detrás de las arrugas

*Sin embargo, Roboam rechazó el consejo de los ancianos
y pidió, en cambio, la opinión de los jóvenes que se habían
criado con él y que ahora eran sus consejeros.*
(2 Crónicas 10:8, NTV)

¿Has percibido la gravedad que habita en los ojos de un bebé? ¿Has notado el asombro en sus pupilas cada vez que aprende algo nuevo? En esas cabecitas hay un universo que se estrena; los admiramos y suelen atraernos de una manera especial. Sin embargo, no mostramos la misma actitud con los adultos mayores.

Pudiéramos decir que a ellos les mostramos indiferencia o desprecio. Ya no nos hundimos en sus pupilas para encontrar tesoros. ¿Por qué tratamos con cariño al niño que tartamudea, pero no mostramos la misma paciencia con el anciano que olvida dónde dejó las llaves? ¿Por qué perdonamos a los niños un desliz de incontinencia, pero no a un adulto mayor? ¿Por qué aplaudimos al niño que da sus primeras palabras, pero hacemos poca cosa de lo que un anciano murmura?

Cuando Roboam pidió el consejo más importante de su carrera, no escuchó las voces detrás de las canas, sino las de sus contemporáneos. No comprendió que, detrás de las arrugas, se ocultaba la experiencia profunda que pudo haber mantenido unido al reino. Muchos seguramente habían conocido a su abuelo y a su padre, y entendían bien el corazón del pueblo.

Piensa hoy en las personas adultas que te rodean. Contempla sus canas y aprecia cada una de sus virtudes y perdona sus defectos. Como a los niños, dales segundas, terceras y cuartas oportunidades. Pero a diferencia de un pequeño, recuerda que ellos tienen mucho que te pueden enseñar. Así que escucha su consejo.

Señor, honro a los que van delante de mí.

KO

Agosto 30

Vencedores improbables

*Y he aquí Dios está con nosotros por jefe... no peleéis contra
Jehová el Dios de vuestros padres, porque no prosperaréis.*
(2 Crónicas 13:12, RVR)

En la batalla de Brownstone de la guerra de 1812, veinticuatro
nativos atacaron a doscientos miembros del ejército estadounidense. Las tropas se acercaron a un bosque, donde los indígenas
escondidos les dispararon y algunos de la infantería huyeron.
Después, el líder de las tropas norteamericanas ordenó la reti-
rada. El ejército perdió a 17 soldados; los nativos, solo a uno.

En numerosas batallas de la historia, ganaron los que parecían
llevar las de perder. Entre los factores que se consideran importantes fueron, por ejemplo, el conocer mejor el terreno, tener mejores armas, usar tácticas superiores y tener un liderazgo fuerte,
entre otros. La historia secular, sin embargo, no menciona que la
presencia de Dios puede ser otra causa.

En la historia de hoy, el reino del norte de Israel se enfrentó, con
ochocientos mil soldados, al reino del sur de Judá, que solo tenía
cuatrocientos mil. Ambos ejércitos conocían el terreno, así como
al enemigo. ¡Habían sido hermanos! Además, los dos podían recordar las grandes victorias de su pueblo. ¿La diferencia?

Israel abandonó los caminos de Dios y Judá no. El rey Abías declaró: «Más en cuanto a nosotros, Jehová es nuestro Dios, y no
lo hemos dejado» (2 Crónicas 13:10, RVR). Aunque las fuerzas de
Israel les tendieron una emboscada, «Dios desbarató a Jeroboam
y a todo Israel» (v.15). ¿Estás en una situación donde te sientes
pequeña o indefensa? ¿Tu iglesia enfrenta muchos retos? Recuerda que con Dios, ¡tienes todas las de ganar!

Gracias, Señor, porque contigo puedo vencer en medio de adversidades.

MH

Agosto 31

Confiar en las personas

En aquel tiempo vino el vidente Hanani a Asa, rey de Judá,
y le dijo: por cuanto te has apoyado en el rey de Siria,
y no te apoyaste en Jehová tu Dios, por eso el ejército
del rey de Siria ha escapado de tus manos.
2 Crónicas 16:7 (RVR60)

En las familias, en las escuelas, en las oficinas, en los palacios y en los barrios marginados, conviven personas que dicen y hacen cosas que al resto nos incomodan. Tarde o temprano, la pareja más enamorada tiene su primera discusión. La familia más cariñosa levanta la voz.

Si bien el rey Asa decidió muchas cosas positivas para el pueblo de Judá, como la construcción de lugares estratégicos y la destrucción de los ídolos, falló en las relaciones personales. Tuvo un acierto cuando destituyó a su abuela como reina madre, ya que Maaca practicaba el culto a una diosa cananea, pero en un momento de crisis, el rey confió en un hombre y no en Dios.

Cuando se vio amenazado por el rey de Israel, Asa sacó la plata y el oro del templo y los envió al rey de Siria como parte de un trato. Quería que el rey sirio lo ayudara a vencer a su vecino. Olvidó las historias de David y sus milagrosas batallas en las que Dios peleaba por su cuerpo. No pensó en los jueces que liberaron al pueblo con pocos caudillos.

Cuando se trata de relaciones personales, quizá creamos que Dios no puede solucionarlas. Tal vez, en lugar de buscar la conciliación, nos aliamos con alguien más para protegernos. Pudiera ser que prefiramos la amargura a los pasos del perdón. No seamos como Asa, que no buscó la ayuda de Dios cuando enfermó. Tengamos cuidado.

Señor, en ti me apoyo.

MH

Septiembre 1

Lectura diaria: 2 Crónicas 17, 18

Llevar su Palabra

Y enseñaron en Judá, teniendo consigo el libro de la ley de Jehová, y recorrieron todas las ciudades de Judá enseñando al pueblo.
(2 Crónicas 17:9, RVR60)

Mao Tse-Tung reunificó a China bajo la ideología comunista. Encarceló a médicos y maestros con el afán de imponer el comunismo y bloquear a China de cualquier influencia occidental. Para proclamarse «líder heroico infalible», distribuyó el «Pequeño Libro Rojo» con discursos y citas que él había dicho, exigiendo que se leyera diariamente.

Josafat sabía que un libro también podía cambiar la vida de su pueblo. Por esa razón, envió a sus príncipes y a los levitas para enseñar en Judá y llevar consigo el libro de la ley del Señor. Así que recorrieron todas las ciudades de Judá para enseñar el Pentateuco y el temor del Señor vino sobre todos los reinos vecinos, así que ninguno le declaró la guerra.

Su vida se resume con esta frase: «Josafat anduvo en los caminos de su padre David». No atrajo la atención hacia él mismo. ¡Los filisteos y los árabes le traían presentes! Josafat no necesitó oprimir a nadie: su reino gozaba de una economía estable y creciente. A Josafat se le considera uno de los buenos reyes de Judá.

¿Cómo serían nuestros países si nuestros gobernantes enviaran a líderes para enseñar la Biblia en cada pueblo y aldea? ¿Cómo actuarían nuestros gobiernos si todos temieran al Señor? Hagamos nuestra parte y amemos la Palabra de Dios, de modo que la llevemos a todo lugar. Luchemos en contra del analfabetismo y seamos parte de las personas que ofrendan para que la Biblia se traduzca a toda lengua y se distribuya hasta lo último de la tierra.

Señor, ¡que siempre busque yo tu palabra y la obedezca!

YF

SEPTIEMBRE 2

Lectura diaria: 2 Crónicas 19, 20

EL VALLE DE LA BENDICIÓN

*El cuarto día se congregaron en el valle de Beraca, y alabaron
al Señor; por eso llamaron a ese lugar el valle de Beraca,
nombre con el que hasta hoy se le conoce.*

(2 Crónicas 20:26, NVI)

Juliana de Norwich, una acolita que vivió durante la peste negra, enfermó a los treinta años y recibió visiones divinas que la sostuvieron. En medio de una época turbulenta, escribió: «Todo irá bien, y todo irá bien y todas las cosas irán bien». En medio de las tinieblas, Juliana entró en el valle de la alabanza.

En el texto de hoy, Dios nuevamente pelea por su pueblo. Aunque se encuentran rodeados, el Señor les recuerda que la batalla le pertenece. ¿Qué deben hacer? «Simplemente, quédense quietos en sus puestos, para que vean la salvación que el Señor les dará» (2 Crónicas 20:17, NVI). Pero ellos no obedecen del todo.

Se quedan quietos en el sentido de que no levantan un arma, pero se postran y adoran. Los levitas se ponen a alabar al Señor a voz en cuello. Cuando marchan, también cantan y mientras lo hacen, los amonitas y los moabitas atacan a los edomitas y se matan unos a otros. Ninguno escapa con vida. ¡El pueblo se salva!

No podemos olvidar la historia de Pablo y Silas, que cantaron en la cárcel de Filipos hasta que vino el terremoto. Los romanos también registraron su sorpresa ante los cristianos que enfrentaban la muerte en el Coliseo con canciones. ¿Por qué cantamos los cristianos? Porque Dios pelea por nosotros. Por eso vivimos en Beraca, el valle de la bendición o la alabanza, donde todo irá bien y todas las cosas irán bien.

Señor, gracias porque tuya es la batalla.

KO

Septiembre 3

Lectura diaria: 2 Crónicas 21, Abdías

Nuestro legado

Jorán… reinó en Jerusalén ocho años.
Cuando murió, nadie lo echó de menos.
(2 Crónicas 21:20, (RVC).

«La muerte no existe, la gente sólo muere cuando la olvidan; si puedes recordarme, siempre estaré contigo», escribió la autora chilena Isabel Allende. Los que hemos perdido a un ser querido bien sabemos que esas personas siguen viviendo en nuestra memoria. Recordamos sus palabras, sus consejos, sus chistes. En muchos casos su vida nos ha sido ejemplo y solo al despertarnos recordamos que físicamente ya no están.

Pero no fue así con el rey Jorán (o Joram, en otras versiones). Nos dice la Biblia que «cometió mucha maldad a los ojos del Señor» (2 Crónicas 21:7, RVC). Su esposa, hija de la perversa pareja de Acab y Jezabel, tuvo una mala influencia en él. Al llegar al reinado mató a sus hermanos. Construyó altares a los dioses paganos y Elías profetizó su muerte temprana y terrible, en que se le salieron los intestinos.

Tal fue su ignominia que ni lo sepultaron «en los sepulcros reservados para los reyes» (v. 20). Al final, «cuando murió, nadie lo echó de menos» (v. 20). ¿No te parece terrible? Abdías, quien predicó probablemente en la misma época, profetizó en contra de Edom, el pueblo que descendía de Esaú, hermano de Jacob y le recordó que la soberbia es la que engaña nuestro corazón y nos conduce a la destrucción.

Que Dios permita que dejemos un legado de amor y de fe, para que nos recuerden y extrañen. Sobre todo, que recuerden al Dios que dio propósito a nuestra vida. Evitemos la soberbia y no sigamos nuestros propios caminos. Amemos a Dios.

Señor, permite que mi vida deje huellas positivas en los demás.

MH

SEPTIEMBRE 4

Lectura diaria: 2 Crónicas 22, Joel 1, 2

LA IMPORTANCIA DE LOS ABUELOS

Ocozías recibió un entierro digno, porque la gente decía:
«Era el nieto de Josafat, un hombre que buscó al Señor
con todo el corazón».
(2 Crónicas 22:9, NTV)

Dios me concedió increíbles abuelos. Aunque no conocí a mi abuelo paterno, mi abuela paterna se distinguió por su fidelidad a Dios. Mi abuelo materno predicó en muchos lugares la Palabra de Dios y se preocupó por discipular a las nuevas generaciones. Mi abuela materna promocionó las misiones y trabajó a favor de la niñez.

Ocozías tuvo dos tipos de abuelos. Con solo veintidós años, el hijo de Atalía y nieto de Jezabel subió al trono. ¡Y solo reinó un año! Además de morir muy joven, tomó malas decisiones porque siguió el mal ejemplo de su abuelo materno, Acab. La Biblia también nos dice que «su madre lo animaba a hacer lo malo» (2 Crónicas 22:4, NTV). Murió a manos de quien ejecutó el juicio sobre Acab y su prole.

Sin embargo, de parte de su padre, Ocozías tuvo un abuelo que fue un buen rey y siguió los caminos de su padre Asa. Josafat hizo lo que era agradable a los ojos de Dios y, por consideración a él, la gente le ofreció un entierro digno a su nieto. Qué triste que Ocozías no siguiera el ejemplo de este abuelo.

Los abuelos son de gran influencia en las familias. Sus vidas tocan a sus nietos de modos muy diferentes a los padres. ¿Qué tipos de abuelos seremos? Espero que no como Acab y su prole que, además de no seguir a Dios incitaban a sus parientes al mal. Mejor seamos abuelos al estilo de Josafat y que busquemos al Señor de todo corazón.

Señor, quiero ser una abuela que te siga a ti.

KO

Lectura diaria: 2 Crónicas 23; Joel 2, 3

Cuidado con la víbora

Atalía se rasgó las vestiduras y gritó: «¡Traición! ¡Traición!».
(2 Crónicas 23:13, NVI)

Un soldado no comprendía por qué debía meter los pantalones a las botas hasta el día que, después de una faena entre los cerros, llegó cansado, comió y se recostó para descansar por un momento. Luego empezó a sentir que algo frío se deslizaba entre sus piernas y se enredaba: ¡una víbora! Sus compañeros tuvieron que ayudarlo a deshacerse de ella.

El pueblo de Judá dejó de seguir los caminos de Dios, o de meterse los pantalones dentro de las botas. Quizá pensaron que las instrucciones de Dios eran demasiado severas o innecesarias. Pero al irse apartando de Dios, dejaron que el peligro entrara al pueblo. Uno de los más grandes estuvo en Atalía.

¿Por qué Josafat, un hombre íntegro y fiel adorador del Dios verdadero, consintió que su hijo Joram se casara con esta mujer? Quizá no se dio cuenta de la forma sutil en que Atalía se había metido en la familia real de Judá y de lo peligrosa que era. ¡Y llegó el momento en que dio el golpe mortal! Destruyó la descendencia real y se apoderó del reino.

Pero la promesa de Dios seguía en pie y Joás, descendiente de David, fue protegido por Joiada, el sacerdote, quien tomó a la víbora por la cabeza. Las reglas divinas tienen una razón; entre otras cosas, nos protegen de aquellos que aborrecen a Dios y buscan destruir lo que Él hace. Gracias a Dios, Jesús ya ha vencido para siempre al enemigo. ¡Alabemos su protección y cuidado!

Señor, gracias por asestar el golpe a la cabeza de la serpiente y liberarme.

YF

Septiembre 6

Lectura diaria: 2 Crónicas 24, 25, 26

Influencia

Y, mientras vivió Zacarías, quien lo instruyó
en el temor de Dios, se empeñó en buscar al Señor.
Mientras Uzías buscó a Dios, Dios le dio prosperidad.
(2 Crónicas 26:5, NVI)

No hay terreno neutral cuando hablamos de la influencia. Todo el tiempo las personas a nuestro alrededor nos animan al bien o al mal. Del mismo modo, todo el tiempo influimos en los demás. Bien escribió Louisa May Alcott: «Hasta las personas más insignificantes ejercen cierta influencia en el mundo». ¿Qué tipo de influencia somos? ¿Nos dejamos influir?

Podríamos resumir las vidas de Joás, Amasías y Uzías con el versículo de hoy. Mientras estos reyes estuvieron bajo la influencia de un hombre piadoso, hicieron cosas a favor del pueblo de Dios y ganaron batallas. Sin embargo, en cuanto la arrogancia se apoderó de ellos, fallaron miserablemente y dos murieron asesinados y uno enfermo de lepra.

Muchas veces juzgamos a estos personajes y pensamos que no habríamos cometido los mismos errores. Sin embargo, un examen riguroso de nuestro corazón muestra lo contrario. Oramos cuando estamos en problemas, pero cuando nos sentimos en control, abandonamos a Dios y seguimos a los mismos ídolos del dinero, el placer y el poder.

Me parece que la clave está en la frase: «no de todo corazón» (2 Crónicas 25:2, NVI). Dos de estos reyes obedecieron siempre que alguien más caminara con ellos. El otro se afianzó al trono, pero se alió con las personas incorrectas. Caminemos con Dios aun cuando nadie más lo haga. La única influencia que necesitamos en nuestras vidas es la de Dios.

Padre Santo, influye en mí y guíame por el camino correcto.

KO

Septiembre 7

Limpieza verdadera

Dejen de traerme sus regalos sin sentido.
¡El incienso de sus ofrendas me da asco!
(Isaías 1:13, NTV).

En los años 80, en Colombia, el famoso Pablo Escobar construyó urbanizaciones para personas que vivían en basureros y donó canchas de fútbol para barrios populares. Estas obras y más hicieron que fuera apodado «el Robin Hood paisa». Sin embargo, esto no podía borrar los muchos crímenes que había cometido.

Quizá no somos como Escobar, pero pensamos que haciendo unas cosas buenas compensaremos las malas que muchas veces logramos ocultar. El profeta Isaías, sin embargo, irrumpe en el paisaje bíblico para recordarnos que no se trata de lo que hacemos. Declaró: «Estoy harto de sus ofrendas quemadas» (Isaías 1:11, NTV).

A Dios no le interesaban las apariencias, ni los actos externos de supuesta piedad. Pinta la realidad y nos dice cómo es el hombre: «Desde los pies hasta la cabeza, están llenos de golpes, cubiertos de moretones, contusiones y heridas infectadas, sin vendajes ni ungüentos que los alivien" (1:6, NTV). ¿Cuál es la solución? «Vengan ahora. Vamos a resolver el asunto… Aunque sus pecados sean como la escarlata, yo los haré tan blancos como la nieve» (1:18, NTV).

Si la sangre de Cristo su Hijo no nos lava el corazón, nada más lo hará. Podemos fingir una vida devota e incluso aparentar piedad, pero Dios ve más allá y señala que nada de eso nos purifica. Vengamos al Señor Jesús hoy para el perdón de nuestros pecados, si aún no lo hacemos y si ya tenemos al Señor en nuestras vidas, ¡demos gracias a Dios porque ya estamos a cuenta! ¡Estamos limpios!

Padre, gracias por limpiarme.

MH

Septiembre 8

Tlatelolco

> *Y el pueblo se hará violencia unos a otros,*
> *cada cual contra su vecino; el joven se levantará*
> *contra el anciano, y el villano contra el noble.*
> (Isaías 3:5, RVR60)

El 2 de octubre de 1968, una manifestación pacífica de estudiantes universitarios en ciudad de México se convirtió en una masacre. La protesta nació a raíz de eventos violatorios de los derechos humanos por parte de la policía y las fuerzas armadas en varios planteles escolares. La marcha llegó hasta la Plaza de las Tres Culturas en Tlatelolco, cuando repentinamente miembros del ejército vestidos de civiles abrieron fuego contra la gente reunida.

Se calcula que dos mil personas fueron detenidas; hubo 53 heridos graves y unos 350 muertos. En cierto sentido, los jóvenes se levantaron contra las autoridades, pero en otro sentido, muchos cayeron ante la violencia injustificada.

Por medio de Isaías, Dios habló del terrible sufrimiento que vendría a Judá y Jerusalén por su desobediencia. Les quitaría «todo aquello en lo que confían» (Isaías 3:1, NTV), no solo el esencial alimento sino también los líderes como sus «héroes y soldados; jueces y profetas; adivinos y ancianos, oficiales militares y altos funcionarios; consejeros, hábiles hechiceros y astrólogos» (v. 2-3). Todos irían desterrados. Habría opresión y violencia.

Nos quejamos de la violencia que nos rodea, aun violencia verbal: «Los jóvenes insultarán a sus mayores» (v. 5, NTV). El pecado y la corrupción llegan a considerarse normales y difícilmente busca el pueblo a Dios para sanar su maldad. Procuremos anunciar la justicia y llamar a nuestras naciones a buscar la sanidad en los caminos de Dios.

Señor mío, ¡salva a mi pueblo! Úsame como instrumento tuyo.

MH

Septiembre 9

Salvación

Con ella me tocó los labios y me dijo: «Mira, esto ha tocado tus
labios; tu maldad ha sido borrada y tu pecado, perdonado».
(Isaías 6:7, NVI)

¿A qué profeta se le ha llamado el Pablo del Antiguo Testamento o el Shakespeare de los profetas? Correcto. A Isaías. Su nombre significa «Jehová es salvación», y la palabra aparece 26 veces en su libro y solo 7 en los demás libros proféticos. Además, los participantes del Nuevo Testamento lo citan más de cincuenta veces. ¿Y cómo empezó su ministerio? A través de tres cosas que vio.

En primer lugar, vio al Señor en un trono alto y sublime. Contempló a los querubines, seres santos, que le adoraban y anunciaban su santidad. Después, se vio a sí mismo. ¿Qué vio? Suciedad, inmundicia, impotencia. «¡Ay de mí!», declaró. ¿Qué pasó entonces? Que recibió limpieza.

Isaías habla de un altar celestial, del que un serafín tomó un carbón encendido para quitar su pecado. ¿Qué se estaba quemando sobre ese altar? ¡Un sacrificio celestial! Isaías recibió la salvación por aquel sacrificio futuro que Cristo haría en el altar. Entonces, finalmente, vio la gran necesidad. ¿Quién daría los mensajes divinos al pueblo? «Heme aquí, envíame a mí», responde con determinación (1:8, RVR60).

Cada vez que abrimos la Palabra de Dios o contemplamos la naturaleza, vemos la santidad, el poder y la perfección de Dios. Que esto nos lleve a vernos a nosotras mismas y responder con humildad. Y entonces, cuando Dios nos muestre la necesidad de un pueblo ciego y perdido, podremos decir: «Aquí estoy». Que todo lo que hagamos, incluso si nuestro nombre no es Isaías, declare la salvación de nuestro Dios.

Gracias, mi Señor, por tu salvación.

KO

Septiembre 10

Lectura diaria: 2 Crónicas 27, 28

La bula de Acaz

> *Aun durante este tiempo de dificultades,*
> *el rey Acaz siguió rechazando al Señor.*
> (2 Crónicas 28:22, NTV)

A mediados de la década de los noventa, una bula, es decir, un tipo de sello apareció en un mercado de antigüedades. De 10 milímetros de ancho, este sello tiene la inscripción: «Perteneciente a Acaz (hijo de) Jotam, rey de Judá». Si alguna vez has dudado de la historicidad de la Biblia, este pedazo de barro nos muestra que Acaz realmente existió.

Tristemente, este rey incitó a que el pueblo pecara. Y la gente de Judá fue totalmente infiel al Señor mientras Acaz reinó. Los problemas, por lo tanto, no se hicieron esperar. Acaz estuvo envuelto en ataques de parte de Israel, Aram y Edom y, aunque pidió ayuda al rey de Asiria, terminó como su vasallo. Además, no escuchó a los profetas, quienes le advirtieron sobre las consecuencias de sus malas decisiones.

Si bien el hallazgo de este sello con el nombre de Acaz entusiasmó a la comunidad arqueológica, el dictamen que Dios dio sobre este rey nos entristece. «No hizo lo que era agradable a los ojos del Señor» (2 Crónicas 28:1, NTV) y «siguió rechazando al Señor» (v. 22). Este rey se codeó con los más importantes de su época, pero solo logró provocar el enojo de Dios.

¿Qué legado dejaremos para las generaciones futuras? Quizá un libro con nuestro nombre, o una empresa que perpetúe nuestro apellido. Sin embargo, el juicio más importante viene de los labios de nuestro Dios. Que de Él escuchemos el elogio que tanto anhelamos: «Hizo lo que era agradable a los ojos del Señor» (2 Crónicas 27:2, NTV).

Señor, mi más grande deseo es agradarte.

KO

Lectura diaria: 2 Crónicas 29, 30

Un legado de fe

Él hizo lo que era agradable a los ojos del Señor,
igual que su antepasado David.
(2 Crónicas 29:2, NTV).

Jonathan Edwards fue un predicador puritano que dejó un gran legado a sus once hijos. Años después, un estudioso trazó sus descendientes y descubrió algo asombroso. Entre ellos había un vicepresidente, trece presidentes de universidades, nueve senadores, gobernadores y alcaldes, treinta jueces, sesenta médicos, sesenta y cinco profesores, setenta y cinco militares, cien clérigos y más.

En contraste, el legado del criminal Max Jukes, que vivió en la misma época, cuenta con siete homicidas, sesenta ladrones, ciento noventa prostitutas, ciento cincuenta convictos y más de cuatrocientos alcohólicos entre sus descendientes. ¿Importa cómo vivimos nuestra vida hoy y cómo educamos a nuestros hijos? Me parece que estos ejemplos nos invitan a pensar que sí.

Hemos visto que el rey Jotán fue un hombre perverso. Su hijo Acaz siguió su mal ejemplo y aun cerró el templo de Jehová. Lo sorprendente es que Ezequías, el hijo de Acaz, «hizo lo que era agradable a los ojos del Señor» (2 Crónicas 29:2, NTV). Temeroso de Dios, volvió a los caminos del rey David, de quien descendía. Purificó el templo y lo volvió a abrir; reinstauró la Pascua. Un detalle notable es que su madre era hija de Zacarías, un hombre honrado.

Podemos confiar en que Dios bendecirá nuestras vidas si las dedicamos a Él. Importa también que elijamos parejas que aman al Señor y que criemos a nuestros hijos en sus caminos. En cuanto a los que temen a Dios: «Poderosa en la tierra será su descendencia; la generación de los rectos será bendita» (Salmo 112:2, LBLA).

Señor, pido para que mis descendientes te honren siempre.

MH

MONTAÑAS RUSAS

El resto de la historia de Ezequías y de sus obras piadosas,
está escrita en la revelación del profeta Isaías, hijo de Amós,
y en el libro de los reyes de Judá y de Israel.
(2 Crónicas 32:32, DHH)

Las primeras montañas rusas nacieron en el país de los zares donde se construyeron gigantescos toboganes para deslizarse por las colinas en la nieve. En Francia tomaron popularidad como atracciones y hoy alcanzan los 139 metros de altura. El punto de todas ellas es hacer que los pasajeros suban y bajen y, obviamente, que se asusten ante los efectos de la gravedad.

La vida de Ezequías bien podría simular una montaña rusa con altos y bajos. Entre los momentos de éxito en su vida podemos mencionar la dedicación del templo, la celebración de la Pascua, su liberación de Senaquerib y sus grandes obras de construcción.

Sin embargo, sus bajadas también son memorables. Ezequías enfermó gravemente, luego, al ser sanado, se volvió orgulloso y cuando Dios lo puso a prueba, erró al mostrar los tesoros a los enviados de Babilonia. Su vida no muestra una línea horizontal de constancia, sino picos y descensos, que nos recuerdan lo mucho que nos parecemos a él. Sin embargo, la conclusión general de la vida de este hombre nos muestra que «hizo lo que era agradable a los ojos del Señor» (2 Crónicas 29:2, DHH).

Nuestras vidas tienen momentos buenos y malos. Seguramente, así como no todos disfrutamos una montaña rusa, tampoco nos complacen siempre las vueltas de la vida. Sin embargo, recordemos que no nos subimos a una atracción sin abrocharnos el cinturón; del mismo modo, si buscamos agradar a Dios y nos aferramos a Él, llegaremos sanas y salvas al otro lado.

Señor, sé que no me soltarás.

KO

Septiembre 13

¿Un Dios bonachón?

Al Señor todopoderoso es a quien hay que tener por santo; a él es a quien hay que temer; hay que tener miedo en su presencia.
(Isaías 8:13, DHH)

Cuando tenía doce años terminé con un mal corte de cabello y parecía un niño. Lloré toda la tarde por el miedo de enfrentar a mis compañeras y tuve razón: dos niñas se burlaron de mí sin misericordia. Hace unos días, mi hijo de doce, pasó por algo similar con un corte poco halagador. Por la noche, entre lágrimas, resumió lo que yo también había sentido: «Me siento más seguro con el cabello largo».

Los judíos tampoco se sentían seguros. Aram e Israel, el reino del norte, se habían aliado para destruirlos. Isaías les había hablado sobre la protección de Dios, pero aun así, buscaron aliarse con Asiria. Cambiaron las aguas de Siloé por el río Éufrates, unas aguas que un día los inundarían.

Isaías quizá también sintió un poco de miedo, así que Dios le dio una firme advertencia de no pensar como los demás. «Si vas a temer a alguien, que sea a mí», le dijo. Isaías entonces concluye: «Yo esperaré al Señor… en Él pondré mi esperanza» (Isaías 8:17, NTV). Isaías reconoció que Dios estaba con él, como lo prometió por medio del nombre Emanuel.

Mi hijo y yo habíamos puesto nuestra seguridad en el cabello largo; Judá la puso en Asiria, una nación traidora. Los tres nos equivocamos. Nuestra seguridad no está en nuestra apariencia física o en las alianzas con gente poderosa o en la aceptación del otro, que es tan cambiante como el color del cabello de mi estilista. Que nuestra seguridad esté en Dios: «Él te mantendrá seguro» (Isaías 8:14, NTV).

Señor, Tú no cambias; Tú me amas; Tú me proteges.

KO

Septiembre 14

Lectura diaria: Isaías 9, 10

El más fuerte

> *Porque nos ha nacido un niño, se nos ha concedido un hijo; la soberanía reposará sobre sus hombros, y se le darán estos nombres: Consejero admirable, Dios fuerte, Padre eterno, Príncipe de Paz.*
> (Isaías 9:6, NVI).

En el 2023, el canadiense Mitchell Hooper ganó el título del hombre más fuerte del mundo, en la mayor competición del atletismo de fuerza. En ella, los competidores levantan un tronco gigante, lanzan un barril, escalan con objetos pesados, empujan un avión de cuarenta toneladas y levantan peso sobre su cabeza, entre otras cosas.

Sin embargo, ninguno de ellos puede cargar el gobierno del mundo sobre sus hombros. Ninguno puede sostener todas las penas, ni el peso del pecado de los que moramos en esta tierra. Por esa razón, Dios prometió en tiempos de Isaías que vendría un niño, palabra que nos declara la humanidad de Jesús y un hijo, que nos habla de su deidad.

Vendría a reinar con imparcialidad y justicia. Ocuparía el trono de David. Este Salvador prometido sería un Consejero admirable, un Dios fuerte, un Padre eterno y un Príncipe de Paz. Y aún más, la soberanía reposaría sobre sus hombros. ¡Qué fuerza tan grande el poder sostener el universo entero y todas las naciones pasadas, presentes y futuras! ¡El gobierno de todo recae sobre Él!

Pensemos hoy en los fuertes hombros de Jesús. Sobre ellos llevó nuestros pecados y cargó nuestros dolores. En sus hombros nos colocó como ovejas perdidas cuando regresamos al redil. En sus hombros lleva hoy nuestras cargas. ¿Y sabes qué? Es suficientemente fuerte para llevar eso y más. ¿Por qué? Porque es un Dios fuerte. ¡El más fuerte del mundo!

Señor, gracias porque eres un Dios fuerte.

KO

SEPTIEMBRE 15

Lectura diaria: Isaías 11, 12, 13

EL RETOÑO

Del tocón de la familia de David saldrá un brote, sí,
un Retoño nuevo que dará fruto de la raíz vieja.
(Isaías 11:1, NTV).

En el jardín de mi vecino crecía un gran árbol frondoso que ofrecía abundante sombra y a la vez, atractivo a su propiedad. Un día me alteré al descubrir que lo habían tronchado; quedaba un tronco desnudo y triste. Después de que, al fin de un tiempo, empezaron a brotar unas hojas, de nuevo se oyó el zumbido de una sierra eléctrica. El gigante quedó reducido a un tocón.

Aunque quedé horrorizada por ese destrozo, después me di cuenta del por qué. Las raíces eran tan fuertes que estaban haciendo que se rompiera la cerca que rodeaba el jardín y su base de cemento. Habían preferido tirar el árbol a cualquier otra solución.

Dios había prometido que el reino de David sería eterno y que siempre habría un rey de su linaje en el trono. Después de 350 años, el reino de David acabó físicamente. Pero Dios había revelado al profeta Isaías que: «Del tocón de la familia de David saldrá un brote, sí, un Retoño nuevo que dará fruto de la raíz vieja» (Isaías 11:1, NTV). Ese retoño era el Mesías.

Si observamos el árbol genealógico de Jesús en Mateo y Lucas, veremos que ambos tienen al rey David como antepasado común. El árbol volvió a surgir de un brote que era Jesús, Dios con nosotros. Por esa razón, Él es el experto en hacer retoñar lo que parece acabado o imposible de salvar, como nuestras vidas. Que Dios te muestre hoy su poder para hacer aun lo imposible.

Entrego mis «tocones» a Ti, Señor. Gracias por lo que Tú harás.

MH

SEPTIEMBRE 16

Lectura diaria: Isaías 14, 15, 16

CIUDADES BRILLANTES

¡Cómo has caído del cielo, oh lucero de la mañana,
hijo de la aurora! Has sido derribado por tierra,
tú que debilitabas a las naciones.
(Isaías 14:12, LBLA)

En su canción *City of Blinding Lights*, Bono recuerda su primera vez en Londres, luego en Nueva York, donde «cuanto más ves, menos sabes; menos encuentras mientras avanzas». Y es que las ciudades no son solo lugares alumbrados por luces cegadoras y anuncios brillantes, sino donde, tarde o temprano, se pierde la inocencia, donde abunda el crimen y los vicios, donde uno quiere ser un dios.

Y los israelitas lo sabían bien. Quizá también se dejaron deslumbrar por la gran Babilonia y su elegancia, su belleza arquitectónica y su sofisticación. Pero, detrás de ella estaba un Lucero, un ser refulgente que quiso ser igual a Dios; uno que quiso usurpar el trono del Creador.

Como nos enseña Pablo, todavía existe una lucha, una constante amenaza que busca destruir lo que Dios hace y que viene de parte de principados, potestades, los «poderes de este mundo de tinieblas... huestes espirituales de maldad en las regiones celestiales» (Efesios 6:12, LBLA). Pero en esta profecía leemos que un día su influencia acabará y su reino tendrá fin.

Mientras tanto, no olvidemos usar la armadura de Dios en todo tiempo y oremos constantemente por nuestras ciudades. En palabras de la canción de Toby Mac: «Si tenemos que empezar en algún lugar, ¿por qué no aquí?» Hagamos una ciudad sobre nuestras rodillas, donde intercedamos porque la luz del Señor sobrepase las luces de neón de cada ciudad.

Señor, te pido hoy por mi ciudad.

KO

SEPTIEMBRE 17

Lectura diaria: Isaías 17, 18, 19

MI PUEBLO

El Señor de los Ejércitos los bendecirá, diciendo:
«Bendito sea Egipto, mi pueblo, y Asiria,
obra de mis manos, e Israel, mi heredad».
(Isaías 19:25, NVI)

Crecí oyendo que Egipto era el enemigo acérrimo de los israelitas, tal como sucedió en el libro bíblico del Éxodo. Entonces, un día conocí a un egipcio en persona. Me sorprendió que fuera cristiano y no musulmán. Me asombró todavía más que me explicara que la iglesia copta comenzó en el primer siglo de nuestra era y lleva siglos anunciando el Evangelio.

¿Qué piensas cuando escuchas sobre los egipcios, los árabes, los iraníes y los iraquíes? Leemos sobre los palestinos y los jordanos que pelean constantemente contra los judíos, y los problemas en esa franja del mundo parecen interminables. Sin embargo, en esos lugares existen cristianos comprometidos que predican a Jesús en medio de la oposición.

Sobre todo, existe una promesa en Isaías 19. Habrá una señal de que en estas tierras se adora al Señor. Dios se dará a conocer a los egipcios e Israel será un aliado para ellos. Sobre todo, el Señor dirá de estas tierras: «Bendito sea Egipto, mi pueblo y Asiria, obra de mis manos, e Israel, mi heredad» (Isaías 19:25, NVI).

Desde hoy podemos participar del pueblo de Dios en todos los rincones del mundo. Podemos orar por los que son perseguidos y maltratados, por los que padecen hambre y sed, por los que se encuentran confundidos ante muchas ideologías opuestas. Podemos también tender la mano al ayudar a organizaciones cristianas que llegan a lugares remotos. Oremos hoy por nuestros hermanos que ocupan las antiguas tierras de Egipto y Asiria.

Oh, Señor, gracias porque amas a todos los pueblos por igual.

KO

Septiembre 18

Lectura diaria: Isaías 20, 21, 22

Sobre clavos

El Señor Todopoderoso dice: «Ese día el clavo que estaba bien clavado se aflojará. Se caerá y todo lo que pendía de él se romperá». El Señor lo ha decidido así.
(Isaías 22:25, PDT)

Los clavos probablemente tengan más de mil años. De hecho, los clavos más antiguos se encontraron en Egipto en 3400 a.C. Estos objetos de metal suelen usarse para sujetar como clavija o para unir dos piezas. ¿Sabes que existen más de diez tipos de clavos? En el capítulo 22, Isaías nos habla sobre dos hombres que se comparan con clavos: Sebna y Eliaquim.

Sebna era el administrador del palacio, el segundo del rey Ezequías. Sin embargo, posiblemente usó su autoridad y el dinero del pueblo para construirse una tumba monumental. ¿Y de qué le serviría su tumba? Para nada. Dios pensaba tirarlo de su pedestal y enviarlo deportado a Asiria donde moriría lejos de su tierra.

Dios eligió a Eliaquim como su sustituto. Él iba a actuar de un modo distinto. Sería para el pueblo como un padre. Tendría en su mano la llave del palacio y sería un «trono de honor para su familia» (Isaías 22:23, PDT). Como un clavo en una pared sólida, todo el peso de su familia dependería de él.

Pero al final del día, ninguno de estos clavos puede cargar el peso de la vida. Ninguna persona es capaz de sostener toda la existencia. Todo clavo, tarde o temprano, se aflojará y caerá. Y todo lo que pende de él se romperá. Solo unos clavos son suficientes: los del sacrificio de Jesús. Él clavó en la cruz la cuenta con todos los cargos contra nosotros. Dios nos perdonó la deuda. ¡Benditos los clavos en sus manos y sus pies!

No son los crueles clavos que te sujetan a la cruz, Señor, sino tu amor por mí.

KO

Lectura diaria: Isaías 23, 24, 25

LA MUERTE, ¡VENCIDA!

Destruirá a la muerte para siempre, y el Señor Dios
enjugará toda lágrima de todos los rostros.
Isaías 25:8 (RVA).

Xantofobia, miedo al color amarillo. Coulrofobia, miedo a los payasos. Gefirofobia, miedo a cruzar puentes. Entomofobia, miedo a los insectos. Todos le tememos algo, aunque no todos desarrollamos fobias. Sin embargo, todo ser humano tiene tres temores fundamentales: a la muerte, al abandono y al fracaso.

La cronofobia, el miedo al paso del tiempo, nos empieza a preocupar cuando las canas tiñen nuestro cabello o aparecen más arrugas de las deseadas. Una enfermedad o un accidente nos acercan al lugar más desconocido y atemorizante: la muerte. ¿Cómo será? ¿Qué pasará después? ¿Se acaba todo? Los israelitas quizá también enfrentaban estos mismos temores y por eso los cantos de Isaías iluminan el paisaje en estos capítulos.

En medio de sus profecías acerca de la destrucción de civilizaciones poderosas, Isaías hace brillar destellos de esperanza. En el capítulo 25:8 dice que el Señor «destruirá a la muerte para siempre, y el Señor Dios enjugará toda lágrima de todos los rostros» (RVA). Además, añade el profeta que en aquel día se dirá: «He aquí, este es nuestro Dios!... ¡Gocémonos y alegrémonos en su salvación!"» (v. 9).

Estas palabras seguramente nos recuerdan a muchas expresiones que leemos en Apocalipsis, el último libro de la Biblia. Lo que para otros es desconocido, para nosotros es la puerta a la eternidad en la presencia de nuestro Rey, que venció la muerte. Así que gocémonos en esa poderosa esperanza y compartamos este gran remedio para el mayor temor de la humanidad.

¡Te alabo porque venciste a la muerte!

MH

Septiembre 20

Lectura diaria: Isaías 26, 27

Perfecta paz

*¡Tú guardarás en perfecta paz a todos los que confían en ti;
a todos los que concentran en ti sus pensamientos!*
Isaías 26:3 (NTV)

¿Te ha pasado que un versículo en particular te recuerda a una persona? Esto me pasa con Isaías 26. No puedo leerlo sin pensar en mi abuelita Dorita, pues ella solía cantar y recitar el versículo 3 como un escudo protector. Y es que este capítulo encierra muchos tesoros en los que podemos meditar hoy.

En primer lugar, nos invita a sentirnos seguras pues la salvación de nuestro Dios es un muro a nuestro alrededor. Por esa razón, podemos experimentar una paz perfecta, pues para quienes confiamos en Dios «el camino no es empinado ni accidentado» (Isaías 26:7, NTV). El Señor allana el camino delante de nosotros.

Si bien Dios se encarga de concedernos paz, a nosotras nos toca confiar en Él y orar como el pueblo: «El deseo de nuestro corazón es glorificar tu nombre» (v. 7, NTV). Mi abuelita no tuvo una vida perfecta. Sufrió de enfermedades y problemas de todo tipo. Sin embargo, mis recuerdos giran alrededor de su devoción a Dios y de que ella reconocía que todo lo bueno, todo lo que había logrado, provenía de Dios.

Así que me aferro a la promesa que el Señor hace en este pasaje: «Pero los que mueren en el Señor vivirán; ¡sus cuerpos se levantarán otra vez!» (v. 19, NTV). Y espero con ansias el día que la vuelva a ver y nos sentemos juntas a cantar: «Tú guardarás en perfecta paz a aquel cuyo pensamiento en ti persevera porque en ti ha confiado».

Gracias, Señor, por tu perfecta paz.

KO

CON SINCERIDAD

El Señor me dijo: «Este pueblo me sirve de palabra
y me honra con la boca, pero su corazón está lejos de mí,
y el culto que me rinde son cosas inventadas por los hombres
y aprendidas de memoria».
(Isaías 29:13, DHH)

Blanche Taylor, una dama guapa y elegante, se dedicaba a enamorar a millonarios para luego volverse la beneficiaria de sus pensiones. Envenenó con arsénico a tres hombres antes de que la descubrieran y la sentenciaran. Seguramente a los tres les dijo que los amaba, pero en secreto tramaba su muerte.

Aunque Blanche hizo cosas inimaginables, nos recuerda que las palabras e incluso la forma de actuar pueden estar muy lejos de las verdaderas intenciones del corazón y esto lo menciona también Isaías. Muchas personas se acercan al Señor para obtener cosas, pero no le entregan su corazón. Piensan que pueden obtener de Él lo que quieran y seguir con su vida llena de maldad.

Sin embargo, Dios percibe su hipocresía. Podemos leer los juicios del Señor contra los que pretenden engañarlo con labios mentirosos. Entonces Isaías menciona a otro grupo de personas: los sordos que de pronto oyen las palabras del Libro, los ciegos que ven a través de la neblina, los humildes que reconocen su engaño y se acercan a Dios, los pobres de espíritu que se alegran en la salvación de Cristo.

Dios tiene el poder de cambiar los corazones y este último grupo de personas nos describe a muchos. Reconozcamos la santidad del Señor. Quedémonos asombrados ante su santidad. Que nuestros labios y nuestras acciones estén en sintonía con lo que hay en nuestro corazón: una gratitud a Dios por sus muchas bendiciones.

Señor, mi corazón se acerca a ti con sinceridad.

YF

Septiembre 22

El dragón inofensivo

¡Las promesas de Egipto no sirven para nada!
Por lo tanto, lo llamaré Rahab, el dragón inofensivo.
(Isaías 30:7, NTV)

Eustaquio, en las Crónicas de Narnia, se convierte en un dragón debido a sus pensamientos egoístas. ¿Por qué un dragón? Porque los dragones siempre han jugado una parte importante en la cultura. Desde Europa hasta Japón, son seres temidos, quizá venerados, pero que viven aislados y guardan celosamente sus tesoros.

En la Biblia, los dragones son expresiones del poder diabólico. En Isaías, por ejemplo, Judá pone su confianza en Egipto y no consulta a Dios. Dios entonces le advierte que Egipto no cumplirá con su parte del trato y el faraón se queda quieto, como un dragón inofensivo, aunque a final de cuentas un dragón. Egipto es el rostro de la avaricia y la arrogancia.

El dragón, en pocas palabras, representa el orgullo. Y si bien hay historias sobre cómo entrenar a tu dragón, la realidad bíblica es que a los dragones se les debe matar. Eustaquio, por ejemplo, solo pudo librarse de las escamas de dragón con ayuda de Aslan, figura de Cristo. ¡Y, por cierto, le dolió mucho!

Poner nuestra confianza en dragones, aunque luzcan poderosos, siempre fracasará. Tratar de domar nuestro orgullo tampoco sirve. Pensar que podemos confiar en algo que no sea Dios es como clamar igual que el dragón en un poema de C.S. Lewis que dice: «Dame paz, pero no me pides que renuncie al oro». A los dragones se les mata. No hay otra solución. Tal vez veamos el orgullo como un dragón inofensivo, pero no lo es. ¡Tengamos cuidado!

Señor, hazme una cazadora de dragones. Elimina de mí toda
arrogancia.

KO

Septiembre 23

Nuestro refugio

Habrá un rey que reinará con rectitud… será como refugio contra el viento y protección contra la tempestad, como canales de riego en tierra seca, como la sombra de una gran roca en el desierto.
(Isaías 32:1-2, DHH).

Cuando empieza la temporada de huracanes, los que viven en las zonas de riesgo están en alerta. Cuando los meteorólogos avisan que pronto se acerca un huracán, los habitantes se preparan para el embate de estas tormentas destructivas. Cubren las ventanas con tablas, se aseguran de tener alimentos y botiquín, se protegen de los elementos y están pendientes de una posible evacuación.

Desde tiempos inmemorables, la humanidad ha sufrido de males naturales debido al pecado de los hombres. Se toman medidas para disminuir los efectos de los desastres, pero rara vez vemos que se hacen esfuerzos por disminuir la injusticia de los gobernantes humanos. Solo Dios puede transformar a los hombres.

En medio del caos de su país, Isaías lamentaba los pecados de sus gobernantes. A la vez, anhelaba y profetizaba el día en que Dios levantaría líderes rectos. Ellos serían «como refugio contra el viento y protección contra la tempestad, como canales de riego en tierra seca, como la sombra de una gran roca en el desierto» (v. 2). A la larga, el rey que llenaría todos estos requisitos de forma plena sería Jesús, el Mesías.

No hay garantías que nos protejan contra los males del tiempo ni contra la maldad de los seres humanos. Gracias a Dios, en las tormentas de la vida tenemos a uno que nos abriga y nos permite estar fuertes y no darnos por vencidos. No seamos necios como los que se quedan en casa a pesar de la advertencia de un torbellino. Refugiémonos en Dios.

¡Tú eres mi refugio!

MH

Septiembre 24

Manantiales en el desierto

*El cojo saltará como un ciervo, y los que no pueden hablar
¡cantarán de alegría! Brotarán manantiales en el desierto y
corrientes regarán la tierra baldía.*
(Isaías 35:6, NTV).

En mis recuerdos de infancia tengo la portada de un devocional diario llamado *Manantiales en el desierto*. Y la historia de su autora, Letty Cowman es fascinante; nació en Iowa y se casó con Charles Cowman en 1889. Desde el inicio de su matrimonio, se dedicaron a las misiones.

De hecho, vivieron muchos años en Japón, donde predicaron el Evangelio. Sin embargo, en 1918 tuvieron que regresar a Estados Unidos por la salud de Charles. Mientras Letty veía la salud de su marido deteriorarse, escribió sus reflexiones diarias con citas de un autor conocido y lo tituló inspirada en Isaías 35, que nos habla de la esperanza en la restauración de su pueblo.

En este capítulo, Isaías describe cómo, en un tiempo futuro, habrá abundancia de flores y cantos de alegría. Los que tienen manos cansadas se fortalecerán; los que sufren de rodillas débiles, se animarán. Y luego promete que Dios vendrá y abrirá los ojos de los ciegos y destapará los oídos de los sordos. Esta profecía ya se cumplió con la venida de Jesús, pero todavía falta contemplar el día que desaparecerán para siempre el luto y la tristeza.

El esposo de Letty murió, pero su devocional sigue publicándose. Y Letty, por instrucciones de su esposo, continuó su labor y trabajó con firmeza en las misiones. Aprendamos de ella y no nos cansemos de hacer el bien. Un día los manantiales de agua saciarán la tierra sedienta, pero mientras tanto, seamos las que van regando con el agua del Evangelio los desiertos de este mundo.

Señor, gracias por tus manantiales en los desiertos de la vida.

KO

Lectura diaria: Isaías 37, 38

Él se hace cargo

Porque has rugido contra mí y tu insolencia ha llegado a mis oídos, te pondré una argolla en la nariz y un freno en la boca. Además, por el mismo camino por donde viniste te haré regresar.
(Isaías 37:29, NVI)

Shrijana Chaulagain cuenta que cuando tenía 15 años, quería ir a la escuela con un lindo peinado y le pidió a una persona que sabía hacer trenzas que la peinara. Cuando llegó a la escuela, los chicos empezaron a halagarla. Pero la chica considerada la más guapa de la clase le dijo: «Tú no eres hermosa. Es solo por hoy, así que, recuerda que eres fea».

Llegó a su casa llorando inconsolable y le preguntó a su madre por qué la había hecho tan fea. Su madre contestó: «¿Quién ha dicho que eres fea? Eres hermosa. Los que dicen que eres fea son muy feos por dentro». ¿Te ha pasado algo semejante? ¿Las palabras de alguien te han hecho dudar de cómo te ve Dios? Cuando alguien critica la apariencia del otro, realmente está criticando a Dios mismo.

Por ejemplo, en la historia de hoy, el rey Senaquerib dijo que Dios engañaba a Ezequías. Fue como si le dijera: «¿Crees que eres especial para Dios y que te protegerá? ¡Qué iluso!» Así que Ezequías llegó al templo inconsolable y le presentó la carta al Señor. Ezequías pidió que el nombre del Señor y su gran poder no quedaran en duda, que el Señor reivindicara su nombre. ¡Y el Señor lo hizo!

Cuando alguien te ofenda, ve ante Dios con carta en mano. Cuéntale lo que otros han dicho y deja que Él tome cartas en el asunto. Ezequías no tuvo que mover un solo dedo. Venció sin lanzar una sola flecha. Dios toma muy en serio cuando alguien maltrata a su pueblo, así que confía en Él y espera en Él.

Gracias, Señor, porque tú me proteges y me amas, así como soy.

YF

¿Cansada?

> *¿Acaso nunca han oído? ¿Nunca han entendido? El Señor es el Dios eterno, el Creador de toda la tierra. Él nunca se debilita ni se cansa; nadie puede medir la profundidad de su entendimiento.*
> (Isaías 40:28, NTV)

Agotada. Cansada. Exhausta. ¿Te suena familiar? Todavía no llego a los 50 años y algunos días me siento como una anciana. Cada generación se queja de que está más fatigada que la anterior. Hoy culpamos a la tecnología, los del siglo XIX señalaban al capitalismo y en el Medievo apuntaban al pecado. De hecho, cada época tuvo sus serios problemas, como la peste negra, la industrialización y las constantes guerras.

El cansancio, sin embargo, no es solo físico sino también mental y emocional. Por eso las palabras de hoy son un gran aliciente. Dios no es como nosotros. No lo podemos comparar con nada ni con nadie. ¿Quién es como Él? En primer lugar, Él es el Creador de toda la tierra y nunca se debilita ni se cansa. Dios nunca estará demasiado agotado para escucharnos.

Además, Dios da fuerza a los débiles. Él ve nuestras dificultades y toma en cuenta nuestros derechos. Él está al pendiente de los jóvenes que se debilitan y con mayor razón de los no tan jóvenes que caemos exhaustos. ¿Qué nos pide? Confiar en Él.

Cuando lo hacemos el centro de nuestras vidas, nos da nuevas fuerzas para hacer lo que sea que necesitemos en ese momento. Quizá hoy nos sintamos cansadas. Tal vez sea porque estamos corriendo en círculos sin ningún propósito. Respiremos con tranquilidad, luego centremos nuestros pensamientos en Dios y recibamos su consuelo.

Señor, dame fuerzas hoy.

KO

SEPTIEMBRE 27

Lectura diaria: Isaías 41, 42

DAME LA MANO

Pues yo te sostengo de tu mano derecha; yo, el Señor tu Dios.
Y te digo: «No tengas miedo, aquí estoy para ayudarte».
(Isaías 41:13, NTV).

Conozco muy bien las manos de mi esposo. Sé dónde están las partes más rugosas y las más suaves. Las acaricio cuando miramos una película juntos. Me aferré a ellas antes de dar a luz a mis hijos. Las sostuve mientras intercambiábamos nuestros votos matrimoniales. Y sé que un simple apretón suyo puede tranquilizarme.

En los capítulos 41 y 42 de Isaías, Dios menciona tres veces sus manos. Primero, Dios reconoce el miedo y nos dice: «Te sostendré con mi mano derecha victoriosa» (41:10, NTV). Su mano nos da fuerzas y aliento. Cuando estamos débiles y cansadas, su mano tiene el poder suficiente para levantarnos del suelo.

Su mano también nos sostiene. Como cuando salimos del hospital y nuestras piernas tambalean por la debilidad, el Señor nos rodea y con su mano nos estabiliza. Incluso cuando nos sentimos como un humilde gusano, o cuando sentimos que todo está en nuestra contra, Dios nos dice: «No tengas miedo, aquí estoy para ayudarte» (41:13, NTV).

Finalmente, Dios sabe que a veces tenemos miedo de hacer lo que nos pide. Cuando la misión que nos ha encomendado resulta abrumadora, o cuando nos preguntamos si somos la persona correcta para comunicar su mensaje, Él dice: «Yo, el Señor, te he llamado para manifestar mi justicia. Te tomaré de la mano y te protegeré… y serás una luz para guiar a las naciones» (42:6, NTV). Aprendamos a reconocer y conocer las manos que nos levantan, nos sostienen y nos acompañan todos los días de nuestra vida.

Ten mi mano, Señor.

KO

Septiembre 28

No hay otro Dios

Pero tú eres mi testigo, Israel —dice el Señor—, tú eres mi siervo.
Tú has sido escogido para conocerme, para creer en mí y
comprender que sólo yo soy Dios. No hay otro Dios;
nunca lo hubo y nunca lo habrá.
(Isaías 43:10, NTV)

Los antropólogos estiman que hay cerca de 18 mil dioses y animales que se han adorado desde el principio de los tiempos. También se cree que más del 80% de la población global se considera religiosa. ¿Por qué? Porque fuimos creados para adorar. El ser humano necesita a Dios porque somos sus criaturas.

Israel, por ejemplo, fue elegido para conocer al Señor, creer en Él y proclamar lo que el hombre se niega a reconocer: que solo hay un Dios. Nunca ha habido otro. Jamás lo habrá. El hombre puede formar ídolos, una cantidad enorme de supuestos dioses, pero todos son falsos. Y, «¿quién, sino un tonto, se haría su propio dios, un ídolo que no puede ayudarlo en nada?» (Isaías 44:10, NTV).

¿Y cómo podemos estar seguros de que Dios es quien dice ser? Recordemos que cada vez que hemos estado en aguas profundas, el Señor ha estado a nuestro lado. Cuando hemos pasado por ríos de dificultad, no nos hemos ahogado. En el fuego de la opresión, las llamas no nos han consumido. ¿Por qué? Porque nuestro Salvador ha estado allí. Y Él dice: «Yo soy el Primero y el Último; no hay otro Dios. ¿Quién es como yo?» (44:6-7, NTV).

Por lo tanto, hagamos caso al consejo que Dios da varias veces en este pasaje: No tengamos miedo. Pertenecemos a Dios, al único, al verdadero, y Él nos dice: «No hay quien pueda arrebatar a nadie de mi mano» (Isaías 43:13, NTV). Y ahí, en esa mano, estamos tú y yo.

Señor, no hay otro Dios salvo Tú.

KO

Septiembre 29

Nuestro apodo

Yo te entregaré tesoros escondidos, riquezas guardadas en lugares secretos, para que sepas que yo soy el Señor, el Dios de Israel, que te llama por tu nombre.
(Isaías 45:3, DHH)

Una pequeñita de tres años se acercó a su papá y le susurró al oído: «Papi, ya sé cuál es tu apodo». «¿En serio?», preguntó su padre. «¿Cuál es?» Ella entonces bajó la voz todavía más: «Tu apodo es Chris. Todos en la clase de *ballet* te llaman Chris Lyman. Pero no te preocupes. Yo también tengo un apodo. Me dicen Violet Lyman. Así que tenemos el mismo apodo».

Dios conocía a Ciro por nombre y cuando Isaías escribió esta profecía todavía faltaban ciento cincuenta años para que Ciro naciera. ¡Increíble! Sin embargo, Dios ya había decretado que este gobernante pagano sería parte del plan divino para permitir que los israelitas volvieran a su tierra después del exilio.

Como la niñita del cuento, quizá tú, como yo, sabemos que Dios es nuestro Padre y que somos sus hijas. Tal vez nos hemos encariñado con esos nombres, pero debemos madurar, como esa pequeña, y pensar en nuestros «apodos». Así como Dios es santo, somos santas. Dios es bueno, nosotras lo podemos ser también. Dios es amor. ¿Y nosotras?

Tenemos el mismo apodo. Somos sus hijas y él nos llama por nombre. Muchos siglos atrás, toda una eternidad, Él nos dio un nombre y un propósito en su plan divino. Que esto nos haga venir a Él hoy en humildad y adoración para decir: «Señor, no hay dios aparte de ti. Eres Dios justo y Salvador. Solo en ti hay salvación. Gracias porque soy tu hija».

Señor, quiero mostrar al mundo que te pertenezco.

YF

Septiembre 30

Lectura diaria: Isaías 47, 48, 49

En manos del Señor

Yo respondí: «¡Pero mi labor parece tan inútil! He gastado mis fuerzas en vano, y sin ningún propósito. No obstante, lo dejo todo en manos el Señor; confiaré en que Dios me recompense».
(Isaías 49:4, NTV)

Durante 17 años, el Dr. William Leslie vivió en el Congo como un misionero. Debido a un problema con los líderes tribales, regresó a su país y murió nueve años después. Pensó que todo su tiempo en África había sido un fracaso. Sin embargo, en 2010 un grupo de misioneros descubrió que había 8 aldeas con iglesias grandes y todas iniciaron por las visitas del Dr. Leslie para enseñarles a leer y a escribir.

Isaías seguramente se sintió también como un fracaso. El Señor lo había elegido desde antes de que naciera para ser su siervo y trajera de regreso a su pueblo Israel. Isaías, sin embargo, solo experimentó rechazo y desprecio. ¿Lo has vivido también? Sabes que Dios te ha dado una labor, pero ¡no ves fruto!

Recuerda lo mismo que aprendió Isaías. En primer lugar, Dios te llamó desde que estabas en el seno de tu madre. Es decir, Él tiene un plan y no olvidemos que sus pensamientos no son como los nuestros. En segundo lugar, Él es Señor, Redentor y Santo; todos sus propósitos se llevarán a cabo. Finalmente, no olvides que Él te ama.

Así como una madre no olvida a su hijo, Él tampoco te dejará. Así que, hagamos lo mismo que hizo Isaías: dejemos todo en manos de Dios y confiemos en que Él, a su tiempo, nos recompensará. Aunque todo parezca inútil, sigue sembrando la Palabra de Dios en los demás. El fruto, tarde o temprano, llegará.

Señor, confío en ti y en tus propósitos.

KO

Octubre 1

Lectura diaria: 1 Reyes 9, Ezequiel 3

Nuestro testimonio

*No estás siendo enviado a un pueblo de lenguaje profundo
y difícil de entender, sino al pueblo de Israel.*
(Ezequiel 3:5, RVC)

¡Qué difícil es ir a otro país y aprender un nuevo idioma para compartir el Evangelio con ellos! Eso pensamos muchos, pero ¿cuánto hemos hablado a las personas «fáciles» que viven alrededor de nosotros? Aún más importante, ¿cuántas hemos testificado a nuestros propios familiares? En realidad y por varias razones, puede ser más difícil comunicarles el mensaje cristiano a los mismos parientes.

El Señor le dijo al profeta Ezequiel que no lo enviaba a un pueblo extraño, sino al pueblo de Israel. Y quizá hubiera sido más sencillo predicar a los desconocidos que a sus parientes, quienes, según anunció Dios desde el principio, no lo querrían escuchar pues eran «de cabeza dura y de corazón obstinado» (Ezequiel 3:7, RVC). Por otro lado, el Señor le indicó también que era responsable por los demás si no les llevaba el mensaje. Y Ezequiel obedeció.

¿A quién te ha enviado Dios a compartir el mensaje de las Buenas Nuevas del Evangelio? Seguramente todas tenemos la carga de anunciar su salvación a nuestras familias y probablemente nos hemos topado con rechazo y burla. De cualquier modo, sigamos el ejemplo de Ezequiel. Hablemos con humildad y admitamos que también necesitábamos la gracia de Dios para llegar a conocerle.

Dios nos quiere usar para testificar de su bondad. Puede vencer nuestros temores y ayudarnos a ser transparentes y humildes al compartir. El evangelismo no necesariamente dará resultados inmediatos. Compartamos nuestro testimonio y recordemos siempre que el responsable de la cosecha es Dios.

Ayúdame a compartir tu amor y salvación.

MH

OCTUBRE 2

Lectura diaria: Isaías 53, 54, 55

ENTRAR AL CAOS

*Fue despreciado y rechazado: hombre de dolores, conocedor
del dolor más profundo. Nosotros le dimos la espalda
y desviamos la mirada; fue despreciado, y no nos importó.*
(Isaías 53:3, NTV)

Mucho se habla de ser la voz de los desprotegidos y de tener empatía. Sin embargo, ¿puedo realmente entender lo que una mujer indígena experimenta día a día, desde la comodidad de mi sala? No puedo. Por lo tanto, posiblemente experimento lástima, más que compasión. No estoy realmente en los zapatos del otro.

Jim Keenan dijo que la misericordia es «la disposición de entrar al caos de otro». Y eso hizo Jesús. Isaías 53 nos especifica cómo cargó con nuestras debilidades. Nuestros dolores lo agobiaron. Nuestros pecados lo aplastaron y nuestras rebeliones lo traspasaron. Entró a nuestro caos en todo su horror, por amor a nosotros.

Finalmente, fue llevado al matadero y guardó silencio. Toda esta escena pinta un cuadro de fracaso, de humillación y quizá por eso desviamos la mirada. No nos gusta pensar que murió sin que a nadie le importara; tampoco dejó descendientes, lo que nosotros tanto valoramos. Pero todo formaba parte del buen plan del Señor. Sí, Jesús tenía que morir para que nosotros nos salváramos.

Y hoy nosotras podemos hacer lo mismo por otros, porque las que creemos en Él, tenemos su naturaleza. Podemos «entrar a su caos» y encontrar ahí la esencia del amor. Más que enviar dinero a los pobres, podemos sentarnos con ellos y compartir el pan. Más que orar por los adolescentes confundidos, podemos participar con ellos y escucharlos. Cuando Jesús vio todo lo que se logró mediante su angustia, quedó satisfecho. Nosotros también lo estaremos cuando aprendamos a «entrar al caos de los otros» por amor.

Señor, gracias por haber entrado a mi caos para salvarme.

KO

OCTUBRE 3

Lectura diaria: Isaías 56, 57, 58

HAGAMOS LO CORRECTO

¿No es más bien el ayuno que yo escogí, desatar las ligaduras
de impiedad, soltar las cargas de opresión, y dejar ir libres
a los quebrantados, y que rompáis todo yugo?
(Isaías 58:6, RVR60)

En la aldea de Rozwadow, al este de Polonia, dos médicos polacos, Eugene Lazowski y Stanislaw Matulewicz, encontraron la manera de evitar que los hombres de su aldea fueran reclutados por el ejército nazi inyectándoles células muertas de Tifus. Las muestras de sangre daban positivo cuando se enviaban a los laboratorios, pero los pacientes no desarrollaban síntomas, es decir, estaban completamente sanos.

Los nazis declararon Roswadow y sus alrededores en cuarentena y la inundaron con carteles advirtiendo el peligro. Para no levantar sospechas, los médicos imitaron con inteligencia la forma como se presentaban las epidemias y mantuvieron activa «la epidemia de tifo» hasta que terminó la guerra. De esta forma, lograron salvar a ocho mil judíos del Holocausto y a muchos polacos de desaparecer y no poder regresar con su familia.

Cuando hablamos de ayuno, pensamos en dejar de comer. Pero si lo extendemos a otras áreas, podemos ayunar de temor y armarnos de valor para hacer lo correcto, aunque nadie lo haga. Estos dos médicos arriesgaron sus vidas para desatar las ligaduras de impiedad de los nazi. No pensaron en forma egoísta para «salvarse» ellos o sus familias, puesto que de cualquier manera hubieran perecido.

Dios nos pide que vayamos contra corriente. Muchas veces vamos a tener que tomar decisiones que nos ponen en riesgo pero que agradan al Señor. ¡No debes preocuparte! Si haces lo correcto, el Señor te respaldará.

Señor, que siempre haga yo lo correcto, aunque me cueste la vida.

YF

OCTUBRE 4

Lectura diaria: Isaías 59, 60, 61

¿QUIÉN PODRÁ AYUDARNOS?

¡Escuchen! El brazo del Señor no es demasiado débil para no
salvarlos, ni su oído demasiado sordo para no oír su clamor.
(Isaías 59:1, NTV)

¿Sabías que Venezuela, Honduras, Guatemala, Paraguay y México están entre los países más corruptos del mundo? Y seguramente nos preguntamos: ¿cómo podemos como nación dejar a un lado la injusticia y la inseguridad? ¿Por qué vivimos en lugares donde a nadie le importa la honradez? ¿Quién podrá ayudarnos? ¿El Chapulín Colorado?

Isaías amaba inmensamente a su pueblo, pero no estaba ciego. Sabía que la corrupción que rodeaba a su país se debía a una sola cosa: sus pecados los habían separado de Dios. El profeta enumera sus muchos problemas como la violencia y la injusticia, pero concluye que están ahí porque, a pesar de que todos buscaban cielos radiantes, amaban caminar en las tinieblas.

Así como Israel, nuestros países se encuentran hundidos en la miseria porque le hemos dado la espalda a Dios. Y como los israelitas, quizá también creemos que Dios no es lo suficientemente fuerte para rescatarnos. Pero no olvidemos que el Redentor ha venido para consolar a los de quebrantado corazón, proclamar liberación a los cautivos y dar libertad a los prisioneros. ¡Debemos recurrir a Él!

El brazo del Señor no es demasiado débil para salvarnos. De hecho, tiene un «brazo fuerte, sostenido por su propia justicia» (Isaías 59:16). Así que, como Isaías, oremos por nuestra tierra en plural, identificándonos con nuestro pueblo pues todos en algún momento nos hemos rebelado y le hemos dado la espalda. Pidamos por las misericordias de Dios pues necesitamos como naciones arrepentirnos de nuestra maldad y reconocer a Jesús como el Redentor que necesitamos.

Señor, te ruego por mi país. Sálvalo.

KO

Octubre 5

Lectura diaria: 1 Reyes 13, Ezequiel 10

Letra pequeña

«Esto dice el Señor: "Has desafiado la palabra del Señor y desobedecido el mandato que el Señor tu Dios te dio"».
(1 Reyes 13:21, NTV)

«Rebaja: ¡cuarenta por ciento!» El letrero en la vitrina de una tienda de ropa me llamó la atención. Al acercarme, vi que en letra más reducida decía: «en la segunda de dos prendas». Algo engañoso, ¿no crees?

¿Cuánto cubre en realidad ese seguro que piensas contratar? ¿Cuáles son las consecuencias de no pagar a tiempo tus mensualidades para un pago? Todos sabemos la fama de los contratos que tienen «letra pequeña» al final, con algunas condiciones desfavorables para quien firme sin leerla. Puede ser necesario usar una lupa para leer esa fuente, pero ¡es importante leerla!

El profeta anónimo de, que enfrenta al rey Jeroboam por su crasa idolatría, obedeció a Dios sin pestañear aunque su vida estaba en peligro. El rey ordenó detener al hombre al escuchar la dura profecía, pero inmediatamente se le paralizó la mano. El profeta fue misericordioso al contestar los ruegos de sanidad, pero rechazó la invitación del rey a comer con él. Dios le había prohibido comer en ese lugar. Tristemente, poco después fue engañado, comió en casa del rey y un león lo mató.

El profeta sabía lo que Dios le había ordenado y, hasta cierto punto, cumplió. Pero no leyó la letra pequeña de las consecuencias por desobedecer. Al Señor no le place que digamos: «Aquí le haré caso a Dios, pero en este otro asunto, no». No te desenfoques; no seas indecisa. Si sabes lo que el Maestro te pide, hazlo sin pretextos.

Ayúdame a serte fiel en todo.

MH

OCTUBRE 6

Lectura diaria: Isaías 65, 66

NECESITO UN ABRAZO

> *Los consolaré allí, en Jerusalén,*
> *como una madre consuela a su hijo.*
> (Isaías 66:13, NTV)

¿Cuántos abrazos se necesitan al día? Según la psicoterapeuta familiar Virginia Satir necesitamos cuatro para sobrevivir, ocho para mantenernos y doce para crecer. Por esa razón, más de diez veces en el libro de Isaías aparece la palabra «consuelo» y sus derivados. De hecho, los judíos rabinos llaman al libro de Isaías el «Libro de la consolación». ¿O podría ser el «Libro de los abrazos»?

El profeta escribió durante una época de guerras, incertidumbre y desolación. El pecado entre los líderes abundaba; las naciones vecinas se fortalecían. Las personas seguramente enfrentaban dificultades de todo tipo, así que Isaías dice varias veces algo sobre el consuelo.

En el último capítulo, Isaías compara el consuelo de Dios con el de una madre. Primero, dice que un día beberemos abundantemente de su gloria, como un bebé se sacia de los pechos consoladores de su madre. Luego habla de que seremos llevados en sus brazos y sostenidos en sus piernas, al igual que una madre consuela a su hijo.

Nakham, consuelo en hebreo, proviene de la misma raíz que se usa para descanso. Así que, si hoy estás teniendo un mal día o te sientes agotada, si todo a tu alrededor son malas noticias y quieres rendirte, acude a los brazos de Dios. Permite que su gloria te sacie y que todo lo que hemos venido aprendiendo del libro de Isaías te traiga descanso. Como escribió la abadesa alemana Hildegard de Bingen: «Dios te abraza; estás rodeado por los brazos del misterio de Dios».

Gracias, Señor, por ser el Dios de toda consolación.

KO

Octubre 7

Lectura diaria: Oseas 1, 2, 3, 4

¿Cuánto vales?

Te haré mi esposa para siempre. Te haré mi esposa con derecho y justicia, en gran amor y compasión.
(Oseas 2:19, NVI)

Johnny Lingo es una película basada en una historia de la Polinesia donde las mujeres deseables valen de cuatro a seis vacas. Cuando Johnny va con el padre de Mahana, él le dice que solo le dé una vaca a cambio de su hija. Johnny, sin embargo, insiste en pagar ocho. Aún más, cuando Mahana regresa de la luna de miel, luce hermosa y elegante. ¿Por qué? Porque sabe que vale ocho vacas para su esposo.

Quizá Gomer nos parece una mujer que no valía la pena. En primer lugar, cuando Oseas se casa con ella era una prostituta. Luego, para colmo, después de darle tres hijos a Oseas, lo vuelve a engañar y huye con sus amantes. De hecho, termina como esclava en una subasta y Oseas la compra nuevamente.

Dios compara la historia personal del profeta con la infidelidad de Israel y su amor por esa esposa desagradecida, pero le hace la promesa de santificarla y hacerla otra vez su esposa para siempre. La lleva al desierto, le habla con ternura y ella entonces finalmente le llama «esposo mío». Así como Oseas amó incondicionalmente a Gomer, Dios lo hace con su pueblo Israel.

Y así como el amor de Johnny por Mahana la hizo sentir reluciente, el amor de nuestro Señor hace lo mismo por nosotras. Aunque éramos rebeldes y desagradecidas, el Señor Jesucristo pagó la mayor dote que alguien pudiera pagar: su vida misma. Para Él valemos más que ocho vacas y su amor nos ha ganado por completo. ¡Demos gracias por su fiel amor!

Señor, tu vida me ha hecho inmensamente valiosa.

YF

Octubre 8

Esforcémonos

Quiero que me demuestren amor, no que ofrezcan sacrificios.
Más que ofrendas quemadas, quiero que me conozcan.
(Oseas 6:6, NTV)

Lea es una mujer de treinta años, con ojos verdes y una complexión hermosa. Su sonrisa atrae a todos como un imán. Sin embargo, sigue soltera y me confesó: «Conozco a chicos que creen que se han enamorado de mí, pero no conocen a la verdadera Lea».

No saben que doce años de guerra en Siria han dejado muchas cicatrices. Ignoran que tuvo que criar a sus dos hermanos cuando su madre enfermó de cáncer. No saben que ella sueña con escribir un libro y viajar. Ella solo anhela ser conocida y amada. ¿Se puede amar sin conocer?

Si bien a veces nos enamoramos, como nos sucedió cuando oímos de Jesús y entendimos su regalo, el amor profundo surge de conocer al otro. Por esa razón, Oseas le ruega al pueblo que vuelva al Señor. El pueblo había cambiado a Dios por ídolos, pero Oseas sabía que era porque en verdad no conocían bien al Dios de sus padres. Clama entonces: «¡Oh, si conociéramos al Señor! Esforcémonos por conocerlo» (Oseas 6:3, NTV). Entre más conocemos al Señor, más lo amamos, pero requiere un esfuerzo.

Pido a Dios porque Lea encuentre a un hombre que vaya esa milla extra para no solo apreciar su hermoso rostro, sino tomarse el tiempo de conocer cada capa de su corazón hasta llegar a lo más profundo. Si tú, amada, también eres soltera, pido lo mismo por ti. ¿Y las demás? ¿Nos animamos a conocer un poquito más, cada día, a nuestro Salvador para así amarlo más?

Señor, tú quieres que yo te conozca más y más. Deseo hacerlo.

KO

OCTUBRE 9

Lectura diaria: 1 Reyes 17, Ezequiel 14, 15

MUNDO AL REVÉS

> *«Vete de aquí...escóndete en el arroyo Querit...*
> *Allí podrás beber agua del arroyo, y he ordenado*
> *a los cuervos que te lleven comida».*
> (1 Reyes 17:4, DHH)

Mi papá vivió en Canadá y le encantaba alimentar a los pájaros y observarlos llegar de muchos lados. Sobre todo, en invierno les proveía semillas. Sin embargo, se habría sorprendido mucho si de repente los roles se hubieran invertido y las aves le hubieran traído comida para el almuerzo.

Sin embargo, junto al arroyo de Querith, Elías recibió pan y carne de unos cuervos, considerados aves de carroña. Además, Dios lo llevó a un país gentil y lo alimentó por medio de una viuda. Si Dios hubiera pedido la opinión de Elías sobre cómo ayudarlo a sobrevivir una hambruna, él seguramente no habría incluido cuervos, viudas y un puñado de harina como su medio de rescate.

Hoy, Dios todavía actúa de la misma manera. Nos da la provisión de modos que jamás imaginamos. Nos pone en contacto con personas que no hubiéramos elegido. Nos lleva a lugares laborales que tal vez no fueron nuestra primera opción. Pero cada situación ha sido cuidadosamente planificada para sostenernos y proveernos de oportunidades.

¿De qué otra manera hubiera podido esa viuda saber del Dios de Israel? ¿Qué hubiera pasado con su hijito enfermo sin un profeta en la casa? ¿Acaso no nos impacta todo lo que hizo Dios para salvar a esa mujer en la que seguramente nadie más pensaba? No lo dudes, Dios sigue obrando. Puede hacer cosas inesperadas en tu vida ¡hoy!

Lo creo, Señor. ¡Eres todopoderoso!

MH

Lectura diaria: Oseas 12, 13, 14

No hay otro

He sido el Señor tu Dios desde que te saqué de Egipto.
No debes reconocer a ningún otro Dios aparte de mí,
porque no hay otro salvador.
(Oseas 13:4, NTV)

¿Has trazado tu genealogía? Yo me siento sumamente agradecida con Dios por mis generaciones pasadas. Mi tatarabuelo llegó a México a finales del siglo XIX para ser misionero y compartir la Palabra de Dios. Sus hijos, uno de ellos mi bisabuelo y luego mi abuelo, decidieron seguir su trabajo y yo he recibido una hermosa herencia.

Los israelitas también podrían trazar sus raíces hasta Abraham, quien dejó su tierra y a su parentela para seguir a Dios. Podrían mencionar a sus grandes héroes, como Moisés y David, y reconocer que Dios los había rescatado una y otra vez. En pocas palabras, ningún otro ídolo podía hacer lo que Dios había hecho: amarlos con amor eterno y perdonar todos sus pecados.

La vida de mis antepasados no fue fácil. Mi tatarabuelo perdió a su primera esposa por una enfermedad. Mi bisabuela perdió a una hijita pequeña. Mis abuelos pasaron momentos económicos complicados, pero Dios siempre fue fiel, pues Él es así. Es el único que nos cuida y contesta nuestras oraciones. No hay otro salvador.

Quizá tus generaciones no han recibido tales bendiciones, pero tú puedes comenzar a sembrar la semilla de la fe, para que tus nietos y bisnietos recojan el fruto de oír sobre Dios desde pequeños y así aprendan a andar en la fe. Reconoce que no hay otro Dios, salvo Jesús y anda en sus caminos. Él es el «árbol que siempre está verde» (Oseas 14:8, NTV), y seguirlo siempre dará fruto.

Señor, no hay salvación salvo en ti.

KO

Lectura diaria: Miqueas 1, 2, 3

El Rompedor

Te aseguro, Jacob, que yo reuniré a todo tu pueblo.
Te aseguro, Israel, que yo juntaré a tu remanente.
Los congregaré como a rebaño en el redil y como ovejas
en medio del pastizal; la multitud hará gran alboroto.
(Miqueas 2:12, NVI)

Dasharath Manjhi, conocido como *Hombre de la Montaña*, perdió a su esposa debido a una herida que se hizo al caer de una montaña en Bihar, India. Ya que dicha montaña le impidió a la familia el rápido acceso a un hospital, Dashararth decidió excavar un camino de más de 100 metros de largo, nueve metros de ancho y casi ocho metros de alto, usando solo un martillo y un cincel.

El pueblo de Israel también se enfrentó a grandes montañas. Sus pecados y rebeliones se amontonaron tanto que impidieron su cercanía con el Dios Santo de Israel. Entonces vino Miqueas, de la pequeña aldea de Moseret y les advirtió que el imperio de Asiria vencería al reino del norte y destruiría Jerusalén. Después, vendría Babilonia para traer más desastres. ¡Se dispersarían todavía más!

Sin embargo, Dios aseguró que un remanente sería reunido nuevamente. ¿Y cómo sería esto posible? «Subirá rompedor delante de ellos» (Miqueas 2:13, Reina Valera 1909). Alguien abriría una brecha y el camino para llegar al Padre, y ese alguien fue Jesús. ¿Y qué usó? No un martillo ni un cincel, sino su propia vida en sacrificio por nuestros pecados.

Miqueas nos recuerda que no hay monte tan grande que Dios no pueda derretir, no hay valle tan hondo que Dios no pueda agrietar y no hay distancia tan grande que Dios no pueda surcar. Jesús es el Rompedor de montañas, el Capitán que marcha al frente, el Pastor que guía al rebaño. ¡Gracias a Dios porque ha abierto la brecha para que lleguemos a Él!

Señor, gracias por tu salvación.

OCTUBRE 12

Lectura diaria: Miqueas 4, 5

FUENTE DE PAZ

> *Y él será fuente de paz.*
> (Miqueas 5:5, NTV)

El día que Sara aceptó a Jesús en su corazón, durmió como una bebé por primera vez. No más pesadillas. No más insomnio. No más miedos. Jesús vino a ser su fuente de paz. Por años ella luchó con la idea de ver a Jesús como Dios. No podía concebir que el Dios poderoso se hiciera un bebé vulnerable e indefenso. ¿Por qué creer en un Dios débil?

Entonces alguien le dijo: «Si sales elegantemente vestida de tu casa y tu hijo de dos años se cae en un charco de lodo, ¿qué harías? ¿A quién mandas a ayudarlo?» Ella respondió: «Yo misma iría. ¡Es mi hijo!» ¿Y qué de la ropa? No importaría. Ella lo haría por amor. Y lo mismo hizo Jesús por nosotras.

El profeta Miqueas vio destellos de Jesús. Él nacería en el humilde pueblo de Belén, pero sus orígenes serían desde la eternidad. Los israelitas lo entregarían a sus enemigos, pero Él se levantaría para dirigir a su rebaño «con la fuerza del Señor y con la majestad del nombre del Señor su Dios» (Miqueas 5:4, NTV).

La vida del Señor Jesús, desde su nacimiento hasta su ascensión, completa el cuadro de nuestra redención y su obra nos trae paz. Podemos vivir tranquilas, a pesar de los problemas. Podemos sentir paz en la noche más oscura. ¿Por qué? Porque hemos creído en Jesús, Dios con nosotros, el que nos sacó de un charco de lodo por amor y, por eso, podemos beber de Él: la fuente de paz.

Señor, eres mi fuente de paz.

KO

Octubre 13

Lectura diaria: 1 Reyes 21, Ezequiel 20

Dioses falsos

La peor infamia que cometió fue rendir culto a ídolos.
(1 Reyes 21:26, NTV)

En su libro *Counterfeit Gods* (Dioses falsos), Tim Keller define un ídolo de esta manera: «Un ídolo es cualquier cosa más importante para ti que Dios, cualquier cosa que absorbe tu corazón y tu imaginación más que Dios, cualquier cosa que buscas para que te dé lo que solo Dios puede dar».

El rey Acab hizo muchas cosas malas, como ser parte de la muerte de Nabot, todo por un capricho. Sin embargo, «la peor infamia que cometió fue rendir culto a ídolos» (1 Reyes 21:26, NTV). En otras palabras, Acab dedicó toda su energía y sus esfuerzos en complacerse a sí mismo, ya que cualquier dios falso no busca la gloria del Creador sino de lo creado.

En el mundo moderno, millones van tras los ídolos del materialismo, el placer, el sexo, el estatus, la apariencia física y más, con un énfasis en el «yo» y en la satisfacción propia. Los celulares inteligentes se convierten en el centro de la existencia para muchos. Lo que piensan otros de nuestra imagen en las redes sociales importa más que lo que piensa Dios.

Antes de dar prioridad a otros «dioses» en nuestra vida, reflexionemos en los afectos de nuestro corazón. ¿Queremos vernos atractivas o ser populares? ¿Nos interesan más las redes sociales que los asuntos de Dios? ¿Vivimos queriendo más el éxito superficial que la santidad que honra al Señor? Oigamos el consejo de Juan: «Queridos hijos, aléjense de todo lo que pueda ocupar el lugar de Dios en el corazón» (1 Juan 5:21, NTV).

Padre mío, ¡aleja mis ojos de ídolos que no nada!

MH

Octubre 14

Bueno

Jehová es bueno, fortaleza en el día de la angustia;
y conoce a los que en él confían.
(Nahum 1:7, RVR60)

El diccionario define «bueno» como algo útil y apetecible, no deteriorado y suficiente. Decimos que una persona es buena si nos cae bien; un auto es bueno si no se descompone; un vestido está bueno si no se ha roto; estamos buenos si no hemos enfermado. Así que cuando decimos que Dios es bueno, quizá pensamos que esto implica que nada malo nos debe pasar.

Sin embargo, la palabra en hebreo se define como hermoso, abundante, amable, agradable, precioso y dulce. La palabra *twob* se usa siete veces en Génesis 1 para describir lo que Dios creó, desde los granos de arena hasta una cucaracha y el profeta Nahum usa esta palabra para hablar de Dios.

¿Y quién era Nahum? No sabemos mucho de él salvo que predicó durante el reino de Manasés y su profecía anunció la futura caída de Nínive, la capital del imperio asirio. La historia de Nínive comenzó con el profeta Jonás, que advirtió el juicio de Dios y la ciudad se arrepintió. Pero cien años más tarde, Nínive seguía lejos de Dios y el Señor declaró que su fin vendría.

Sin embargo, en medio de esta profecía de destrucción, Nahum nos recuerda que Dios es bueno, es *twob*. Dios es bueno en su más profunda esencia, lo que nos debe alentar pues nada de lo que Él hace hiere, mata o destruye. Todo lo que Él creó da vida, genera e infunde vida y por eso podemos refugiarnos en Él, porque Él es bueno, completo y total. Acudamos a Él.

Señor, me refugio en ti.

KO

Lectura diaria: 2 Crónicas 33, 34

HUMILLADAS

Cuando estaba en angustia, imploró al Señor su Dios,
y se humilló grandemente delante del Dios de sus padres.
(2 Crónicas 33:12, LBLA)

Bryon Widner traía su cuerpo y su cara recubiertos con tatuajes que expresaban odio, racismo y violencia. Cuando quiso comenzar una nueva vida, supo que no solo debía cambiar su interior, sino también la piel que declaraba sus antiguas falsas creencias. Así que se sometió a veinticinco dolorosas operaciones para eliminar los tatuajes.

El rey Manasés también traía sus malas decisiones como un sello. La Biblia nos dice que «se excedió en hacer lo malo ante los ojos de Jehová, hasta encender su ira» (2 Crónicas 33:6, RVR60). En otro lugar dice que él indujo al pueblo a que hicieran más mal que las naciones que el Señor había destruido. No hubo peor rey que Manasés.

Entonces el Señor envió a los comandantes asirios que lo hicieron prisionero y, cuando estuvo sumido en profunda angustia, buscó al Señor y se humilló. Dios lo escuchó y lo regresó a su reino, y ¡Manasés se dio cuenta de que el Señor es el único Dios! Cuando regresó a Jerusalén, el rey derribó los altares y restauró el templo. Quitó los dioses ajenos y alentó al pueblo para que adorara al Señor. ¡Qué gran transformación!

No hay criminal que no pueda recibir el perdón de Dios. Dios tiene el poder de borrar los pecados y hacer desaparecer también los «tatuajes» que han teñido nuestra alma. Y la forma de acceder a esta fuente de perdón es mediante el arrepentimiento. ¿Lo hemos hecho? Si no, ¿qué esperamos? Vengamos a Él en oración y humildad, y busquémoslo.

Señor, que siempre venga humillada ante tu presencia.

YF

OCTUBRE 16

Lectura diaria: Sofonías 1, 2, 3

CANTOS DE AMOR

Entonces purificaré el lenguaje de todos los pueblos,
para que todos juntos puedan adorar al Señor.
(Sofonías 3:9, NTV)

¿Has alabado a Dios en otro idioma? Cuesta trabajo seguir la letra y usar sonidos que desconoces. También incomoda un poco no saber exactamente lo que estás diciendo. Sin embargo, el ritmo y la melodía te empapan, y si es un himno conocido, no importa si está en chino o en árabe, le cantas a Dios.

El poeta Henry Wadsworth Longfellow describió a la música como: «el idioma universal de la humanidad». Sin embargo, como hemos mencionado, ¿no sería maravilloso que todos pudiéramos cantar en el idioma de nuestro corazón, pero al unísono y sin sonar como una Torre de Babel? ¡Un día esto será posible!

Sofonías, después de severas advertencias, finaliza su libro con buenas noticias. Entre ellas, nos dice que Dios un día purificará los labios de todos los pueblos. Volveremos a ser lo que fuimos antes de la Torre de Babel. ¿Para qué? ¿Para hacer negocios o pasarla bien? ¡No! ¡Será para adorar juntos al Señor! Ese día cantaremos, gritaremos fuerte, gozaremos con todo el corazón porque Dios vivirá en medio de nosotros.

No existe una sola cultura sin música, así que la eternidad estará llena de ritmos y tonadas, bailes y arreglos corales que alabarán la grandeza de Dios. ¿Lo más increíble? Dios cantará con nosotros. Él gozará por nosotros «con cantos de alegría» (Sofonías 3:17, NTV). Seguramente, como yo, ya quieres que ese día llegue. Mientras tanto, cantemos a Dios en nuestro idioma, aquí donde estamos y hagámoslo con todo el corazón.

Cantaré de tu amor por siempre.

KO

Octubre 17

Performance

Serás un símbolo para los de este pueblo.
Entonces ellos sabrán que yo soy el Señor.
(Ezequiel 24:17, NTV).

El arte del *performance*, también conocido como el arte de acción, implica la puesta en escena de elementos escénicos que pueden incluir recursos como la improvisación y la interacción. Apareció como un tipo de artes escénicas en la década de los sesenta. Sin embargo, podríamos argumentar que Dios le dio a Ezequiel múltiples oportunidades de ponerla en práctica, casi seiscientos años antes de Cristo.

Dios quería que los judíos comprendieran muy bien que la invasión de Babilonia a Judea era su juicio por su gran maldad. Les avisó desde antes lo que ocurriría y le dijo a Ezequiel: «Transmíteles a esos rebeldes, mediante una ilustración, este mensaje de parte del Señor Soberano» (Ezequiel 24:3, NTV).

Primero, el profeta puso a hervir una olla con carne para representar el fuego que vendría sobre ellos. Pero después, ante la muerte de su propia esposa, fingió no sentir nada y no guardó luto de la manera normal. Esto era una profecía de lo que les pasaría ante la muerte de sus hijos. ¡Qué manera de mostrar las verdades divinas!

¿Sigue Dios usando ilustraciones como en el pasado? Ciertamente lo puede hacer, pero el escritor de Hebreos nos explica: «Hace mucho tiempo, Dios habló muchas veces y de diversas maneras a nuestros antepasados por medio de los profetas. Y ahora, en estos últimos días, nos ha hablado por medio de su Hijo» (1:1-2, NTV). Demos gracias a Dios porque Jesús, quien expresa el mismo carácter de Dios, nos ha limpiado y nos ha salvado.

Gracias por Jesús, quien nos puede librar de la ira venidera.

MH

Octubre 18

Lectura diaria: Jeremías 1, 2

Antes

*Antes que te formase en el vientre te conocí, y antes que nacieses
te santifiqué, te di por profeta a las naciones.*
(Jeremías 1:5, RVR60)

Toda historia tiene una precuela. Antes de Batman, estuvo Bruno Díaz. Antes de Darth Vader, estuvo Anakin. Antes del *Señor de los anillos* estuvo el *Hobbit*. Y antes de la vida de Jeremías estuvo Dios. Antes de que Jeremías conociera a Dios, Dios ya lo conocía a Él. Y este antes, marcó cada paso que Jeremías dio en esta tierra.

Analicemos las tres acciones del versículo de hoy: conocí, santifiqué y te di. Dios nos tiene en mente desde la eternidad. Antes que tú y yo pensáramos en Dios, Él ya había pensado en nosotras. Desde incluso antes de nuestra concepción, ya éramos «alguien» para Dios. ¿No es maravilloso saber esto?

En segundo lugar, Dios santificó a Jeremías, es decir, lo apartó para sí. Como dice el Evangelio de Juan: «Ustedes no me eligieron a mí, yo los elegí a ustedes» (15:16, NTV). Dios no solo nos conoció desde la eternidad, sino que decidió que fuéramos parte de su equipo. ¡Qué maravilla! Y finalmente, así como dio a Jeremías para las naciones, también a ti y a mí nos ha dotado con un propósito. Cuando, en su generosidad, Dios nos da, solo nos resta darnos a los demás.

Como escribió Eugene Peterson: «Él me conocía, por lo tanto, no soy un accidente; Él me escogió, por lo tanto, no puedo ser un cero a la izquierda; Él me dio, por lo tanto, no debo ser un consumidor». Tenemos propósito; tenemos valor; tenemos un servicio que hacer por los demás. Como Jeremías, seamos parte de los planes de Dios.

Señor, gracias por mi «antes».

KO

Octubre 19

Desde niños

Humillémonos, pues, avergonzados, cubiertos de deshonra, pues desde niños y hasta ahora, nosotros y nuestros antepasados hemos pecado contra el Señor nuestro Dios y no le hemos obedecido.
(Jeremías 3:25, DHH)

En el cuento *Charles*, escrito por Shirley Jackson, la madre de Laurie percibe que su hijo, que recién ingresó al preescolar, cambia de conducta. Sospecha que el problema es Charles, un niño de la misma clase que siempre está metido en problemas. De hecho, cuando Laurie se queda tarde en la escuela, culpa a Charles. Cuando la madre finalmente acude a una junta en la escuela, descubre que no existe ningún Charles. El problema es su hijo.

Nacemos con una predisposición a hacer lo malo. Desde niños pecamos contra el Señor y, con o sin buenos padres, luchamos contra nuestra naturaleza pecaminosa. Mentimos, desobedecemos y nos rebelamos. Jeremías, por lo tanto, nos recuerda que el pecado nos ha apartado de Dios. Pero escuchemos la invitación: «Vuélvanse a mí, hijos rebeldes, y yo los curaré de su rebeldía» (Jeremías 3:22, DHH).

El pueblo de Israel respondió afirmativamente. Dijeron: «Aquí estamos, acudimos a ti, porque tú eres el Señor nuestro Dios» (Jeremías 3:22, DHH). Hagamos lo mismo. Vengamos a Dios hoy mismo y aceptemos que, aunque desde niños nos hemos rebelado, podemos hoy tener paz con Dios.

Tampoco olvidemos lo importante que es hablar de las Buenas Nuevas de la salvación de Jesús a los niños desde que son pequeños. ¿Cómo podemos hacerlo? Quizá en las clases bíblicas en la iglesia o con familiares y vecinos. ¿Empacamos cajas de regalos para los más desfavorecidos niños y añadimos un Nuevo Testamento? Seamos creativas.

Mi Dios, gracias porque amas a los niños.

KO

OCTUBRE 20

Lectura diaria: Jeremías 6, 11, 12

CORRER CON LOS CABALLOS

Si corriste con los de a pie, y te cansaron, ¿cómo contenderás con los caballos? Y si en la tierra de paz no estabas seguro, ¿cómo harás en la espesura del Jordán?
(Jeremías 12:5, RVR60)

Los caballos corren a ochenta y ocho kilómetros por hora. El hombre más rápido corre trece kilómetros por hora. Al parecer, no hay competencia posible entre los dos. ¿Podrá entonces un ser humano correr con los caballos y ganar? ¡Imposible! Sin embargo, Jeremías descubrió que todo es posible con Dios.

El profeta estuvo a punto de rendirse. Cuando supo que había un complot en su contra y buscaban matarlo, pidió venganza y presentó su queja. ¿Por qué los malos parecían más felices? ¿Por qué vivían en paz si decían el nombre de Dios, pero sus corazones no lo seguían? Dios entonces habla con él. Si correr a pie lo cansaba, ¿cómo podría competir contra los caballos?

En otras palabras, ¿qué quería Jeremías? ¿Fama, validación, una vida larga o una piedad más profunda? «La vida es difícil, Jeremías. Pero ¿te vas a rendir a la primera?» El Señor lo había llamado desde antes de que naciera. Lo apartó para ser profeta de las naciones y le había prometido que pondría las palabras en su boca. La misión de Jeremías no sería típica ni promedio. Dios lo había llamado para una misión superior.

Del mismo modo, Dios nos ha llamado a una vida de excelencia. Por supuesto que es más sencillo ser como los demás y no salir de nuestra zona de confort, pero Dios quiere que compitamos contra los caballos. ¿Por qué? ¡Porque podemos hacerlo en su poder! No, no será fácil y habrá oposición, pero nosotros no confiamos en caballos, sino en el nombre del Señor. ¿Corremos?

Señor, dame fuerzas como a un caballo.

KO

Octubre 21

Lectura diaria: 2 Reyes 6, Ezequiel 29, 30

Ceguera milagrosa

*Cuando descendieron hacia él los arameos, Eliseo oró al Señor,
y dijo: Te ruego que hieras a esta gente con ceguera.*
(2 Reyes 6: 18a, LBLA).

En 2022 falleció Anne van der Bijl, el holandés conocido también como «el hermano Andrés». El libro sobre su trabajo misionero detrás de la llamada cortina de hierro, *El contrabandista de Dios*, ha vendido 10 millones de copias desde que salió en 1967.

En él se describen sus viajes para llevar a escondidas la Biblia a países comunistas, en su pequeño Volkswagen «escarabajo». Él pedía que Dios cegara a los guardias fronterizos para que no descubrieran su cargamento ¡y Dios lo hacía! No se sabe cuántas Biblias introdujo a países como Polonia, Checoslovaquia, Yugoslavia, Alemania del Este, Bulgaria y otros países del bloque soviético, pero posiblemente fueron millones.

Muchos de los milagros que Dios hizo a través de los profetas parecen ser sacados de un cuento de hadas: cuervos que alimentaron a Elías, fuego caído del cielo, la cabeza de un hacha que flotó y otros más. Pero Eliseo oró porque Dios cegara a los enemigos arameos cuando lo querían atrapar y así pasó. El Señor también abrió los ojos de su siervo para que viera los ejércitos del cielo que peleaban a su favor.

No es necesario que busquemos milagros aparatosos, pero en el momento necesario el Señor puede obrar de forma maravillosa. Puede abrir puertas cerradas y, sobre todo, corazones cerrados. Puede proveer de maneras inesperadas. Puede abrir los ojos de aquellos que solo ven a Jesús como un simple hombre bueno, para verlo como el Hijo de Dios. Busquemos su presencia y confiemos en Él para que, a su tiempo, obre para su gloria.

Pongo en tus manos mi situación «imposible»; sé que Tú puedes obrar.

MH

OCTUBRE 22

Lectura diaria: Jeremías 9, 10, 11

ANTE EL TEMOR

Yo sé, Señor, que nuestra vida no nos pertenece; no somos
capaces de planear nuestro propio destino.
(Jeremías 10:23, NTV)

¿Recuerdas la impotencia que muchos experimentamos en el 2020? Las noticias comenzaron en China, donde muchos morían por causa de un virus desconocido. Luego la plaga llegó a Italia y se extendió a Europa. De repente, el COVID-19 estaba en nuestra puerta. Algo peor sintió Jeremías cuando escuchó sobre la cercanía del ejército babilonio. ¿Qué hizo entonces?

Recurrió a Dios, pero Él le aclaró que no había marcha atrás. Nabucodonosor invadiría Judá. Sin embargo, primero le recordó la inutilidad de los ídolos y enfatizó quién es Él: un Dios grande y poderoso, el Dios verdadero. El Dios de Israel no es ningún ídolo, sino el Creador de todo lo que existe y nosotros somos su pueblo, su posesión más preciada.

Jeremías entonces declara: «Yo sé, Señor, que nuestra vida no nos pertenece; no somos capaces de planear nuestro propio destino» (Jeremías 10:23, NTV). En otras palabras: «No sé lo que Nabucodonosor hará, pero confío en que Tú, Dios, ya tienes todo planeado». Por lo tanto, le ruega a Dios que su compasión sobrepase el juicio. Y eso hace el Señor.

Quizá hoy sientes la impotencia del avance del cáncer en tu cuerpo o el de un ser amado, o la cercanía de la bancarrota o la aproximación de la violencia. Recuerda quién es el Dios en que has creído: grande, potente, creador. Luego, acude a su abrazo y no olvides que su compasión y su ternura te protegerán. Nuestra vida no nos pertenece, pero eso nos debe alegrar. En Cristo, estamos más que seguras.

Señor, corrígeme, pero sé tierno.

KO

Octubre 23

¡Un cambio excepcional!

Por tanto, así dijo Jehová: Si te convirtieres, yo te restauraré, y delante de mí estarás; y si entresacares lo precioso de lo vil, serás como mi boca. Conviértanse ellos a ti, y tú no te conviertas a ellos.
(Jeremías 15:19, RVR60)

Leigh Erceg, tratando de alimentar gallinas, cayó golpeándose la cabeza y sufrió un daño cerebral que la dejó paralítica y sin memoria. Con el tiempo, recuperó parte de la memoria y pudo volver a caminar. Pero también obtuvo habilidades extraordinarias: puede dibujar, escribir poesía y es experta en matemáticas. Además, puede percibir un sabor al momento que oye un sonido, o puede ver colores al leer en blanco y negro.

¡Un accidente le cambió la vida! A Jeremías también le cambió la vida al consumir las palabras del Señor, que lo llenaron de dicha y alegría. Y también adquirió cosas extraordinarias: fue como un muro de bronce, difícil de vencer; le hicieron la guerra, pero salió ileso; fue librado del poder de los malvados.

¿Y a nosotras? Conocer a Cristo nos cambió la vida. ¡Qué transformación tan maravillosa es convertirnos al Señor! La promesa dice que Él nos restaurará y estaremos delante de Él. Las cosas que no podemos ver en el terreno espiritual seguramente asombran a los ángeles. Dios puede hacer cosas preciosas de las cosas comunes y corrientes. ¡Lo ha hecho con nosotras!

Y, además, Dios dice que seremos como su boca, un privilegio que debemos aprovechar, contando a otros las maravillas que el Señor ha hecho en nuestras vidas. Nos toca convencer a otros de su amor, de su muerte en la cruz, de su grandeza y señorío para que quien nos oye venga a sus pies y sea transformado. ¡Gloria a Dios por los cambios!

Señor, quiero que otros sepan las maravillas que has hecho conmigo.

YF

Octubre 24

En casa del alfarero

Y la vasija de barro que él hacía se echó a perder en su mano;
y volvió y la hizo otra vasija, según le pareció mejor hacerla.
(Jeremías 18:4, RVR60)

¿Tienes piezas de cerámica en casa? A lo mejor sí, y probablemente no medites en cómo la invención de la alfarería cambió la historia de la humanidad. Cuando el hombre logró moldear el barro, pudo guardar la comida y decorar con flores, almacenar grano y transportar mercancías. Desde hace mucho tiempo, en cada pueblo hay un alfarero.

En los tiempos bíblicos, sin embargo, una pieza de cerámica no solo debía ser útil sino también bella. Hoy compramos cosas de plástico que no exhibimos en vitrinas y las hechas en mármol o marfil las ponemos lejos de los niños. Pero en tiempos de Jeremías lo útil era hermoso, y lo hermoso, útil. ¿No es maravilloso entonces cuando Dios nos compara con una vasija?

A Dios no solo le importa que seamos una bella creación, sino que también seamos útiles y viceversa. Ciertamente a veces nos estropeamos y nos echamos a perder, como Jeremías atestiguó en la casa del alfarero. Por eso, con paciencia, el Artesano de nuestras almas comienza de nuevo, con paciencia y habilidad, y nos moldea según le parece mejor.

Dios nos está formando. Estamos en el torno de su gracia, bajo sus capaces y delicadas manos que nos pulen día a día, minuto a minuto, pues tiene un plan en mente. Sobre todo, nos transforma en creaciones útiles y bellas. Sí, a veces es doloroso, pero como dijo George Herbert: «Las tormentas son el triunfo de su arte». Entremos, pues, y permanezcamos en la casa del Alfarero.

Moldéame, Señor, para tu servicio y para alabanza de tu gloria.

KO

OCTUBRE 25

Lectura diaria: 2 Reyes 10, Ezequiel 34, 35

LIDERAZGO CONSCIENTE

*Ustedes no han fortalecido a las débiles, no han curado
a la enferma, no han vendado a la herida, no han hecho
volver a la descarriada, no han buscado a la perdida;
sino que las han dominado con dureza y con severidad.*
(Ezequiel 34:4, NBLA).

En tiempos bíblicos predominaba la cultura agrícola; la metáfora del pastor era ideal para representar a los líderes religiosos y políticos. El que cuidaba las ovejas de forma responsable las atendía en todas sus necesidades, sanando a las enfermas y buscando a las perdidas. Se desvivía por ellas aun cuando significaba dormir afuera, ensuciarse y sacrificar su propia comodidad.

A la vez, existían pastores que solo se preocupaban por ellos mismos y como resultado su rebaño sufría. El abuso de la autoridad todavía afecta a empresas, iglesias y naciones. Aun cuando los subordinados procuren hacer lo correcto, si no existe una dirección sabia ni un interés real por las personas bajo autoridad, éstas serán como ovejas descarriadas.

Ezequiel acusa a los líderes de Israel como negligentes, deficientes e injustos. Su egoísmo había influido en que toda la nación se desviara de los caminos de Dios. Por eso, el Señor dice: «¡Ay de los pastores de Israel que se apacientan a sí mismos! ¿No deben los pastores apacentar el rebaño?'» (Ezequiel 34:2, NBLA). ¿La solución? Dios mismo sería su buen pastor y velaría por sus ovejas. «Entonces pondré sobre ellas un solo pastor que las apacentará: Mi siervo David. Él las apacentará y será su pastor» (34:23).

Así que, ya sea en el hogar, en la iglesia o en otro lugar, procuremos ejercer nuestro liderazgo de forma consciente. Sigamos el ejemplo del buen pastor por excelencia: Jesucristo.

Gracias, Señor, por apacentarme. Quiero seguir tu ejemplo.

MH

Octubre 26

Lectura diaria: Jeremías 25, 45, 46

El ejemplo de Baruc

¿Buscas grandes cosas para ti mismo? ¡No lo hagas!
(Jeremías 45:5, NTV)

¿Has oído de Baruc? Baruc, cuyo nombre significa «bendito», trabajó como el secretario, escriba y amigo del profeta Jeremías. Sin embargo, sus labores incluyeron meterse en problemas con los gobernantes y la gente importante. Aunque no sabemos en qué momento se desanimó, leemos que dijo: «¡Estoy repleto de dificultades! ¿No he sufrido ya lo suficiente?... Estoy agotado de tanto gemir y no encuentro descanso» (Jeremías 45:2, NTV).

Baruc se cansó de los malos tratos y quizá de ser el segundo al mando. Tal vez cuando comenzó a trabajar para Jeremías imaginó que Dios se comunicaría también con él y, cuando vio que no sucedía, quiso renunciar. Por algo Dios le dice: «¿Buscas grandes cosas para ti mismo? ¡No lo hagas!» (45:5, NTV). En otras palabras, Baruc quizá no recibiría las riquezas y los beneficios inmediatos que anhelaba, pero Dios le promete una cosa: su vida.

En ocasiones actuamos como Baruc. Servimos a Dios a cambio de lo que Él nos dará. Pensamos que, si nos involucramos en su obra, Dios se verá obligado a proveer todo, desde lo económico hasta lo emocional. Entonces nos topamos con los problemas del liderazgo y las desilusiones de la vida y nos preguntamos si estamos en el bando equivocado. ¿Te ha pasado?

Como Baruc, hemos sido bendecidas tan solo por haber sido elegidas para los planes divinos. Si bien quizá pasaremos por dificultades y no tendremos comodidades o muchas riquezas, Dios nos ha dado lo más importante: vida eterna. Para Baruc fue suficiente. ¿Para nosotras?

Señor, Tú me bastas.

KO

Octubre 27

No seremos avergonzadas

Entonces Moab se avergonzará de Quemós, como Israel
se avergonzó de Betel en quien confiaba.
(Jeremías 48:13, NVI)

Cuando los turcos otomanos dominaban la región, Frederick Augustus Klein se aventuró como misionero anglicano entre los árabes de Nazareth y Jerusalén. Pero se lo conoce principalmente porque descubrió la Estela de Mesa o la Piedra Moabita, que fue erigida en el año 850 a. C.

Esta estela tiene una inscripción del rey Mesa de Moab diciendo que Quemós, su dios, les ayudó a deshacerse de la esclavitud de Israel. En este caso, el rey Mesa escribe a su conveniencia, porque la verdadera historia está en 2 de Reyes 3, en donde Dios le da la victoria a Israel.

Probablemente, en ese tiempo se cumplió la profecía de Jeremías que leemos en el texto de hoy. El dios Quemós no pudo ayudar a Moab y desapareció del mapa. Tal como dice el capítulo 48, los moabitas confiaron en su fuerza y en sus riquezas. Tal vez se burlaron porque no tuvieron que ir al destierro como los judíos. Pero como un mal vino, perdieron su sabor y su aroma. El pueblo de Quemós ya no existe.

Seguramente, los moabitas se avergonzaron de seguir a un dios falso. ¡Qué satisfacción tener a nuestro Dios! El Dios del universo, verdadero e invencible, nos ha escogido y mostrado que confiar en Él es seguro. Nunca va a defraudarnos y ¡nunca seremos avergonzadas! Así como Frederick Augustus Klein estuvo dispuesto a traducir materiales bíblicos al árabe y contar a otros del Dios verdadero, señalemos a los Quemós de la tierra y apuntemos al Dios del cielo.

Agradezco, Señor, que eres el Dios verdadero.

Octubre 28

Lectura diaria: Jeremías 49, 13, 22

A las naciones

*He oído un mensaje del Señor. Un heraldo lo anuncia
entre las naciones: «¡Reúnanse, ataquen a la ciudad!
¡Prepárense para la guerra!»*
(Jeremías 49:14, NVI)

Marcela nunca viajó más allá de su ciudad. Nunca se subió a un avión. Nunca habló otro idioma. Sin embargo, esta sencilla mujer viajó a otras partes del mundo mediante las biografías misioneras que leía y las muchas oraciones que elevaba por diversas naciones mientras leía las noticias. Ella, simplemente, fue una cristiana global. ¿Y nosotras?

En el capítulo 49, Jeremías habla a Amón, a Hesbón, a Edom, a Damasco, a Quedar, a Hasor y a Elam, entre otros. ¡A muchas naciones! ¿Lo interesante? Jeremías jamás salió de su ciudad, solo al final de su vida cuando fue a Egipto. Sin embargo, notamos en sus mensajes detalles de lo que pasaba en el mundo a su alrededor. No vivía solamente con la mirada en Jerusalén.

Aún más, según nos dicen los expertos, Jeremías usa una forma de poesía distinta para cada mensaje. Jeremías no solo era un hombre culto, sino que hablaba a los gentiles con la misma firmeza que a su propio pueblo. El profeta no hace distinción entre los otros y su gente. En todos los casos hace lo que debe hacer: anunciar el mensaje de Dios y hacerlo con excelencia.

El plan de salvación es para todas las naciones. Dios ama a Egipto, a Israel, a México y a Perú. Él quiere que todos procedan al arrepentimiento. ¿Y nosotras? ¿Pensamos en las naciones? ¿Alzamos la vista más allá de las colinas o montañas que nos rodean? Intercedamos por otros en oración. Recordemos que somos parte de una iglesia global.

Señor, dame amor por las naciones.

KO

Octubre 29

Lectura diaria: 2 Reyes 14, Ezequiel 39

Libres de condenación

*No se matará a los padres por culpa de los hijos, ni a los hijos
por culpa de los padres, sino que cada uno morirá
por causa de su propio pecado.*
(2 Reyes 14:6, RVC).

Los nazis practicaban el *Sippenhaft,* una táctica de castigo colectivo. Significaba que la familia compartía la responsabilidad por un crimen cometido por alguno de sus miembros. Adoptaron este principio, derivado de la ley germánica de la Edad Media, para justificar el castigo de familias enteras.

Por el contrario, el rey Amasías recordó que los hijos no debían sufrir por los pecados de sus padres. Cada quien era responsable de sus propios actos. El profeta Ezequías anunció que aun los pecadores tenían esperanza: «Pero si el malvado da la espalda a todos los pecados que cometió… y actúa con apego al derecho y la justicia, no morirá, sino que vivirá" (Ezequiel 18:21, RVC).

En el Nuevo Testamento el mensaje es todavía más claro: «El que tiene al Hijo, tiene la vida, el que no tiene al Hijo de Dios no tiene la vida» (1 Juan 5:12, RVC). Nuestra salvación depende del arrepentimiento personal y de confiar en Cristo para el perdón, sin importar lo que nuestros padres hayan hecho o los pecados de otro miembro de nuestra familia.

No tenemos que sufrir por los errores de nuestros antepasados y parientes. Tampoco seremos condenados por seguir los caminos del mal si aceptamos la obra de Aquel que murió en nuestro lugar. ¡Qué gran alivio y qué bendición! Sin embargo, que esto nos motive a predicar el Evangelio a cada persona de nuestro clan, pues qué dicha será que toda nuestra familia se presente ante Dios por medio de Jesucristo.

Gracias por tu maravillosa salvación.

MH

OCTUBRE 30

LOS PLANES DE DIOS

Yo sé los planes que tengo para ustedes, planes para su bienestar y no para su mal, a fin de darles un futuro lleno de esperanza. Yo, el Señor, lo afirmo.
(Jeremías 29:11, DHH)

Nunca estuvo en mis planes vivir en la ciudad en la que actualmente radico. De hecho, yo diría que esta parte del mundo no figuraba del todo en mis sueños y conversaciones. En cada mudanza, he declarado el tiempo que deseo permanecer ahí, pero Dios, por lo general, ha cambiado mis planes. ¿Por qué? ¿Acaso hay algún propósito?

Seguramente los judíos se sintieron así. Todavía no desempacaban maletas en Babilonia, cuando escucharon el mensaje de Jeremías. Estarían ahí setenta años. ¡Setenta! Muchos, seguramente, hicieron las cuentas y calcularon que ya estarían muertos para entonces. ¿Qué clase de noticias eran esas? ¿Se suponía que debían reír o llorar?

Entonces Dios les recuerda que sus planes buscaban su bienestar, no su mal. A través de este exilio, Dios estaba planificando darles un futuro lleno de esperanza. Dios sabía que los judíos orarían y buscarían a Dios de corazón y cuando eso sucediera, él los devolvería a Jerusalén. En los proyectos divinos todo ocupaba un lugar y contaba con una razón. A los judíos les tocaba confiar y esperar.

Cuando estemos en momentos complicados o en lugares insospechados, incluso si hemos llegado ahí por malas decisiones o pecados, como ocurrió con los israelitas, recordemos que detrás de todo hay un propósito bueno: la esperanza. Así que, como los judíos de ese entonces, invoquemos a Dios, vengamos a Él en oración y busquémoslo de todo corazón. Él ciertamente nos escuchará y dejará que lo encontremos, porque sus planes son buenos. Siempre.

Señor, gracias porque sé que tus planes son buenos.

Octubre 31

Lectura diaria: Jeremías 50

Fuera el orgullo

He aquí yo estoy contra ti, oh soberbio, dice el Señor, Jehová de los ejércitos; porque tu día ha venido, el tiempo en que te castigaré.
(Jeremías 50:31, RVR60)

Un hombre que se creía intelectual tenía que cruzar un río caudaloso y alquiló una barca. Se dio cuenta que el barquero no tenía estudios. «Usted sabe conducir una barca, pero no sabe historia, geografía o aritmética. Usted ha perdido la mitad de su vida», le dijo con petulancia. Entonces, la corriente estrelló la barca contra las rocas y ésta se partió.

Los dos hombres cayeron al agua, pero el que se creía saberlo todo empezó a tratar de salir a flote. El humilde barquero le preguntó si sabía nadar, a lo que el otro contestó que no. «Pues hoy va a perder, no la mitad, sino toda su vida», le dijo el barquero. Sin embargo, movido por compasión, le ayudó a salvarse y el hombre presumido ya no dijo nada.

Babilonia se creía mejor que el resto de las naciones por el poder que poseía. Pensaba que no le pasaría lo mismo que a otros imperios y reinaría por siempre. No obstante, Dios está en contra de la soberbia y castiga el orgullo. Por eso destruyó a Babilonia, tal como Jeremías lo profetizó en este capítulo.

El orgullo y la soberbia aparecen sutilmente. Usamos nuestros estudios y posesiones como un escudo contra los demás. Pero la altanería es un enemigo del tamaño de Babilonia. ¿Cómo vencerla? Recordemos lo que dijo Jeremías: «El redentor de ellos es el Fuerte; Jehová de los ejércitos es su nombre» (Jeremías 50:34, RVR60). Jesús es el único que puede salvarnos. ¡Acudamos a Él postradas de rodillas!

Señor, llena de humildad mi corazón.

YF

Lectura diaria: Jeremías 51, 30

La mejor invitación

Lo invitaré a que se acerque a mí —dice el Señor—,
porque ¿quién se atrevería a acercarse sin ser invitado?
(Jeremías 30:21, NTV)

¿Te atreverías a llegar a una fiesta sin invitación? Recuerdo un programa de televisión que se especializaba en seguir a unos jóvenes que llegaban a fiestas de famosos como intrusos o polizontes, pero la realidad es que, sin invitación, difícilmente podemos entrar a la Casa Blanca o los Oscar.

Dios, sin embargo, habla al pueblo de Israel mediante Jeremías y les promete que un día regresarán a su tierra. Dios promete devolverles la salud y sanar a sus heridos. Sobre todo, anuncia que Jerusalén será reedificada y volverá a ser una nación. Por lo tanto, necesitarán un gobernante y este surgiría de entre ellos mismos.

El Señor, personalmente, invitaría a este hombre a ser el líder espiritual que ellos necesitarían para llevar a cabo esta obra y el resto de la escritura confirma que este hombre fue Zorobabel, descendiente de Judá. Él estuvo dispuesto a regresar a una ciudad arruinada y reconstruirla desde cero. ¡Y lo logró! ¡Dios estuvo con él tal como lo prometió! ¿Qué tuvo que hacer Zorobabel? Solo aceptar la invitación.

Hemos recibido la grandiosa invitación de ser hijos de Dios a través de la fe en Jesucristo. Sin embargo, esta invitación no es solo a entrar a los planes de Dios sino a ser parte de ellos. ¿A qué nos está invitando Dios hoy? ¿A servir a los desprotegidos o instruir a su pueblo? ¿A consolar a los que lloran o educar a los niños? ¿A buscar a los desanimados o a proclamar su mensaje a nuestras amistades? Acerquémonos, pues hemos sido invitadas.

Señor, acepto tu invitación.

KO

Noviembre 2

Lectura diaria: Jeremías 31, 32

Del duelo al regocijo

Convertiré su duelo en alegría. Los consolaré
y cambiaré su aflicción en regocijo.
(Jeremías 31:13, NTV)

En un período de poco más de dos años, perdí a mi papá, a mi mamá y luego a mi esposo. Las reacciones variaron. A veces lloraba, como la primera vez que regresé adonde habían vivido mis papás y me golpeó el sentir que esa ya no era su casa. Poco después del fallecimiento de mi cónyuge, más de una vez rompí trastes que se me caían sin querer.

De hecho, relacionamos la palabra «duelo» con la tristeza y el vacío que experimenta la gente después de una muerte. Otra definición según la Real Academia Española, es: «dolor, lástima, aflicción o sentimiento». Por ejemplo, pasamos por un duelo ante una enfermedad grave, un divorcio, e incluso una violación. La vida ha cambiado para siempre.

Aunque muchas de las profecías de Jeremías eran desalentadoras, pues Dios iba a disciplinar a su pueblo por medio de la destrucción y el exilio, en este pasaje vemos más allá de ese futuro próximo. «Convertiré su duelo en alegría. Los consolaré y cambiaré su aflicción en regocijo» (Jeremías 31:13, NTV). Dios promete bendiciones y descanso, gozo y, sobre todo, el regreso a su tierra. Sobre todo, les recuerda su amor eterno e inagotable.

Podemos sufrir pérdidas como consecuencia de nuestras malas decisiones, como Israel, pero generalmente se deben al hecho de vivir en un mundo quebrantado. Aunque es normal pasar por un proceso de duelo, gracias a Dios, Él puede volver a darnos alegría. Caminemos seguras de esta verdad.

Te alabo, Señor, por tu amor inagotable y tu consuelo.

MH

Noviembre 3

Línea directa

Clama a mí, y yo te responderé, y te enseñaré cosas grandes
y ocultas que tú no conoces.
(Jeremías 33:3, RVR60)

¿Te ha pasado que quieres reclamar algo o hacer algún trámite por teléfono? Quizá, como yo, deseas contactar a un asistente para escuchar una voz humana que te ayude, pero primero te topas con: «Si desea saber más, marque 1. Si no le interesa, marque 2. Si su problema es B, marque asterisco. Si su problema es C, marque la tecla numeral». Cuando finalmente llegas a hablar con el asesor, estás mentalmente agotada o frustrada.

Lo mismo pasa si deseas hablar con una persona importante, en términos de negocios o farándula. No puedes acercarte de buenas a primeras sin evadir el protocolo. Así que nos alegramos cuando el médico nos da un número y nos informa que es su línea directa.

Jeremías se encontraba en prisión. ¿A quién podía acudir? Para acceder al rey necesitaba salir de ahí y nadie podía asegurar su recibimiento. Entonces llega la profecía del Señor y con ella una promesa que incontables cristianos han memorizado y creído durante siglos: «Clama a mí, y yo te responderé» (Jeremías 33:3, RVR60).

Con el Señor no necesitamos pasar una serie de obstáculos por unos minutos de su tiempo. Él, en primer lugar, tiene todo el tiempo del mundo para atender nuestras peticiones y lo hace en el instante. Solo notemos lo que «no» promete. No dice: «Clama a mí y te daré lo que tú quieras». La promesa se resume en que nos enseñará lo que no sabemos ni conocemos. ¿Y sabes algo? No necesitamos más.

Señor, gracias porque me escuchas a toda hora,
en cualquier circunstancia.

KO

Noviembre 4

Lectura diaria: Jeremías 34, 37, 38

Mal olor

El rey Sedequías respondió: «Lo dejo en sus manos.
Ni yo, que soy el rey, puedo oponerme a ustedes».
(Jeremías 38:5, LBLA)

Una fábula cuenta que cuando el león se topó con un zorrillo, éste lo roció. El león se quedó con mal olor muchos días y preguntó al oso: «¿Crees que huelo mal?». El oso le dijo que apestaba y el león lo desterró. El lobo le dijo que olía a rosas, pero el león supo que mentía y lo desterró también. El zorro entonces alegó que tenía un resfriado y se salvó del destierro.

El rey Sedequías pasó por algo semejante cuando supo que los babilonios estaban a la puerta de Jerusalén y no había escapatoria. Llamó a Jeremías para pedir consejo. «Pero dime la verdad», le advirtió. Entonces Jeremías le dijo: «Ríndete». El rey confesó que tenía miedo, pero Jeremías insistió: «Si te niegas a rendirte… la ciudad será incendiada» (Jeremías 38:23, NTV).

¿Y qué hizo el rey a final de cuentas? Desechó el consejo divino y trató de escapar. ¿Y qué hizo Jeremías? No actuó como el lobo ni como el zorro, sino que dijo lo que debía, a pesar de que eso lo devolvió a la cisterna donde había estado muchos días ya encerrado.

Todas sufrimos del peligro del «mal aliento». Somos las últimas en enterarnos que lo tenemos y por eso debemos preguntar a otros si olemos mal. Pero, no seamos como el león que apartó a los que le decían la verdad. No sea que entonces solo nos rodeen los aduladores y mentirosos y continuemos por la vida con nuestro mal olor. Aceptemos la verdad y ajustémonos a ella.

Ayúdame a seguir el buen consejo, Señor, aun si no me gusta.

YF

Noviembre 5

Lectura diaria: Jeremías 39, 52, 40

Cuidado constante

«Asegúrate de que no esté herido —le dijo—,
trátalo bien y dale todo lo que quiera».
(Jeremías 39:12, NTV)

Mariela se preguntaba cómo haría para cargar su equipaje. Le dolía la pierna y no hablaba el idioma del lugar. «Señor, si me amas, ¿me ayudas?». De pronto, se acercó un hombre alto y mal vestido. En cualquier otra situación pensaría que venía a robarla. Pero con amabilidad le ayudó y ella se ruborizó. No solo lo había descartado por su apariencia, sino que había dudado del amor de Dios por ella. ¡Qué terrible!

Casi te puedo asegurar que Jeremías no se sentía amado. Leemos sobre amenazas y maltratos que recibió, principalmente de su propio pueblo. Luego, fue testigo de la destrucción despiadada de su amada ciudad. ¡Los babilonios arrasaron con todo! Sin embargo, en medio del caos bélico, el mismísimo rey había ordenado al capitán de la guardia que encontrara a Jeremías y lo tratara bien.

¿Cómo escuchó el rey del imperio más importante de ese tiempo sobre un profeta en Jerusalén? ¿Por qué pidió que se le cuidara sin siquiera conocerlo? No necesitamos saber todos los detalles. Solo basta reconocer que la mano de Dios estaba ahí, tras bambalinas, protegiendo a su amado hijo. Y del mismo modo que lo hizo con Jeremías, lo hace con nosotras.

Quizá nunca sabremos de cuántas cosas nos ha salvado el Señor en el día a día. Tal vez nos sorprenda que la ayuda viene de los lugares más inesperados. Lo cierto es que Dios está al pendiente y nos mostrará su amor ya sea a través de un rey pagano o un hombre mal vestido.

Señor, gracias por tu cuidado diario.

KO

NOVIEMBRE 6

Lectura diaria: Jeremías 41, 42

ERRORES FATALES

Ustedes cometieron un error fatal cuando me enviaron al Señor...
y me dijeron: «Ruega por nosotros al Señor nuestro Dios,
y comunícanos todo lo que él te diga para que lo cumplamos».
(Jeremías 42:20, NVI)

Una mujer acudió con una consejera cristiana para saber qué hacer con una difícil situación familiar. Sin embargo, ella ya había decidido en su corazón el curso a seguir. En cierto modo, solo esperaba la aprobación de la consejera. Así que, cuando escuchó las respuestas bíblicas y estas no compaginaron con las suyas, las hizo a un lado y tachó la Biblia de arcaica.

Del mismo modo, Johanán y otros líderes guerreros de Judá querían llevar al pueblo a Egipto para evitar más abusos a manos de los babilonios. Le pidieron a Jeremías que consultara a Dios y el Señor les contestó que se quedaran; solo así estarían seguros. Sin embargo, Jeremías comprendió que los judíos no habían sido sinceros cuando lo enviaron a consultar al Señor. En el fondo, pensaban hacer su voluntad.

¿Te ha pasado? Consultamos a alguien qué hacer, pero nuestro orgullo o la tentación de tomar atajos, hace que rechacemos el buen consejo, sobre todo el divino y que tomemos otro camino o menos complicados. Por esto, los judíos erraron al ir a Egipto. Todo les salió mal.

¿Tienes que tomar una decisión importante? Primero, procura consultar a Dios en oración y busca respuestas en su palabra. También se recomienda que hables con personas sabias, sobre todo cristianas. Finalmente, ten disposición para hacer lo que sea afín a lo que indica el Señor, aunque te cueste hacerlo. Sin duda, ¡no lo lamentarás!

Dios mío, ¡quiero hacer lo que te agrada a ti!

MH

Noviembre 7

Lectura diaria: Jeremías 43, 44

¿Estabas mejor antes?

Pero desde que dejamos de quemar incienso a la reina del cielo y dejamos de rendirle culto con ofrendas líquidas, nos hemos visto en tremendos problemas y hemos muerto por guerra y hambre.
(Jeremías 44:18, NTV)

Martha no había tenido trabajo durante dos años. Entonces, empezó a laborar en un ministerio cristiano sin un sueldo fijo. Aunque solo recibía ofrendas, no había sentido tanto gozo en mucho tiempo. De repente, a los dos meses, le detectaron una enfermedad y le dijeron que la tenían que operar. Por su mente cruzó la idea de que hubiera sido mejor no aceptar servir a Dios.

Quizá te ha ocurrido algo semejante. Todo parece marchar bien y, de repente, empiezas a orar más, a leer la Biblia o a servir al prójimo y los problemas solo parecen aumentar. En estos momentos quizá te digas: «Estaba mejor antes de vivir para Cristo».

Lo mismo pensaron los israelitas. Cuando Jeremías les advirtió sobre la idolatría, dijeron: «Quemaremos incienso y derramaremos ofrendas líquidas a la reina del cielo tanto como nos guste» (Jeremías 44:16). Alegaron que lo mismo habían hecho sus antepasados y además, adjudicaron su escasez actual a dejar de adorar a la diosa.

Sin embargo, la diosa no hizo nada por ellos. No evitó la destrucción de Jerusalén ni los regresó a su tierra. Solo Dios, en su amor, los perdonó y restauró. Así que, no caigas en las mentiras del enemigo. Seguir a Jesús no nos libra de enfermedades o dificultades, pero no seguirlo es todavía más peligroso: conduce a la muerte eterna. Por lo tanto, sé fuerte y valiente en medio de las pruebas y confía en Él.

Señor, aunque estoy pasando por días difíciles, sé que es mejor estar contigo que sin ti.

KO

NOVIEMBRE 8

Lectura diaria: Lamentaciones 1, 2

LO QUE DICEN NUESTROS VESTIDOS

Su inmundicia está en sus faldas, y no se acordó de su fin;
por tanto, ella ha descendido sorprendentemente,
y no tiene quien la consuele.
(Lamentaciones 1:9, RVR60)

El 8 de diciembre de 1863, más de tres mil personas celebraban la fiesta de la «Concepción Inmaculada de María Santísima», en una iglesia en Chile. La moda en aquel tiempo dictaba que las faldas trajeran aros de metal que hacían ver la cintura más pequeña y las caderas más amplias.

La iglesia estaba adornada con muchísimas velas encendidas y, por alguna razón, el fuego alcanzó los adornos de tela de las paredes, prendió el techo y todo lo que podía incendiarse. Las mujeres querían salir en tropel, pero sus faldas chocaban unas con otras y las mujeres caían al suelo. En menos de una hora, la iglesia ardió en su totalidad y murieron casi dos mil personas.

El profeta Jeremías compara a la ciudad de Jerusalén con una mujer y critica sus faldas. Las describe como inmundas, sucias, corrompidas. Dios veía las manchas de maldad porque los israelitas lo habían dejado por otros dioses, mataron a sus profetas y cometieron muchas injusticias, pero Israel, llena de presunción ¡decía que no había hecho nada malo! Era la «moda» de esos tiempos seguir a Baal y a Asera.

A veces las modas no son buenas ni prácticas. ¡Mucho menos las espirituales! Algunos siguen a dirigentes por su fama en redes sociales y no por una correcta enseñanza. Otros dicen seguir a Dios, pero confían más en la autoayuda o los ritos para una vida saludable. No podemos arriesgarnos a seguir modas y desoír lo que Dios dice. Tengamos cuidado.

Que mi corazón solo te sea fiel a ti, Señor.

YF

Noviembre 9

Lectura diaria: Lamentaciones 3, 4, 5

En medio del lamento

Porque no aflige ni entristece voluntariamente
a los hijos de los hombres.
(Lamentaciones 3:33, RVR60)

¿Lloras a veces sin saber por qué? Hay tantas cosas que nos consumen día a día: las heridas del pasado, los vacíos del presente y la incertidumbre del futuro. Además, vemos a la creación ser destruida por la codicia del hombre. No podemos detener la injusticia ni evitar la guerra.

Así se sentía Jeremías cuando vio a su amada Jerusalén en ruinas. Se lamentó y lloró pues las emociones lo embargaban. Dios le permitió hacer duelo, tanto así que registra sus palabras en un breve libro que bien se ha titulado *Lamentaciones*. Pero justo en medio de sus endechas, Jeremías nos recuerda una palabra muy importante: el *jésed* de Dios, que la traducción de Reina Valera establece como «misericordia»

Notemos lo que la misericordia hace. Por causa de su amor, no hemos sido consumidos, aunque nuestros hechos merecen el castigo. Sus misericordias no decaen, sino que se renuevan cada día. Por su misericordia, Dios se compadece de nosotros y nos ayuda. Él no nos aflige voluntariamente y Jeremías lo sabía bien. Los pecados y la rebeldía del pueblo habían traído la destrucción.

El lamento reconoce el dolor y la pérdida. De hecho, Dios permite que tengamos ese espacio para llorar y gritar, física y emocionalmente. El lugar correcto para lamentarnos es en la oración y en ese espacio personal y privado donde derramamos nuestra alma ante Dios. Pues es ahí donde la multitud de misericordias se derramarán sobre nuestros corazones y hallaremos esperanza. Así que, lamentemos y afiancémonos al *jésed* de Dios.

Señor, te entrego mis lágrimas y recibo tus misericordias.

KO

NOVIEMBRE 10

Lectura diaria: 2 Crónicas 6, Daniel 1, 2

¿DÓNDE VIVE DIOS?

*Pero ¿acaso es verdad que tú, mi Dios, puedes vivir
en la tierra con el hombre? Si ni siquiera los cielos,
ni los cielos de los cielos, te pueden contener, ¡mucho menos
podría contenerte esta casa que he edificado!*
(2 Crónicas 6:18, RVC)

La catedral de Amiens, en Francia, es la estructura gótica más alta del mundo, con una altura de 42.3 metros. En el interior se alinean 126 columnas y existe un famoso laberinto que pavimenta el suelo de la nave. Sin embargo, la catedral padeció de varios defectos de construcción que obligaron a que se le añadiera un cinturón de hierro para que no se desplomara.

Como sabemos, Dios no está en la catedral de Amiens o la parroquia del pueblo sino en todo lugar. Sin embargo, en los tiempos del Antiguo Testamento, habitó dentro del tabernáculo y del templo que Salomón construyó, aunque Salomón mismo reconoció que era imposible contener a Dios. Entonces ¿dónde vive Dios?

En 1 Pedro 2:5 leemos: «Ustedes también, como piedras vivas, sean edificados como casa espiritual y sacerdocio santo, para ofrecer sacrificios espirituales que Dios acepte por medio de Jesucristo» (RVC). Hoy el Espíritu Santo vive dentro de cada uno de los creyentes y entre todos formamos la iglesia, su edificio, que declara su presencia en medio de este mundo.

Sin embargo, como la catedral de Amiens, nuestra estructura tiene defectos, pues no siempre mostramos el amor y la unidad que Dios nos pide. Él nos sostiene con sus fuertes brazos, como un cinturón de hierro, y con las abrazaderas de su misericordia y un día nos presentará como un edificio completo, glorioso y perfecto. ¡Que su presencia se refleje siempre en nosotros!

Señor omnipresente, ¡que otros te vean en mí!

MH

Lectura diaria: Daniel 3, 4

Lealtad total

Pero, aun si nuestro Dios no lo hace así, sepa usted que no honraremos a sus dioses ni adoraremos a su estatua.
(Daniel 3:18, NVI)

¿Qué harías si de pronto en tu país se considera un crimen adorar a Dios? De la nada, queda prohibido ir a un lugar de reunión y leer la Biblia. ¿Mencionar el nombre de Jesús? ¡Impensable! Quizá, como han hecho cristianos en otras épocas, lo haríamos a escondidas. Y si nos llegaran a atrapar, ¿nos declararíamos culpables?

Algo semejante sucedió hace años cuando Sadrac, Mesac y Abednego se vieron en una disyuntiva. La ley ordenaba que debían inclinarse ante la estatua de oro del rey. De no hacerlo, serían lanzados de inmediato a un horno en llamas y el rey declaró: «¡No habrá dios capaz de librarlos!» (Daniel 3:12-30, NBV)

Resulta increíble el valor de estos tres hombres. En primer lugar, dicen que no hace falta que se defiendan ante el rey. En pocas palabras, son culpables de aquello que se les acusa. Segundo, saben que el Dios al que sirven los puede librar del horno. No saben cómo, pero sí que lo puede lograr. Y añaden una importante cláusula. Incluso, si por alguna extraña razón, su Dios no los librara, ellos seguirían sin postrarse ante dioses ajenos.

Si algún día nos enfrentamos a un dilema semejante, seamos como estos tres amigos. Primero, no tengamos miedo de mostrar quiénes somos, es decir, hijas de Dios que han decidido obedecerlo a Él antes que a los hombres. Y, además, no pongamos nuestra lealtad a expensas del resultado. Más bien, seamos fieles incluso si las cosas no pasan como quisiéramos. Dios merece nuestra más profunda y sincera devoción.

Señor, quiero serte fiel, pase lo que pase.

KO

Lectura diaria: Daniel 5, 6, 7

Es mejor cantar

Mi Dios envió a su ángel, quien cerró la boca a los leones. No me han hecho ningún daño, porque Dios bien sabe que soy inocente. ¡Tampoco he cometido nada malo contra Su Majestad!
(Daniel 6:22, NVI)

En la guerra de Vietnam, después de una explosión que lo arrojó al agua, Douglas Brent Hegdahl III, fue trasladado a la prisión «Hanoi Hilton», donde fue interrogado y torturado. Pero Hegdahl contestó incoherentemente y fingió no saber ni siquiera leer ni escribir. Todos pensaron que era un retrasado mental y lo apodaron «el increíblemente estúpido».

Sin embargo, él se aprendió los nombres de 256 prisioneros de guerra por medio de la canción del Viejo McDonald, quien tenía una granja. La tarareaba día y noche para no olvidar los nombres y cuando logró huir, ayudó a liberarlos. Ahora, Daniel no tuvo que fingir ser tonto ante los leones, pero me pregunto si toda esa noche tareó salmos y repitió las promesas de Dios.

Ciertamente el Todopoderoso envió su ángel para cuidarlo, pero él seguramente no lo supo hasta que se enfrentó a los leones y percibió que no pensaban comérselo. Tú y yo quizá estamos a punto de entrar a un foso de incertidumbre. Pudiera ser una enfermedad o abandono, una traición o acusaciones falsas y lo único que podemos ver son los leones al fondo.

Como Daniel, como Douglas, tarareamos las melodías que hemos aprendido y que proclaman el poder y el amor de Dios. Probablemente será aterrador cuando entremos al foso y nos topemos con las melenas de esos felinos, pero entonces descubriremos que ahí en la oscuridad está Dios mismo, tapando la boca de los leones y dándonos la victoria.

Mi Señor, permíteme cantarte y adorarte con mi corazón.

YF

Noviembre 13

Amada

Al principio de tus ruegos fue dada la orden, y yo he venido
para enseñártela, porque tú eres muy amado.
Entiende pues, la orden, y entiende la visión.
(Daniel 9:23, RVR60)

Conocimos a Panchito cuando éramos misioneros y desde entonces, cada cumpleaños, nos regala una llamada de felicitación. Cuando mi hija cumplió 10 años, Panchito llamó mientras estábamos ocupados y no pudimos contestar. Mi hija se sintió destrozada porque: «Él siempre se acuerda». ¡Qué forma más especial tiene Panchito de mostrarle a mi hija que es amada!

Dios también amaba a Daniel y le mostró su amor de muchas maneras. Una de ellas la encontramos en el capítulo 9: Daniel había leído el rollo del profeta Jeremías y descubrió que el castigo de Jerusalén solo duraría setenta años. Haciendo cuentas, vio que faltaba muy poco y después de confesar los pecados del pueblo, le rogó a Dios por Jerusalén.

Dios escuchó de inmediato y envió a Gabriel, su siervo, para darle un mensaje. ¿Por qué? Porque Daniel era muy amado. ¿Cómo se lo demostró? Primero, Dios escuchó. ¿Acaso no nos sentimos importantes cuando realmente escucha lo que tenemos para decir? Del mismo modo, Dios siempre oye nuestros ruegos.

Segundo, Dios respondió. En el caso de Daniel, le dio una visión sobre lo que sucedería en el futuro. En nuestro caso, habrá diversos modos de contestar, pero lo cierto es que siempre nos traerá esperanza pues nuestro mañana está en sus manos. Así como Panchito que, desde la distancia y solo con una llamada, hace sentir especial a mi familia, Dios hace lo mismo con nosotras. Siéntete hoy amada, pues el Señor escucha tu oración y contesta.

Señor, gracias por oír mis ruegos y responder.

KO

Lectura diaria: Daniel 11, 12

Estrellas eternas

*Los sabios resplandecerán con el brillo del cielo; los que guían
a muchos en el camino de la justicia brillarán
como las estrellas por toda la eternidad.*
(Daniel 12:3, NVI)

Cada año se publica una Lista Mundial de Persecución con los cincuenta países que persiguen más a los cristianos. La mayoría son países musulmanes, pero algunos son comunistas, como Corea del Norte (primer lugar) y China (número 16). Lo que nos puede sorprender es que en el año 2023 aparecían dos países latinoamericanos: Colombia (número 22) y México (número 38).

Uno de cada siete creyentes es perseguido en todo el mundo. Más de 360 millones de cristianos sufren altos niveles de persecución y discriminación. Pueden padecer de violencia, exilio, pérdidas de trabajo y hogares, violación, prisión y asesinato. No es nada fácil que soporten tanto sufrimiento sin vengarse o sin llenarse de odio, pero muchos han dado testimonios impresionantes de fe.

El profeta Daniel se refiere al tiempo final como «un período de angustia, como no lo ha habido jamás desde que las naciones existen» (Daniel 12:1, NVI) y llama a los fieles a perseverar. Aquellos que son sabios «resplandecerán con el brillo del cielo; los que guían a muchos en el camino de la justicia brillarán como las estrellas por toda la eternidad» (v. 3). Los fieles al Señor serán como luces brillantes que influirán en otros para que sigan el bien.

No sabemos si nos tocará sufrir por nuestra fe, pero hermanos nuestros lo están haciendo hoy día. Oremos por ellos para que no bajen sus brazos. Oremos por milagrosa protección. En lo posible, donemos a las organizaciones que les ministran. Sobre todo, estemos dispuestos a ser «estrellas» en medio de la oscuridad.

Oh, Señor, ¡ten misericordia de mis hermanos perseguidos!

MH

Lectura diaria: Salmo 137; Ezequiel 1, 2

LOS RÍOS DE BABILONIA

Junto a los ríos de Babilonia, allí nos sentábamos
y aun llorábamos, acordándonos de Sion.
(Salmos 137:1, RVR60)

Una de mis películas favoritas es *El violinista en el tejado*. Nos lleva a pensar en un músico que toca en el techo de una casa y trata de llevar la melodía sin caer y romperse el cuello. En pocas palabras, ¿puede uno hacer música cuando no sabe qué sucederá al día siguiente?

Los judíos sintieron que no podían hacerlo, así que colgaron sus arpas en las ramas del sauce llorón. ¿Y por qué lloraban? Por la destrucción de su ciudad y su templo, por la muerte de sus seres queridos y sus vecinos, por la pérdida de sus propiedades y pertenencias, por la terrible deshonra e incertidumbre. Ahí, junto al río Quebar de Babilonia, se sentaron y lloraron al pensar en Jerusalén.

Sin embargo, ahí mismo, Ezequiel recibió un llamado. El profeta tenía treinta años, la edad en que un sacerdote comenzaba a oficiar en el templo, pero había un problema: ya no había templo y no estaba en Jerusalén. Aunque él venía de un linaje sacerdotal no podría ejercer su oficio, pero Dios le tenía una nueva misión: combatir la idolatría y las ideas erróneas sobre Dios, así como consolar al pueblo y predicar esperanza.

Quizá hoy nos encontremos en una situación de dolor, donde la vida se ha complicado y no sabemos si mejorará. Probablemente tengamos ganas de colgar el arpa en un sauce. Solo miremos, como Ezequiel, a Dios en el trono, majestuoso e inexplicable. Y luego recibamos su llamado y la misión de no perder la esperanza en Él.

Señor, confío en ti, en medio del dolor.

KO

Lectura diaria: Ezequiel 3, 4

No quisieron oír

*Cuando yo dijere al impío: De cierto morirás; y tú no le
amonestares ni le hablares, para que el impío sea apercibido de su
mal camino a fin de que viva, el impío morirá por su maldad,
pero su sangre demandaré de tu mano.*
(Ezequiel 3:18, RVR60)

La tribu Sentinel vive en una isla en el archipiélago de Andamán
y Nicobar. Están totalmente aislados del resto del mundo pues
el gobierno indio ha prohibido el contacto con ellos, por temor a
ser contagiados de alguna enfermedad a la que no sean inmunes.
Quedan entre cincuenta y doscientos de ellos.

John Allen Chau de 27 años, reconocido por la organización In-
ternational Christian Concern como misionero, tenía como objetivo presentar el evangelio a los sentineleses y tuvo contacto con
la tribu ayudado por los pescadores de las regiones cercanas. La
última vez que Chau visitó la isla, dijo a los pescadores que no
regresaran por él. Tenía la intención de vivir entre ellos. Al día
siguiente, su cuerpo estaba en la playa, atravesado por flechas.

Quizá conozcas otros misioneros que en su intento por compartir las Buenas Nuevas también murieron. Podemos pensar en
Ezequiel quien, a pesar del miedo a las amenazas, escuchó las
órdenes divinas de predicar, lo escucharan o no. Pero percibamos
esta advertencia: «Que todas mis palabras penetren primero en
lo profundo de tu corazón. Escúchalas atentamente para tu propio bien» (Ezequiel 3:10, NTV).

Seguramente en nuestro camino encontraremos personas que no
querrán oír cuando les hablemos la verdad, pero tenemos que
hacerlo. Hablemos a otros, nos escuchen o no. Seamos fieles al
llamado.

Señor, ayúdame a decirles a otros las buenas nuevas.

Lectura diaria: Ezequiel 5, 6, 7

EL REMANENTE

Tomarás también de allí unos pocos en número,
y los atarás en la falda de tu manto.
(Ezequiel 5:3, RVR60)

El hombre de barba y cabello abundante se colocó delante del pueblo y tomó una espada afilada. La usó luego como una navaja y se afeitó la cabeza y la barba. Luego dividió el cabello en tres partes iguales. Una parte la quemó, la otra la cortó aún más y la tercera la esparció por el viento. Sin embargo, de esa tercera parte conservó un poquito y lo ató a su túnica.

Ezequiel, el profeta que realizó dicha lección objetiva, mostró el futuro con esta ilustración. De linaje sacerdotal, Ezequiel había sido tomado cautivo junto con el rey Joaquim. Jeremías, el otro profeta, se había quedado en la ciudad de Dios, todavía aguardando su destrucción. Daniel, el tercero, ya llevaba aproximadamente diez años sirviendo en la corte babilónica.

En ese momento, Ezequiel se encontraba entre los exiliados al sur de Babilonia anunciando el futuro. Muchos morirían en el sitio de Jerusalén, otros perderían la vida en batalla y un tercio se extendería entre las naciones. Pero de ese grupo, habría un remanente fiel que un día volvería a su tierra.

Quizá a veces también nos sentimos en medio de violencia, destrucción y pecado. Solo podemos ver la consecuencia de nuestros actos y la total rebelión contra Dios a pesar de los problemas. Muchos se negarán a creer en Dios. Otros lo ignorarán. Gracias a Dios porque siempre habrá un «poco de cabello» que, sin importar los problemas, se mantendrá fiel al Señor pase lo que pase. Seamos parte de este grupo.

Señor, quiero serte fiel siempre a pesar de las circunstancias.

KO

Noviembre 18

Lectura diaria: Ezequiel 8, 9, 10

Señaladas

*Recorre la ciudad de Jerusalén, y coloca una señal en la frente
de quienes giman y hagan lamentación por todos
los actos detestables que se cometen en la ciudad.*
(Ezequiel 9:4, NVI).

Hemos visto, por lo menos en fotos, a los hindúes que llevan una marca en la frente, que tal vez nos parezca solamente algo decorativo. Sin embargo, este *bindi* (gota de agua), también llamado «tercer ojo», representa la pertenencia a una secta o grupo hindú. Dependiendo de la deidad a la que se adore, la gota varía en forma.

A Ezequiel se le revela una profecía en la que Dios manda, en cambio, a colocar una señal «en la frente de quienes giman y hagan lamentación por todos los actos detestables que se cometen en la ciudad» (Ezequiel 9:4, NVI). En vez de ser marcados por su dedicación a cierta deidad, lo serán por ser personas rectas que aborrecen el mal. No serán juzgados a morir como los que siguen en la maldad sino que Dios mandará: «No toquen a los que tengan la señal» (v. 6).

Los cristianos no traemos una marca en la frente o un tatuaje en el brazo. Tampoco vestimos de una manera particular que nos distingue del resto. Sin embargo, traemos el sello del Espíritu en nuestros corazones. ¿Notan los demás que somos hijos de Dios por nuestra manera de hablar y conducirnos?

No hace falta traer una pegatina que diga un versículo en el auto, sino que aprendamos a conducir con respeto de los demás y de las señales de tránsito. Más que una camiseta con un símbolo cristiano, regalemos sonrisas y un «gracias» o «buenos días». En lugar de portar una pulsera con una frase cristiana, tendamos la mano al necesitado. ¡Así seremos reconocidas como sus hijas preciosas!

Te alabo, Señor, porque has puesto tu señal eterna en mi corazón.

Noviembre 19

Lectura diaria: Ezequiel 11, 12, 13

Un nuevo corazón

Les daré integridad de corazón y pondré un espíritu nuevo dentro de ellos. Les quitaré su terco corazón de piedra y les daré un corazón tierno y receptivo.
(Ezequiel 11:19, NTV)

Mi abuelito solía contar la historia de una niña que quería una mascota y decidió que fuera un cerdito. Sin embargo, había un terrible problema: el animal se comportaba como un marrano. Ensuciaba la casa, se revolcaba en el lodo y comía basura. Ella hubiera deseado que se comportara como un perro para jugar, obedecer y acompañarla.

Cuando los días pasaron y el cerdito no cambiaba a pesar de sus esfuerzos, se dio por vencida. Entonces su padre, un veterinario, sugirió algo radical: trasplantar en el cerdito el corazón de un perro. Eso hicieron y los problemas se acabaron. Y aunque obviamente esta es una historia fantasiosa, nos muestra lo que Dios dice en esta porción bíblica.

Los israelitas estaban lejos del Señor. Habían sufrido el destierro por su necedad e idolatría. Si regresaban a su tierra, corrían el peligro de volver a pecar. ¿Cuál era la solución? Un nuevo corazón, uno tierno y receptivo a su voz y eso se lograría mediante la fe en Jesús, el Salvador del mundo. Solo Él puede cambiar un corazón de piedra a uno de carne. Solo Él puede quitarnos la naturaleza pecaminosa y darnos una naturaleza como la de Jesús.

¿Tenemos un nuevo corazón? ¿Hemos creído en la obra de Jesús y le hemos pedido a Dios que nos transforme? Entonces somos su pueblo y Él es nuestro Dios. Ya no tenemos que comportarnos como «cerditos». Somos una nueva creación. ¡Qué gran noticia! ¡Tenemos un nuevo corazón!

Señor, gracias por darme un nuevo corazón.

KO

Lectura diaria: Ezequiel 14, 15

¿Amor sincero?

> *Háblales, por tanto, y diles: Así ha dicho Jehová el Señor:*
> *Cualquier hombre de la casa de Israel que hubiere puesto sus ídolos*
> *en su corazón, y establecido el tropiezo de su maldad delante*
> *de su rostro, y viniere al profeta, yo Jehová responderé al que*
> *viniere conforme a la multitud de sus ídolos.*
> (Ezequiel 14:3, RVR60)

Unas mujeres, aconsejadas por un cura para mejorar la relación con sus maridos, les escribieron a sus esposos el siguiente mensaje: «Te quiero mucho y valoro todo lo que haces por mí y nuestra hermosa familia. Te amo». Las respuestas las sorprendieron: «No me digas que chocaste otra vez». «¿Ahora qué hiciste?» «¿Cuánto dinero quieres?» «¿Ese mensaje es para mí?»

¿Qué fue lo que pasó? Que los esposos titubeaban ante las palabras de este texto porque no venían acompañadas por hechos. Sus esposas podían decirlo, pero ¿cómo asegurar que lo sentían? Del mismo modo, el pueblo de Israel quería consultar a Dios, pero en el corazón ya habían decidido quién era su dios. Fingían querer oír su Palabra, pero no iban a aceptarla de por sí.

Su corazón hipócrita pensaba que el Señor no descubriría su engaño. El aparente amor que mostraban no era sincero. El Señor había decidido castigarlos, e incluso dijo que si Noé, Daniel y Job estuvieran allí, no podrían salvar a esos hijos descarriados.

Al acercarnos a Dios y buscar su voluntad, ¿ya traemos nuestra propia respuesta? ¿Queremos oír algo que nos conviene, aunque no sea bíblico? Nuestro modelo debe ser el Señor Jesús en el Getsemaní: «Hágase tu voluntad». Que cuando cantemos a Dios que le amamos, provenga de un corazón sincero, ciertamente imperfecto pero que busca agradar a su Señor.

Imprime en mí, Señor, tu voluntad. Confío en tu poder y gran bondad.

YF

Noviembre 21

Lectura diaria: Ezequiel 16, 17

Incomprensible

¡Qué enfermo tienes el corazón!, dice el Señor Soberano,
para hacer semejantes cosas.
(Ezequiel 16:30, NTV)

¿Puedes comprender que tu ADN puede extenderse hasta Plutón y de regreso, seis veces? ¿O que, a pesar del ruido en el mundo, el espacio es completamente silencioso? ¿Puedes hacer que un niño entienda que el número de estrellas es un tres con 23 ceros? ¿Y cómo explicar el amor de Dios? Por esta razón, Dios usa dos figuras en Ezequiel 16.

Primero, habla de un padre que encuentra a un bebé que ha sido tristemente abandonado en un basurero. El padre, movido a compasión, lo recoge y lo cuida. Lucha por su vida día y noche hasta que ese bebé vive y crece sano y fuerte. Luego, describe a un enamorado. Él mira a una dulce joven y la adorna y le compra ropas. Su amor hace que se ponga más hermosa que nunca.

Entonces surge algo quizá más incomprensible que el amor de Dios y es la ingratitud del ser humano. Israel abandona al padre que lo ayudó a sobrevivir. Jerusalén, como figura de esa chica amada, prefiere el amor de otros al de Dios y, de hecho, paga a sus amantes para que estén con ella.

Muchas cosas en esta vida no se pueden explicar. Sin embargo, ¿por qué abandonar al que vela por nuestras almas? ¿Por qué darle la espalda al que nos rescata y protege? Porque tenemos el corazón enfermo. Acudamos al médico por excelencia y no hagamos lo que hizo Israel. Volvamos a nuestro primer amor.

Señor, no hay nadie que me ame más que Tú. Aquí estoy.

KO

Lectura diaria: Ezequiel 18, 19

CAMBIO DE RUMBO

No quiero que mueras, dice el Señor Soberano.
¡Cambia de rumbo y vive!
(Ezequiel 18:32, NTV)

Louis Zamperini fue corredor olímpico, veterano de la Segunda Guerra Mundial y prisionero de guerra. Sobrevivió a un accidente de avión sobre el mar, naufragando por 47 días sin rescate. Después de la guerra sufrió estrés postraumático; tomaba en exceso y peleaba mucho. Lo atormentaban las pesadillas. Su esposa quería divorciarse, pero al asistir a una campaña de Billy Graham encontró nuevo gozo.

Ella insistió en que Louis asistiera. Él salió ofendido la primera noche pero al fin respondió. Sintió que se levantó un gran peso de sus hombros. Por primera vez dejó de tener pesadillas y tiempo después fue a buscar a sus guardias japoneses para perdonarlos. Dios lo transformó y se convirtió en evangelista. También creó un ministerio para jóvenes delincuentes que ahora continúa su familia.

Los israelitas no comprendían que la persona pecaminosa no siempre tenía que ser castigada por su pecado, aun con la muerte. Ezequiel les declaró que había perdón para los que se arrepentían y permitían que Dios transformara sus vidas. Los exhortó a hacer lo mismo: «¡No permitas que tus pecados te destruyan! Arrepiéntete y apártate de tus pecados» (Ezequiel 18:30, NTV) Luego insistió al pueblo: «¡Cambia de rumbo y vive!» (32).

Tal vez tú o un ser querido andan por rumbos equivocados que llevan a la muerte. No parece haber esperanza. Los esfuerzos por encontrar una solución fallan. Se hunden en el fango. Parece que no pueden salir de las garras del enemigo. No se den por vencidos. «¡Cambia de rumbo y vive!»

Te pido por esa persona a quien amo. ¡Que encuentre tu camino!

MH

Lectura diaria: Ezequiel 20, 21

Solo Dios

Y sabrás, pueblo de Israel, que yo soy el Señor,
cuando haya honrado mi nombre al tratarte
con compasión, a pesar de tu perversidad.
(Ezequiel 20:44, NTV)

Los dioses griegos tienen apetitos y deseos humanos, como gozo, tristeza, lujuria, celos e ira que los llevan a vengarse sin piedad. Los dioses hindúes también representan esta lucha entre el bien y el mal, con amplias características. Las otras dos religiones monoteístas pintan a un Dios severo y distante, legalista e inalcanzable.

Sin Cristo, nosotros jamás nos hubiéramos podido llamar cristianos ni creer en el Dios que hace lo que ningún otro ser puede lograr: perdonar. Es decir, no nos sorprende que los dioses se enojen y cobren venganza, pues lo hacemos también. No nos inquietamos por un dios que lucha contra sus deseos inmorales ya que nosotros lo hacemos también. ¿Pero alguien que pueda perdonar a quienes lo han humillado y despreciado?

Eso solo lo puede hacer alguien que no es humano, pero que nos ha dado la capacidad de ser como Él y perdonar. Desde el Antiguo Testamento, Dios mostró esa faceta de amor incondicional y perdón total, de ternura y salvación. ¡Qué maravilla saber que creemos en un Dios soberano, santo, perfecto y que nos trata con compasión a pesar de nuestros pecados!

¿Cuál debe ser nuestra actitud ante un amor tan grande y profundo? ¿Cómo mostrar gratitud a un Dios tan bondadoso? Pensemos hoy en maneras de alabar, glorificar y proclamar su misericordia y de poner su nombre en alto. Nadie podrá jamás compararse a un Dios de amor que se hizo pobre siendo rico, para que nosotras seamos enriquecidas por medio de su perdón.

Señor, gracias por un perdón tan grande.

KO

Noviembre 24

Lectura diaria: Ezequiel 22, 23

Interceder por otros

Yo he buscado entre esa gente a alguien que haga algo
en favor del país y que interceda ante mí para que yo
no los destruya, pero no lo he encontrado.
(Ezequiel 22:30, DHH)

Larry Swilling salió a las calles de Anderson, Carolina del Sur, con un gran cartel que cubría su cuerpo y que decía: «Necesito un riñón para mi esposa» y en la parte inferior del cartel, daba su número de teléfono. Jimmie Sue había nacido con un solo riñón que se deterioró por complicaciones en el parto. Larry necesitaba un milagro.

Las agencias de noticias lo dieron a conocer y ofrecieron su ayuda. Aunque muchos estaban dispuestos a donar un riñón, no eran compatibles. Por fin, la Universidad Médica de Carolina del Sur le dijo a Larry que habían encontrado una persona compatible: Kelly Patrick. ¿Cómo es posible que Larry Swilling encontró personas dispuestas a dar un riñón, pero Dios no encontró a nadie en Israel que levantara oraciones a favor del pueblo?

Hoy en día oímos de muchas campañas para ayudar a los desprotegidos o levantar recursos para causas nobles. Seguramente hemos participado en muchas de ellas y hacemos bien. Debemos amar a nuestros prójimos. Pero no olvidemos una de las cosas más importantes que podemos hacer por los demás: interceder por ellos ante Dios.

Para mí sería muy difícil donar un riñón a alguien que no conozco. Probablemente lo haría por alguien a quien amo. Pero trato de orar por los que conozco y muchos que no, pero que se están perdiendo sin Jesús. Levantemos un cartel que diga: «Voy a orar por ti». Veremos grandes milagros suceder.

Señor, pido por esas personas que no te conocen para que sean salvas.

YF

Lectura diaria: Ezequiel 24, 25, 26

Tu tesoro más querido

«Hijo de hombre, de un solo golpe te quitaré tu tesoro más querido;
sin embargo, no debes expresar ningún dolor ante su muerte.
No llores; que no haya lágrimas».
(Ezequiel 24:16, NTV)

¿Has visto la secuencia del amor que se tienen Ellie y Carl en la película animada *Up*? Sin lugar a duda es uno de los más conmovedores cortos donde, en cinco minutos somos testigos de una hermosa historia de amor entre el tímido Carl y la enérgica Ellie. Trágicamente, cuando ella muere, todos reprimimos las lágrimas.

Me imagino que un director de cine bien podría haber hecho una pequeña película sobre la historia de amor del profeta Ezequiel y su esposa. No sabemos los detalles, pero la Biblia nos revela algo que remueve nuestras entrañas: esta mujer era «el tesoro más querido» de ese hombre (Ezequiel 24:15, NTV).

Para aumentar el dolor, Dios le pide que no se endeche, no porque él no la haya amado, sino para mostrar al pueblo una lección: cuando Jerusalén quedara destruida, los judíos también se tragarían sus lágrimas, aunque nada aliviaría la herida del corazón. Sin embargo, no podemos olvidar que Dios Padre también experimentó el mismo dolor.

Dios Padre perdió a su tesoro más querido en la cruz y también gimió en silencio. Jesús perdió la vida y lo hizo sin protestar. Todos los días, el Señor atestigua a miles de seres humanos que lo desprecian, culpan y rechazan, y lo sufre sin que nadie lo consuele. ¿Hemos perdido el tesoro más querido de nuestro corazón? Acudamos a Dios por consuelo. Él nos entiende bien. Él también ha perdido el tesoro de su corazón, pero estuvo dispuesto a pagar lo impensable con tal de recuperarlo.

Señor, gracias por amarme, incluso en silencio.

KO

Noviembre 26

Lectura diaria: Ezequiel 27, 28, 29

¡Cuidado con las apariencias!

Tú dices, Tiro: «Soy perfecta en hermosura».
(Ezequiel 27:3, NVI)

En una lista de las ciudades más hermosas del mundo, aparece en primer lugar Barcelona. Destaca en particular su belleza arquitectónica, que incluye numerosas obras de Antoni Gaudí, como la iglesia de la Sagrada Familia. Cuenta con cultura, historia y energía, vibrante vida nocturna e impresionantes playas.

Tiro debió ser semejante. Se la conocía por su comercio marítimo y sus bosques de madera de cedro. Se la compara con un gran buque con incrustaciones de marfil. Se volvió famosa por su tinte púrpura, color reservado para la nobleza. También contaba con muchas riquezas, pues el profeta nos da una larga lista de las naciones que comerciaban con ella y de las mercancías que intercambiaban.

Sin embargo, el Señor revela algo sorprendente: «Tu corazón se llenó de arrogancia y dijiste: "Yo soy un dios"» (Ezequiel 28:2, NVI). Incluso se compara al rey de Tiro con Satanás: «Estabas en Edén, en el jardín de Dios, adornado con toda clase de piedras preciosas» (v. 13). Pero, «a causa de tu hermosura tu corazón se llenó de orgullo. A causa de tu esplendor, corrompiste tu sabiduría» (v. 17).

Tal como Ezequiel advirtió, Tiro cayó durante el reinado de Alejandro Magno y hoy nadie la recuerda. Pensemos ahora en las urbes a nuestro alrededor. ¿Se parecen a Tiro? ¿Se enorgullecen de su poderío económico y de su corrupción? Oremos por los ministerios en las ciudades y si vivimos en una, seamos luz en medio de «las incrustaciones de marfil».

Señor, oro por mi ciudad.

MH

Lectura diaria: Ezequiel 30, 31, 32

En el corazón de Egipto

Lo entregaré en manos de una nación poderosa para que lo destruya como merece su perversidad. Ya lo he desechado.
(Ezequiel 31:10, NTV)

En el Museo Británico está la colección más grande de antigüedades egipcias a nivel mundial que consta de más de cien mil piezas. Además, abarca siete galerías permanentes, que incluyen la más amplia del museo. Esto no debe sorprendernos ya que el Imperio egipcio se prolongó durante más de tres mil años y sus objetos se preservaron bastante bien debido a su método de sepultura.

Sin embargo, su historia debe ser un recordatorio para las naciones modernas que buscan extender sus territorios e influir en el mundo. A pesar de su poderío, este reino llegó a su fin. Egipto se volvió vanidoso y arrogante; se puso tan por encima de los demás que su soberbia llegó hasta el cielo. Se creían invencibles y mostraron crueldad.

Sin embargo, Dios envió a otra nación poderosa para destruirlos. Egipto empezó a ser vasallo de otros reinos y no volvió a recuperarse. Hoy posee una economía de tercer mundo y muchos problemas sociales. No hablamos mucho de Egipto, salvo para recordar sus antiguos días de gloria. Y todo lo predijo Dios, por medio de su profeta Ezequiel, muchos años atrás.

Aun así, notemos que existe otra nación dentro del corazón de Egipto, una compuesta por millones de egipcios que han creído en Jesús a través de los siglos. Ellos no han sido desechados, sino que aún permanecen ahí como luz en la oscuridad y están cumpliendo la profecía de Isaías, ya que Dios les llama «mi pueblo» (Isaías 19:25, NTV). ¡Demos gracias a Dios por nuestros hermanos!

Señor, gracias por tu iglesia universal.

KO

Lectura diaria: Ezequiel 33, 34

NO QUIERE PERDER NINGUNA

*Tan cierto como que yo vivo, afirma el Señor y Dios,
no me alegro con la muerte del malvado,
sino con que se convierta de su mala conducta y viva.*
(Ezequiel 33:11, NVI)

Un niño se agachaba, recogía algo y lo lanzaba al mar. Un hombre se acercó con curiosidad y el niño le explicó que devolvía las estrellas del mar al agua. «Si permanecen fuera del agua por mucho tiempo, las estrellas se secan y mueren». El hombre sonrió: «Pero hay miles de estrellas en la arena y no podrás devolverlas a todas. No tiene sentido».

En ese momento, el niño agarró otra estrella y la lanzó al mismo tiempo que decía: «Para esta, sí tuvo sentido. Y para esta y esta». Entonces, el hombre, sonriendo, se agachó a tomar una estrella y la lanzó al agua repitiendo: «Y para esta también».

A veces pensamos que Dios es como ese hombre que no veía el valor de una estrella y se consolaba pensando que en el mar había miles. Sin embargo, ese no es el Dios al que seguimos. Nuestro Señor no quiere perder ninguna «estrella» tampoco. Ha muerto en la cruz y resucitado para regresarlas a su lugar original, bajo su cuidado. El Señor no se alegra ante la muerte del malvado. Ezequiel nos explica con claridad que Dios, más bien anhela que procedan al arrepentimiento. ¿No es maravilloso?

Y nosotros somos «ayudantes» que auxiliamos a aquellos que se han perdido en el camino a volver a los brazos eternos de Dios. ¿Cuántas personas en el cielo te verán y te dirán: «Para mí sí tuvo sentido que me hablaras de la Palabra de Dios»?

Señor, gracias por poder compartir las maravillas de tu palabra.

YF

Lectura diaria: Ezequiel 35, 36

Corazón de piedra

Les daré un corazón nuevo y les infundiré un nuevo espíritu.
Les quitaré ese corazón de piedra y pondré uno de carne.
(Ezequiel 36:26, PDT)

Cuando mi amiga Liz supo que estaba embarazada y el médico le dijo que debía terminar con el embarazo porque el bebé venía mal, ella supo que no lo haría. Dios le había dado ese bebé, a pesar de estar operada con una ligadura de trompas. Viviera solo un día o diez años, ella y su esposo le brindarían todo el amor que unos padres pueden ofrecer a un pequeño.

El bebé nació y estuvo con ellos tres hermosas semanas de gozo y lágrimas, pero de un testimonio viviente del amor de Dios para toda criatura. Pues mi amiga mostró tener ese corazón de carne, uno que Jesús ha transformado y que mira la vida como lo que es: un regalo divino.

El corazón de piedra de los israelitas los había apartado de los designios de Dios. Hizo que ellos tuvieran en poco la vida e incurrieron en pisotear al otro, fuera a través de asesinato, la violencia o el sacrificio de niños a ídolos. Hoy también se valora poco al otro y lo comprobamos en el desprecio al prójimo y las prácticas que terminan con la vida sin consideración.

¿Qué es lo contrario a un corazón de piedra? Un corazón tierno y receptivo, uno que late al ritmo del compás de Dios y da espacio para que Él obre milagros y haga florecer lo que a ojos humanos parece estar muerto. ¿Y cómo se consigue un corazón de carne? La única manera es a través de creer en Jesús como Salvador y darle el lugar de Señor en nuestra vida.

Señor, dame un corazón tierno y receptivo.

KO

NOVIEMBRE 30

Lectura diaria: Ezequiel 37, 38, 39

HUESOS QUE REVIVEN

Entonces me dijo: «Hijo de hombre, ¿podrán revivir estos huesos?».
Y yo contesté: «Señor y Dios, tú lo sabes».
(Ezequiel 37:3, NVI)

En 1966, la revista *Time* preguntó en su portada: «¿Está muerto Dios?», haciendo eco de las palabras de Friedrich Nietzsche en su libro *Así habló Zaratustra*. Pocos años después, en 1971 la noticia de la portada era sobre el Movimiento de Jesús, que surgía como una ola entre los jóvenes de la era hippie. Y en 1976, *Newsweek* proclamó que era «el año del evangélico». Me hubiera gustado preguntar a los editores y escritores de 1966 si aún pensaban que Dios estaba muerto.

Dios mismo le dio a Ezequiel una visión de un valle lleno de huesos secos, algo especialmente abominable para un sacerdote que no debía tener contacto con los muertos. Le preguntó si podrían revivir esos huesos y, aunque humanamente lo consideró imposible, conociendo la omnipotencia de Dios, el profeta respondió: «Señor y Dios, tú lo sabes» (Ezequiel 37:3, NVI).

Entonces, el Señor hizo lo imposible y dio vida a esos huesos. Esta visión mostraba al pueblo en decadencia. Ezequiel quizá los podía comparar con esos esqueletos sin vida que ya no tenían remedio, pero Dios declaró: «Pondré mi Espíritu en ustedes y vivirán. Y te estableceré en tu propia tierra» (v. 14).

Quizá los reporteros de revistas como *Time* y *Newsweek* observen a la iglesia como huesos secos. Tal vez tú y yo miramos nuestros países o a nuestras propias familias como irremediablemente muertas a las cosas espirituales. No olvidemos que tenemos un Dios experto en milagros y en dar vida. La última palabra la tiene Él. ¿Pueden revivir los huesos? ¡Por supuesto que sí!

Señor, te pido por tu iglesia en el mundo, porque cobre nueva vida.

MH

DICIEMBRE 1

Lectura diaria: Ezequiel 40, 41

ESPERANZA VERDADERA

En visiones Dios me llevó a la tierra de Israel, y me puso
sobre un monte muy alto, sobre el cual había un edificio
parecido a una gran ciudad, hacia la parte sur.
(Ezequiel 40:2, RVR60)

Después de cuarenta y cinco años de una vida plena, mi amiga Lupita se enteró que padecía una enfermedad degenerativa. Después de meses de buscar a Dios, concluyó: «Ahora soy parte del 16% de personas que sufren algún tipo de discapacidad. Pero sé que un día este cuerpo volverá a florecer». ¿Y sabes qué? Tiene razón.

En el sexto año de su ministerio, Ezequiel tuvo una visión deprimente. En los capítulos del 8 al 10, describe las abominaciones que se cometieron en el templo y cómo la gloria de Dios abandonó el santuario. Catorce años después de que esa visión se hiciera realidad, Ezequiel recibió una segunda visión. En ella, contempló una ciudad renovada y un templo reconstruido y la gloria del Señor lo llenó de nueva cuenta.

En 1 Corintios 6:19, Pablo compara nuestros cuerpos con un templo donde habita el Espíritu Santo. Por nuestros pecados se ha contaminado y por eso es el proceso de envejecimiento y enfermedad, pero cuando creemos en Jesús como nuestro Salvador, el Espíritu Santo viene para habitar en nosotras y nos salva, ¡no solo el alma, sino también nuestros cuerpos!

Un día, nuestros cuerpos resucitarán. La gloria del Señor los llenará por completo y no sufrirán más enfermedad ni dolor. Esta es la esperanza de la resurrección. Esta es la esperanza que tiene Lupita. Esta es la esperanza que todos debemos tener cuando oímos la palabra cáncer o artritis. Así como un día el templo volverá a llenarse de gloria, nuestros cuerpos también serán glorificados.

A ti sea la gloria, Dios Todopoderoso, por la promesa de la resurrección.

KO

DICIEMBRE 2

Lectura diaria: Ezequiel 42, 43, 44

LA MEJOR HERENCIA

Yo seré la única posesión que reciban los sacerdotes como herencia.
No se les dará ninguna propiedad en Israel. Yo soy su propiedad.
(Ezequiel 44:28, DHH)

Un hombre devastado emocionalmente, describía lo que su vida
había sido en los últimos años. Comentaba cómo la esposa que
tenía lo acabó financieramente y lo había abandonado a él y a su
hijo. Había perdido su trabajo y sus amigos no le respondían. Le
estaban embargando su casa y su coche.

La crisis económica no le daba más que para mantenerse con vida
y gastaba cada centavo inteligentemente. Así que cuando llegó el
cumpleaños número nueve del niño, se disculpó con él y le dijo:
«No puedo comprarte nada para tu cumpleaños». El niño lo miró
y sonriendo le dijo: «Papá, los niños no quieren cosas; quieren
amor». Para este niño, su mejor herencia era el amor de su padre.

Si preguntamos a cada ser humano cuál piensa que sería su mejor herencia las respuestas serían variadas. Muchos dirían que
la casa, o la cuenta del banco o la empresa de sus padres. Pero,
¿qué dirían los sacerdotes de los que habla Ezequiel? ¡El Señor
mismo era su herencia! Desde tiempos antiguos, el Señor no les
dio territorio, pero prometió que jamás los dejaría y cumplió. ¡Y
Él también es nuestra herencia!

¡Qué maravilla pasar tiempo descubriendo al Impenetrable, al
Creador infinito, al Diseñador asombroso! Nuestra herencia es la
muestra del más inmenso y profundo amor, del gozo que puede
satisfacer todas las necesidades de una vida. ¡Le amamos porque
Él nos amó primero! Como el salmista, podemos decir: «¡Hermosa es la herencia que me ha correspondido!» (Salmos 16:6, DHH).

Señor, los humanos no necesitamos nada, solo te necesitamos a ti.

YF

Diciembre 3

Lectura diaria: Ezequiel 45, 46

El líder misterioso

Y, cuando entren y cuando salgan, el príncipe deberá estar entre ellos.
(Ezequiel 46:10, NVI)

Cada noche, el comedor del campamento quedaba sucio. Aunque un grupo de camperos lo barría después de la cena, debido a otras actividades volvía a desordenarse y empolvarse. Misteriosamente, cada mañana, cuando los encargados despertaban, lo encontraban en óptimas condiciones. ¿Quién lo mantenía en orden?

Durante la revelación de Dios a Ezequiel sobre la futura gloria del templo, se presenta al príncipe. No sabemos mucho de él, pero no se trata del Mesías. Quizá, simplemente ejemplifica lo que un verdadero líder debe ser. ¿Qué hace? Ofrece sacrificios, presenta ofrendas en representación del pueblo y no se aísla del pueblo, sino que forma parte de la multitud.

Este misterioso personaje nos ofrece grandes lecciones. En muchas empresas e incluso iglesias, los líderes viajan en autos caros y no se mezclan con el resto. Entran por puertas laterales y solo conviven con otros del mismo rango. Esa no es la imagen del príncipe misterioso que leemos aquí. Este es un líder siervo, uno que tiene un rol de pastor, pero un corazón de oveja.

¿Te acuerdas del comedor del campamento? Una mañana, los encargados se levantaron más temprano y descubrieron el secreto. Se trataba del conferencista y orador invitado, quien hacía un acto de amor y servicio todos los días, en silencio y en el anonimato. Todos se asombraron de la humildad de este líder-siervo, quien dijo: «No soy especial. Soy como el resto de los camperos. A todos nos toca limpiar». ¿Nos parecemos a este príncipe misterioso?

Señor, dame un corazón de siervo.

KO

DICIEMBRE 4

MANANTIAL DE VIDA

Después me hizo volver a la entrada del templo; y he aquí,
brotaban aguas de debajo del umbral del templo hacia el oriente.
(Ezequiel 47:1, LBLA).

El Danubio, el Rhin, el Nilo, el Mississippi y el Saint Lawrence
son ríos conocidos por su extensión, su profundidad y por las
ciudades asentadas en sus orillas. Se necesitaba el agua no solo
para abastecer a personas, animales y campos, sino también para
el transporte y como fuente de energía en molinos y más.

Jerusalén está ubicada en una zona desértica donde no hay muchas fuentes de agua, así que la fuente de Gihón permitió que se
fundara en sus cercanías la ciudad de Jebús, como antes se lla-
maba. Pero como el manantial se encontraba fuera de los muros
de Jerusalén, se construyó un acueducto en la Edad de Bronce y,
más tarde, en el tiempo del rey Ezequías, un túnel excavado en
la roca. Este último les ayudó a sobrevivir el sitio de los asirios.

Al final del libro de Ezequiel, el tono cambia al llegar a un punto
culminante de gloria, restauración y esperanza. El profeta recibe
una visión futurística en la cual fluye un río desde el templo hacia el mar Muerto, lleno de peces y donde, a sus orillas, crecen
árboles que dan fruto todo el año. Juan hace eco de esta descrip-
ción en Apocalipsis 22:1: «Y me mostró un río de agua de vida,
resplandeciente como cristal, que salía del trono de Dios y del
Cordero» (RVR60).

Cuando nos abruma el «desierto» de un mundo lleno de decep-
ciones y dificultades, recordemos que Jesús es agua viva que nos
quiere refrescar.

Anhelo estar un día en Tu presencia, ¡satisfecha por siempre!

MH

DICIEMBRE 5

DESPERTARES

Entonces se levantaron los jefes de las casas paternas de Judá
y de Benjamín, y los sacerdotes y levitas, todos aquellos
cuyo espíritu despertó Dios para subir a edificar la casa
de Jehová, la cual está en Jerusalén.
(Esdras 1:5, RVR60).

¿Has oído hablar de los zombis? Se les conoce también como muertos vivientes porque, aunque caminan y se mueven, no tienen vida. Seguramente te has sentido así cuando el cansancio o el sueño te dominan. Por eso, necesitamos despertar.

Después de muchos años en Babilonia y Persia, muchos israelitas quizá perdieron la esperanza de volver a su tierra. Algunos consiguieron buenos trabajos, abrieron un negocio o se casaron con extranjeros. Así que Dios actuó para que su pueblo regresara a su tierra.

En primer lugar, despertó el espíritu de Ciro, rey de Persia. Aunque no sabemos exactamente si fue a través de un sueño o una profecía, Ciro decidió que se edificara la casa a Dios en Jerusalén. Por lo tanto, dio permiso a los judíos que quisieran, regresar a Judá y cumplir tal propósito. Segundo, Dios despertó a las familias para dejar a un lado su miedo, su pereza o su apatía y leemos la lista de familias dispuestas a volver en el capítulo 2 de Esdras.

Algunas versiones traducen «despertar» como «mover». En pocas palabras, Dios mueve nuestros corazones para que entonces se muevan nuestros pies. Quizás tenemos una vida cómoda económicamente o sin muchos desafíos, como los israelitas. Que Dios mueva nuestros corazones a su causa y propósitos y que eso nos despierte para actuar y cumplir con la encomienda que nos ha dado: edificar su casa.

Señor, muéveme a quererte y servirte.

KO

Diciembre 6

Lectura diaria: Esdras 3, 4

Nostalgia y alegría

Y muchos de los sacerdotes, de los levitas y de los jefes de casas paternas, ancianos que habían visto la casa primera, viendo echar los cimientos de esta casa, lloraban en alta voz, mientras muchos otros daban grandes gritos de alegría.
(Esdras 3:12, RVR60)

¿Has regresado a visitar un lugar después de mucho tiempo? Nuestros recuerdos pueden ser tan poderosos que evocamos olores y colores, así como detalles exactos de lo que vivimos. Sin embargo, cinco, diez, quince años después seguramente algunas cosas cambiaron. La gente envejece, las cosas se deterioran y esto nos puede traer una combinación de sentimientos.

Los cautivos de Israel que pudieron regresar y ver los cimientos del nuevo templo, sentían nostalgia por el antiguo templo que fue violentamente destruido y alegría al saber que sería reconstruido otra vez. Dios había despertado el corazón de Ciro, el nuevo emperador, para que hiciera su voluntad, pero ellos probablemente compararon el presente con el pasado.

Quizá nuestras vidas también han sido arruinadas por el pecado y nuestras malas decisiones. Tal vez nos lamentamos por lo que pudo ser y no fue. Sin embargo, nuestro Dios es un experto en la reconstrucción. Él puede transformar a las personas para que sean bendición de muchos.

Cuando Cristo viene a morar en nosotras, somos prueba clara de su poder transformador. Quizá a veces experimentamos esa nostalgia combinada con alegría, pero animémonos. Eso significa que Dios está haciendo algo nuevo en nosotras y nos perfeccionará como ha prometido. Miremos hacia adelante y veamos el poderoso brazo de Dios en acción.

¡Gracias por reconstruir mi vida, Señor!

YF

Lectura diaria: Hageo 1, 2

ALEGACIONES SIN FUNDAMENTO

El pueblo alega: «Todavía no ha llegado el momento
para reconstruir la casa del Señor».
(Hageo 1:2, NTV)

¡Cómo nos gusta alegar! Alegamos cuando citamos como prueba, disculpa o defensa cualquier hecho, dicho o ejemplo que nos favorezca. Alegamos cuando argumentamos oralmente o por escrito cualquier cosa a nuestro beneficio. Desde la adolescencia comenzamos a afinar esta práctica y nos volvemos excelentes abogados.

Los israelitas habían regresado a Jerusalén después del exilio y, por diversas razones políticas y sociales, dejaron en pausa el trabajo en el templo por más de diez años. Tenían todo un arsenal de refutaciones para no reconstruir el templo todavía. Nota que no dijeron que no lo iban a hacer. Simplemente alegaron que aún no llegaba el momento.

Entonces Dios, mediante el profeta Hageo, los reprende. ¿Cómo es que no tienen tiempo para edificar la casa de Dios, pero sí para adornar y embellecer sus casas? Entonces les hace recapacitar en su situación espiritual. Siembran, pero no cosechan. Comen, pero no se llenan. Se abrigan, pero aún tienen frío. ¿Por qué? Porque han hecho mal en poner a Dios en segundo, tercer, último lugar.

Quizá tú y yo tenemos cientos de razones por las que decimos que no es el momento de servir a Dios en las misiones o empezar un estudio bíblico en casa. Aunque sí tenemos tiempo para ir al salón de belleza y desayunar con amigas una vez al mes. ¿Cómo están los niveles de satisfacción en nuestra vida? Quizá debamos escuchar al Señor, en vez de alegar, pues hoy es el tiempo de reconstruir la casa del Señor.

Señor, tu casa es mi vida, mi iglesia local e incluso el mundo
y la quiero reconstruir.

KO

DICIEMBRE 8

Lectura diaria: Zacarías 1, 2, 3, 4

LA NIÑA DE SU OJO

Porque así dice el Señor de los ejércitos, cuya gloria
me ha enviado contra las naciones que los despojaron,
porque el que los toca, toca la niña de su ojo.
(Zacarías 2:8, NBLA).

La expresión «la niña de su ojo» proviene de una frase hebrea que literalmente significa «el hombrecito del ojo», debido a la reflexión de una persona que aparece en la pupila al acercarse a alguien. Se usa para expresar el cariño especial y el orgullo que se tiene por el ser amado y predilecto.

Nos recuerda que a los hijos se les protege como a los mismos ojos, tan sensibles al daño. De hecho, nuestro Creador nos dotó de los párpados para defender estas «ventanas del cuerpo», sin las cuales se nos dificultaría en sobremanera la vida. Así de especial era Israel para Jehová.

El sacerdote Zacarías había permanecido en Palestina con los que se quedaron allí después del destierro a Babilonia. Dios le dio un mensaje de reconciliación con su pueblo y un trabajo de reconstrucción del templo. De los judíos advirtió: «El que los toca, toca la niña de Su ojo» (Zacarías 2:8). Así que llama al pueblo a regresar a Jerusalén, donde su tristeza se convertirá en gozo: «Canta de júbilo y alégrate... porque voy a venir y habitaré en medio de ti» (Zacarías 2:10, NBLA).

¿Qué desdicha amenaza derribarte? Puede ser una crisis financiera o familiar, un diagnóstico preocupante o la traición de una amistad. Recuerda que tu Padre amoroso tiene sus ojos sobre ti, eres de gran valor para Él y te protegerá.

Oh, Abba, ¡confío en tu protección!

MH

Diciembre 9

Lectura diaria: Zacarías 5, 6, 7, 8

¿Para quién?

Y cuando comen y beben, ¿acaso no lo hacen para sí mismos?
(Zacarías 7:6, NVI)

Seguramente has tenido que escribir tu currículum vitae alguna vez. Consiste en un documento que enumera las escuelas en las que has estudiado y los trabajos que has laborado. Entre más apartados añadas, más impresionante se ve. Y seguramente has pensado como yo que, entre más largo, mayor posibilidad de obtener un empleo. Tristemente, eso a veces no nos asegura un sí.

Sin embargo, en la vida de iglesia también podemos presumir nuestros logros y ministerios. Podemos contar y anunciar las clases impartidas, sermones predicados, campamentos organizados, campañas dirigidas, canciones entonadas o personas discipuladas en nuestro historial. ¿Y qué opinará Dios de estas hojas de vida? Quizá puedan asombrar a otros, pero ¿a Él?

Cuando unos hombres le preguntaron a los sacerdotes y profetas si debían seguir llorando y ayunando ahora que el templo estaba reconstruido, Dios, por medio de Zacarías, les dice algo así: «Me preguntan si deben seguir ayunando en tal y cual mes, ¿pero realmente lo hacían de corazón? ¿No lo hacían para sentirse bien ustedes mismos?» ¿Qué responderíamos si Dios tomara nuestro currículum vitae espiritual y preguntara lo mismo?

¿Cantamos para que nos vean o le cantamos a Él? ¿Enseñamos para tener control o porque amamos su Palabra profundamente? ¿Organizamos actividades porque nos sentimos útiles o lo hacemos por amor a quienes servimos? Cada vez que hagamos algo, dentro o fuera de la iglesia, preguntémonos para quién lo hacemos. Dios quiera que sea para Él.

Señor, quiero hacer todo para ti.

KO

Diciembre 10

Prisioneros de esperanza

Volveros a la fortaleza, oh prisioneros de esperanza;
hoy también os anuncio que os restauraré el doble.
(Zacarías 9:12, RVR60)

Nunca he estado en la cárcel, pero supongo es uno de los lugares más carentes de esperanza en todo el mundo. Cuentas los días, uno a uno y, aunque la condena se reduce, todavía te esperan años. Debe ser todavía peor cuando eres prisionero de guerra y no sabes cuándo tu país vencerá al enemigo. ¡Qué angustia por el porvenir!

Así se sentían los judíos que regresaban del exilio: perdidos, solos y tristes. Pero Zacarías les recuerda que son prisioneros de esperanza. Ellos aguardaban la venida de un rey justo y victorioso, pero también humilde. Uno que lucharía sin hacer una guerra y que rescataría a su pueblo, como el pastor a sus ovejas.

Solo les pide una cosa: que regresen al refugio, que vuelvan a la fortaleza. Para nosotros, miles de años después, este lugar es la cruz: el lugar donde la misericordia y la verdad se encontraron, donde la justicia y la paz se besaron. Es el lugar donde podemos intercambiar las cenizas de nuestro pasado por la belleza del futuro. El lugar donde llevamos el perdón como una corona y encontramos propósito en nuestras vidas.

Cuando parezca que las cosas no van a salir bien o todo se descomponga alrededor, cuando nos sintamos encarceladas y sin claridad, miremos a la cruz y seamos prisioneras de esperanza. Porque fue ahí, en la cruz, en el lugar de más desesperación y abatimiento y donde todo parecía terminar, que realmente todo comenzó y el Señor nos trajo toda esperanza.

Señor, a los pies de la cruz me aferro.

KO

DICIEMBRE 11

Lectura diaria: Zacarías 9, 12

HUMILDES DE CORAZÓN

*¡Alégrate mucho, ciudad de Sión! ¡Canta de alegría, ciudad
de Jerusalén! Tu rey viene a ti, justo y victorioso, pero humilde,
montado en un burro, en un burrito, cría de una burra.*
(Zacarías 9:9, DHH)

¿Sabías que la primera Cabalgata de Reyes Magos se celebró
en 1866 en la localidad de Alcoy, España? Desde entonces, cada
año y en diversas ciudades, los tres reyes magos y sus pajes lanzan caramelos y golosinas a los niños, montando un hermoso
corcel, un elefante y un camello. Las calles se abarrotan y la
gente celebra.

Sin embargo, no fue así cuando el Mesías desfiló en Jerusalén.
Zacarías nos dice que el Mesías tenía que venir en forma hu-
milde, es decir, dispuesto a someterse a los designios del Padre.
Los judíos esperaban a un rey justo, victorioso, pero no humilde.
Nunca pensaron que tendrían a un Mesías sufriente. Solo lo que-
rían victorioso sobre sus opresores.

Pero el Dios creador de los cielos y la tierra, el todopoderoso,
omnisciente, santo y perfecto, es humilde, uno de sus atributos
del que pocas veces se habla. Él no vino conduciendo un auto
último modelo, sino montado en un burrito. ¿No es impresionante? Por eso, la Navidad no solo se trata de lo vistoso, sino de lo
pequeño, lo sencillo y lo frágil.

Y nosotras, al igual que nuestro Redentor, podemos mostrar humildad al no pensar en nosotras mismas sino en los demás. Jesús
dijo: «Acepten el yugo que les pongo, y aprendan de mí, que
soy paciente y de corazón humilde» (Mateo 11:29, DHH). ¿Nos
montamos en nuestro burrito y nos disponemos a servir al Rey
de reyes?

Ayúdame, Señor, a aprender a ser humilde como Tú.

YF

VIDAS CONSAGRADAS

Las ollas de cocina en el templo del Señor serán tan sagradas
como los tazones que se usan al lado del altar.
(Zacarías 14:20, NTV).

Una misionera en África quería enseñar lo importante que es purificar el agua para eliminar los gérmenes que contiene y que las personas no se enfermaran por espíritus malignos. Llevó un microscopio a un pueblo para enseñarles cómo se veían los microbios. La gente exclamó: «¡Así que los espíritus se pueden ver!»

La palabra «cosmovisión» se refiere a la manera que tiene cada persona o cultura de ver e interpretar al mundo. De forma más sencilla, podemos decir que es la visión del mundo. Uno considera que es la única realidad y se sorprende al saber que la percepción de otros es distinta. En una cultura animista, se considera que los espíritus habitan todo, incluso las piedras y el agua.

Tristemente, la cosmovisión de muchos cristianos separa la vida en lo sagrado y lo secular. Su forma de comportarse los domingos en la iglesia es una cosa y su forma de vivir el resto de la semana es otra. Puede ser que hasta su lenguaje cambie ya que ciertas palabras serían ofensivas en el templo.

Zacarías visualizó el día en que no solo los sacerdotes llevarían la inscripción «santo para el Señor» sino que aun los cascabeles del arnés de los caballos la llevarían (Zacarías 14:20, NTV). Tanto las sencillas ollas de la cocina del templo como los tazones del altar serían sagrados. Así como en el futuro reino del Mesías, hoy mismo los que le pertenecemos ¡somos santificados! *Toda* nuestra vida debe reflejar Su santidad y darle gloria a Él.

Señor, que mi cosmovisión se ajuste a tu palabra.

MH

DICIEMBRE 13

Lectura diaria: Salmos 77, 78

PASTORES HUMILDES

Escogió a su siervo David, el que era pastor de ovejas;
lo quitó de andar tras los rebaños, para que cuidara
a su pueblo, para que fuera pastor de Israel.
(Salmo 78:70-71, DHH).

¿Existen pastores todavía? ¡Por supuesto! Jonathan Davies, experto en la naturaleza, nos dice: «El pastoreo es uno de los sistemas de producción de alimentos más sostenibles del planeta y una fuente de beneficios ambientales, económicos y culturales, para los pastores y para el resto del mundo».

Aun así, supongo que el pastoreo sigue considerándose un oficio humilde, no tan bien visto como un *influencer* o un *Youtuber*. La Biblia, por el contrario, cuenta con una larga tradición de pastores que también fueron líderes y que, cuidando ovejas, adquirieron habilidades que les facilitaron trabajar con las personas.

Dios escogió a Moisés y Aarón para guiar al rebaño de Israel a la Tierra Prometida. Luego tomó a David, un simple pastor de ovejas, «para que cuidara a su pueblo» (Salmo 78:71, DHH). Este llegó a ser un gran rey, pero al pecar, tuvo la humildad de escuchar consejos, reconocer sus errores y arrepentirse. Y por supuesto, el Buen Pastor, Jesús mismo, es nuestro máximo ejemplo de un líder humilde.

En estos días recordamos el nacimiento de Jesucristo, cuyos primeros visitantes fueron pastores del campo que difundieron la gran noticia. Estos hombres y mujeres solo atendían a sus rebaños, cuando una noticia irrumpió en sus vidas. ¿Y qué hicieron? Lo que el salmo nos invita a hacer: «Lo que hemos oído y sabemos… no lo ocultaremos a nuestros hijos» (Salmos 78:3-4). Contemos a otros el mensaje de Navidad.

Dios mío, te agradezco porque ¡te humillaste hasta lo último por mí!

MH

DICIEMBRE 14

Lectura diaria: Salmos 79, 80

FOTOGRAFÍA FAMILIAR

Oh, Señor, Dios de los ejércitos, restáuranos; haz resplandecer tu
rostro sobre nosotros y seremos salvos.
(Salmos 80:19, NBLA)

Todos tenemos una fotografía de familia donde lucimos sonrientes y guapos, y, sobre todo, completos. Pero va pasando el tiempo y la foto ya no luce igual. Quizá uno de los hijos se haya marchado. O alguna pareja ha bebido las aguas amargas del divorcio. O el abuelo ha sido institucionalizado porque debe recibir cuidados especiales.

Miramos esas antiguas fotografías con añoranza y nos unimos al ruego del salmista en el capítulo 80: «Restáuranos, oh, Dios». «Haznos volver a ti». «Haznos volver a ser lo que antes fuimos». ¿Puedes percibir la angustia en la voz de Asaf? Quizá es la misma que inunda hoy nuestros labios. Queremos volver a lo que fuimos: unidos, completos y felices.

No sabemos si Asaf habló proféticamente, pero aquí le ruega a Dios que restaure al norte y al sur de Israel. Esa familia también se volvió disfuncional a partir del reinado de Roboam. Cada uno agarró un camino distinto y el exilio los separó todavía más. Pero Asaf le recuerda a Dios que Él es el Pastor de Israel y tiene el poder para revivirlos, regresarlos y restaurarlos. Solo Dios puede hacerlo.

Piensa hoy en los familiares que se han apartado de Dios y quizá de la propia familia. Recuerda a los niños que vienen en camino o que están creciendo y pueden un día tomar malas decisiones. Luego, ora este salmo nuevamente y ruega a Dios por los tuyos. Él es poderoso y capaz de restaurar por completo la fotografía familiar. Pidámosle en oración.

Señor, haz volver a mi familia a ti.

KO

Diciembre 15

Lectura diaria: Salmos 77, 78

¿Cómodas?

Pero mi pueblo no quiso oírme; ¡Israel no quiso obedecerme!
(Salmo 81:11, DHH)

Un hombre con más de 60 años había pasado 47 años en prisión. Su vida había estado llena de delitos que hacían sus condenas cada vez más largas. Había salido numerosas veces de la cárcel sólo para volver a entrar otra vez, estaba tan acostumbrado a la prisión que no sabía cómo obtener un empleo ni se le conocía ninguna relación sentimental. No se preocupaba por obtener dinero o comida.

Era experto en «regresar» a su celda, la cual siempre estaba limpia y bien arreglada. Así que, entraba a un banco federal, presentaba una nota al cajero con la inscripción: «Esto es un robo, coloque el dinero en una bolsa» y los cajeros le obedecían. Minutos después, se sentaba afuera con la bolsa de dinero y esperaba a que la policía llegara.

¡Qué parecido era el pueblo de Israel a este hombre! Estaban tan acostumbrados a rebelarse contra la ley de Dios que parece que se sentían cómodos viviendo en desobediencia. Una y otra vez leemos a lo largo de toda la Biblia que Israel no tenía un corazón humillado delante de su Dios y le buscaban cuando ya no podían con la disciplina que les enviaba.

Hay personas que se sienten muy cómodas viviendo en pecado. No sienten arrepentimiento y solo buscan el favor de Dios cuando algo malo les sucede. ¡Su conducta se parece tanto a la de Israel! Oremos para que el Señor toque sus corazones y vuelvan a Él con genuino arrepentimiento.

Señor, que yo no me sienta cómoda viviendo en pecado.

YF

Diciembre 16

Lectura diaria: Salmos 84

La morada interior

Un solo día en tus atrios ¡es mejor que mil en cualquier otro lugar!
Prefiero ser un portero en la casa de mi Dios que vivir la buena
vida en la casa de los perversos.
(Salmos 84:10, NTV)

A mi esposo le encanta decorar y mantener en buen estado nuestra casa. Aunque hemos tenido ya varias residencias en nuestros más de quince años de casados, cada una ha sido especial por el cuidado que pone en los detalles. Cada cuadro, cada planta y cada modificación fomenta la calidez de lo que llamamos hogar.

Cuando Moisés salió con los israelitas de Egipto vagaron por el desierto en tiendas de campaña. Dios eligió un tabernáculo para mostrar su presencia entre el pueblo. Pero, aun así, ellos anduvieron como nómadas, y quizá por eso el caudillo escribió: «Señor, a lo largo de nuestras generaciones, ¡Tú has sido nuestro hogar!» (Salmos 90:1, NTV).

Años después, los israelitas vieron el templo como el lugar donde Dios moraba y amaban tanto pasar tiempo ahí que los descendientes de Coré preferían ser porteros a gobernantes. Sin embargo, el templo quedó hecho ruinas y los israelitas lamentaron su pérdida. Entonces llegó Jesús y nos recordó que podemos acceder a la presencia de Dios a través del Espíritu Santo.

Hoy diríamos que Dios habita en la intimidad de nuestro ser interior. Él se comunica con nosotros a través de su Espíritu y nos acompaña todos los días. Como Moisés, podemos decir que Dios es nuestro hogar. Como los hijos de Coré, podemos cantar: «¡Qué bella es tu morada! Anhelo y hasta desfallezco de deseo por entrar en los atrios del Señor» (Salmos 84:1, NTV). Alabemos a Dios porque Él habita en nosotros y entre su pueblo.

Señor, gracias por ser mi hogar.

KO

DICIEMBRE 17

Lectura diaria: Salmos 107, 126

RECOMPENSA POR TRISTEZA

Irá andando y llorando el que lleva la preciosa semilla;
mas volverá a venir con regocijo, trayendo sus gavillas.
(Salmo 126:6, RVR60)

Desde tiempos muy antiguos, se contrataban personas para condolerse por la persona muerta en los funerales. Las plañideras o plañideros se dedicaban a «llorar» en los entierros y se les pagaba por eso. Se trataba de un «trabajo» bien pagado que la gente pobre no podía solventar y se creía que entre más ruidosos los plañideros, más se demostraba el amor o respeto al muerto.

En algunos casos, para saber cuánto se le tenía que pagar al plañidero, se le daba un lacrimatorio, es decir, un recipiente pequeño, muy hermosamente adornado, en el que el plañidero guardaría las lágrimas que había derramado durante el sepelio. Los lacrimatorios se ponían en las tumbas y cuando las lágrimas se secaban, el luto terminaba. Todavía existen lugares en donde se fabrican los lacrimatorios y se guardan las lágrimas en señal de amor.

El Salmo 126 nos dice que hay una recompensa para los que «van andando y llorando, llevando la preciosa semilla» (v. 6, RVR60). ¿A qué se refiere? En el Nuevo Testamento, el Señor Jesús equipara la semilla con la Palabra de Dios. Quien la siembra en los corazones de los hombres tendrá una recompensa extraordinaria.

Pero no es fácil. ¡Cuántas personas han sido perseguidas por sembrar su Palabra! ¡Cuántos no han llorado ante la indiferencia de las personas que no quieren saber de Cristo! Quiero pensar que Dios tiene un lacrimatorio para estas lágrimas y un día veremos que se han convertido en personas que aman y siguen a Dios.

Oh, Señor, ¡me quiero regocijar con los que oyeron tu Palabra
a través de mí!

DICIEMBRE 18

UN BUEN PROPÓSITO

*Ya que Esdras había dedicado su corazón a estudiar
la ley del Señor, y a practicarla, y a enseñar sus estatutos
y ordenanzas en Israel.*
(Esdras 7:10, LBLA)

Quizá ya comenzaste a pensar en tus propósitos de Año Nuevo. Al ir cerrando este año, probablemente hay cosas que deseas cambiar y otras que quieres reforzar. Si bien el ejercicio, la alimentación saludable y el descanso deberían estar en nuestra lista, no olvides que la prioridad debe ser nuestra vida espiritual.

Esdras, un descendiente de Aarón, sabía esto muy bien. Seguramente su linaje tuvo que ver con sus deseos, pero también hubo muchos levitas y sacerdotes que decidieron no volver a Jerusalén y se acomodaron a la vida en Persia. Esdras, sin embargo, hizo un serio compromiso con Dios desde el fondo de su corazón.

La Biblia nos dice que Esdras dispuso su corazón para tres cosas: estudiar, practicar y enseñar la Palabra de Dios. ¿Lo imitamos? Todo comienza con dedicar tiempo y esfuerzo al estudio de la Palabra. No basta escucharla el domingo, sino leerla todos los días, preguntándonos qué dice y qué nos pide hacer. También es importante estudiarla en grupo pues aprendemos más.

Segundo, Esdras decidió practicar lo que la Biblia dice. Jesús habló muchas veces de quienes sólo oyen la Palabra, pero no la obedecen y los comparó con personas necias. No seamos de ese grupo. Finalmente, Esdras también se dedicó a compartir lo que aprendía con otros. Piensa en maneras en que puedes enseñar a los demás lo que aprendes en tu estudio bíblico. Que, desde hoy, este sea uno de los propósitos de nuestro corazón.

Señor, produce en mí el querer estudiar, practicar y enseñar tu Palabra.

KO

DICIEMBRE 19

Lectura diaria: Esdras 8, 9, 10

MARAVILLOSA PROTECCIÓN

Así que ayunamos y oramos intensamente para que nuestro Dios nos cuidara, y él oyó nuestra oración.
(Esdras 8:23, NTV).

Antes de ser el primer presidente de los Estados Unidos, George Washington experimentó el milagroso cuidado de Dios en una batalla. A los casi dos metros de altura, él medía mucho más que sus compañeros, así que destacaba más, pero todos los oficiales murieron, excepto él. Reconoció que «la Providencia» lo protegió «más allá de toda probabilidad o expectativa humana».

En los días del Antiguo Testamento, los viajes a pie durante largas distancias resultaban peligrosos en sobremanera. Los ladrones se aprovechaban de que en lugares desiertos no hubiera quién protegiera a los viajeros, así que podían despojarlos de todas sus pertenencias y aún secuestrar o matarlos. No todos llegaban a su destino a salvo.

Aun así, al guiar a un grupo grande de desterrados de vuelta a Jerusalén, a Esdras le dio vergüenza pedir soldados y jinetes al rey Artajerjes. En vez de ello, en oración, «le pedimos a Dios que nos diera un buen viaje y nos protegiera en el camino tanto a nosotros como a nuestros hijos y nuestros bienes» (Esdras 8: 21, NTV). Llevaban una cantidad impresionante de metales preciosos, pero Dios oyó su oración y no les pasó nada.

Aunque es recomendable tomar medidas de precaución al viajar o al trasladarse en transporte público, encomendémonos siempre a Dios. Oremos por nuestros seres queridos en su ir y venir todos los días y recordemos que, si Él va con nosotros, nos cuidará como a Washington, «más allá de toda probabilidad o expectativa humana».

Gracias, Padre mío, por tu maravillosa protección.

MH

DICIEMBRE 20

MÁS QUE UNA CARA BONITA

Para entonces, ella se había ganado la simpatía
de todo el que la veía.
(Ester 2:15, NVI).

Miss Mundo, el concurso de belleza internacional más antiguo, se fundó en el Reino Unido en 1951, cada concursante representa a su país y su reinado dura por un año. Aunque hoy estos eventos han llegado a ser controversiales por considerarse sexistas, políticamente incorrectos y que hacen de la mujer un objeto, quizá de niñas soñamos con ser elegida la mujer más bella del planeta.

Muchas veces pensamos que la reina Ester participó en un tipo de concursos como este, pero nos equivocamos grandemente. Ester no decidió ser parte de la comitiva del rey. Su participación en el proyecto implicaba que no se casaría con otro hombre, pues si el rey no la tomaba como esposa, ella pasaría a formar parte del harén. Seguramente se sintió atrapada y en medio de una fiera competencia.

Sin embargo, Dios estaba actuando tras bambalinas y permitió que, entre la multitud, Ester destacara pues «se había ganado la simpatía de todo el que la veía» (Ester 2:15, NVI). En cuanto al rey, «ella se ganó su aprobación y simpatía» y la convirtió en reina. Ester sobresalió y, gracias a ello, salvó a su pueblo en exilio.

Dios también puede hoy obrar aun en medio de nuestras experiencias, incluso las desagradables. Quizá hoy nos encontramos en un lugar un tanto intimidante o incómodo, o nos vemos rodeadas por personas competitivas o circunstancias de peligro. Dios está ahí, tal como lo estuvo con Ester y nos puede dar favor con los demás y propósito. Confiemos en Él.

Gracias, Señor, por las habilidades que me das para que Tú me uses.

MH

Diciembre 21

Lectura diaria: Ester 3, 4, 5

El valor de una reina

Y si perezco, que perezca.
(Ester 4:4, NTV)

Tenemos una querida amiga que ha decidido dedicar su vida para compartir las Buenas Noticias de salvación en un lugar difícil del planeta. Cada vez que sale de nuestro país rumbo a tierras lejanas, repite la frase que dijo la reina Ester cuando le pidió a Mardoqueo que ayunaran antes de su entrevista con el rey. «Y si perezco, que perezca».

¿Acaso la reina Ester sugería que podía morir? Su estatus como reina no la eximía del malhumor del rey o de las leyes del lugar. Si el rey no extendía su cetro, ella corría el riesgo de ser condenada a muerte. ¿Qué habrá sentido durante esos tres días de ayuno y ruego? ¿Nos hemos sentido en una situación semejante?

Lo cierto es que el mismo Dios que protegió a Ester y le dio gracia frente al rey está hoy con nosotras. Ese mismo Dios acompaña a nuestra amiga cada vez que aborda un avión hacia lo desconocido y enfrenta las luchas de vivir en un país diferente que además ataca de manera frontal el cristianismo.

Quizá algún día nos encontremos en un momento crítico en el que alguien más nos recuerde que el trabajo que tenemos, o nuestro lugar en la familia, o nuestra influencia en la iglesia no son casualidad. Comprenderemos entonces que Dios ha orquestado todo para que hagamos algo a favor de los demás y nos llenemos de valor para enfrentar una prueba o una batalla. Que ese día nos acordemos de la reina Ester y repitamos: «Y si perezco, que perezca».

Señor, dame valor para hacer tu voluntad.

KO

DICIEMBRE 22

MÁS ALLÁ DE LA APARIENCIA

Después Mardoqueo regresó a la puerta del rey, pero Amán se apresuró a volver a su casa, lamentándose, con la cabeza cubierta.

(Ester 6:12, LBLA)

Cuando una mujer llegó a una casa para conocer a los nuevos vecinos, se topó con un hombre que desyerbaba una sección del jardín. Traía una camisa de manga corta y se encontraba sucio y desaliñado. La mujer pidió hablar con el propietario de la casa, así que el hombre se puso de pie y entró al recibidor.

Después de un rato, salió con una camisa distinta y las manos y cara limpias. «¡Hola! ¿Cómo puedo ayudarla?». La cara de la mujer cambió drásticamente: sus ojos se agrandaron y abrió la boca con turbación. Ella había asumido que el hombre era un trabajador. Seguramente, Amán se sintió diez veces peor cuando Asuero ordenó que paseara a Mardoqueo en el caballo real y vistiera elegantemente.

Amán pensó que Asuero quería honrarle y pidió en grande: usar el vestido real, el caballo real y la corona que el rey usaba. Amán quería sentirse «rey por un día». Pero la vestimenta no iba a cambiar su corazón, cruel y pecaminoso. Mardoqueo, sin embargo, no requería de ropajes espléndidos para brillar como un hombre honesto y recto.

Muchas veces juzgamos a los demás por las apariencias, pero solo Dios mira el corazón. El interior vale mucho más que lo externo y por eso, a unos días de Navidad, pensemos en los gobernantes como Herodes que se sorprendieron de que un bebé en Belén fuera el Rey que esperaban. No cometamos el mismo error. Veamos más allá de la superficie.

Señor, que mis actitudes hacia mis semejantes te honren.

YF

EL OTRO PROTAGONISTA

*Fue un hombre muy importante entre los judíos, de gran
estima ante ellos, porque siguió actuando a favor de su pueblo y
defendiendo el bienestar de todos sus descendientes.*
Ester 10:3 (NTV)

¿Quién es el protagonista de la Navidad? Si solo viéramos los adornos, diríamos que Santa Claus. Si solo escucháramos las canciones, quizá pensaríamos que el ser amado. Si solo contaran las películas, ganarían las tradiciones. Pero solemos olvidarnos que en toda historia hay varios personajes principales y ¿en Navidad? ¿Es María o José? ¿El bebé o los pastores? ¿Los ángeles o el árbol?

Aunque hemos estado leyendo la historia de una reina valiente, también es la historia de un hombre íntegro. Mardoqueo, que significa «hombre pequeño», pertenecía a la tribu de Benjamín y era el tutor y guardián de su prima Ester. Desde el principio se nos cuenta que tenía un puesto en la corte persa y evitó un complot contra el rey.

Amán, por siniestras razones, detestaba al hombre y buscó terminar con su vida. Mardoqueo, sin embargo, siempre lució callado y humilde, más interesado en salvar a su pueblo que su propia vida. Y la historia termina con un resumen de su vida: el segundo al mando, de gran estima, siempre actuando a favor de su pueblo y defendiendo el bienestar de su familia.

Su vida nos recuerda a otro hombre pequeño de la tribu de Benjamín, llamado Saulo, luego Pablo. Él también actuó a favor del pueblo de Dios. Sin embargo, a un día de la Nochebuena no podemos olvidar al más importante de todos, el protagonista de la Navidad y la Historia entera: Jesús, el ejemplo por excelencia de integridad, humildad y entrega.

Señor, Tú eres el centro de la Navidad.

DICIEMBRE 24

Lectura diaria: Salmos 74, 75, 76

PORQUE ESTÁS CERCA

¡Te damos gracias, oh, Dios! Te damos gracias porque estás
cerca; por todas partes, la gente habla de tus hechos maravillosos.
(Salmos 75:1, NTV)

Mi amiga Fulya nació en un país musulmán. Para ella, el dios al que rendía culto estaba demasiado lejos y no se preocupaba por alguien como ella. Mi amiga Juanita, por su parte, siempre se preguntó si Dios contaba las velas que encendía con sus peticiones. Cuando vemos a Dios distante es porque probablemente estamos olvidando poner los ojos en Jesús.

El Señor Jesucristo, también llamado Emmanuel, o Dios con nosotros, nos muestra el propósito de Dios con los seres humanos: estar cerca. Él no es un Dios lejano y apartado, sino uno que descendió del cielo para entregarse y una noche como la que hoy recordamos, hace muchos años, nació en un pesebre para rescatarnos.

El Salmo de Asaf del día de hoy, declara: «Te damos gracias porque estás cerca» (Salmo 75:1, NTV). Esta noche, independientemente de con quién celebres o cómo lo hagas, detente unos momentos para agradecer a Dios que no está lejos de su pueblo. Él no es un dios que se esconde detrás de las nubes o de su majestad, sino uno generoso que se entrega y da.

En palabras del poeta Ángel de Saavedra: «Los que lloráis sin esperanza alguna, hijos de Adán, degeneradas greyes, el árbitro de pueblos y de reyes os trae la paz, la gloria y la fortuna». Cantemos con júbilo, oremos en voz alta, prorrumpamos en alabanza pues: «¡Misterio de piedad santo y fecundo! Para lavar la mancha del pecado baja a ser hombre el Creador del mundo». Dios cerca.

Señor, gracias por ser un Dios cercano.

KO

DICIEMBRE 25

Lectura diaria: Nehemías 1, 2, 3

TIEMPO DE RECONSTRUIR

¡Reconstruyamos la muralla de Jerusalén
y pongamos fin a esta desgracia!
(Nehemías 2:17, NTV)

El Adviento marca una serie de domingos en que muchas iglesias cristianas recuerdan la venida del Redentor. Cada semana se enciende una vela que representa una virtud: el amor, la paz, la esperanza y la fe. Obviamente, culmina el día de Navidad en que la espera termina y recordamos que el Salvador del mundo ha llegado.

Nehemías había experimentado un tipo de adviento, o tiempo de espera. El pueblo de Israel había vuelto a Jerusalén, pero las murallas seguían derribadas. En otras palabras, continuaban indefensos. Nehemías se preocupa y ora al Señor. No solo se angustia, sino que está dispuesto a ser parte de la solución.

Regresa así a Jerusalén, con la venia del rey Artajerjes, e inspecciona la muralla. Entonces propone al pueblo unirse y reconstruir la muralla. De ellos depende que la ciudad se encuentre nuevamente a salvo de los enemigos. Y esto nos puede sonar a que la obra no se lleva a cabo sin manos humanas, pero más bien se refiere al libre albedrío que todos tenemos.

Podemos celebrar la Navidad sin realmente comprender su importancia. No se trata de que nosotras reconstruyamos el muro de nuestras vidas, sino que acudamos en humildad ante el pesebre en Belén y le confiemos nuestra vida a Dios. Entonces y sólo entonces, podremos ser parte de la obra de Dios en el mundo y ser útiles a los demás. Como Nehemías dijo: «El Dios del cielo nos ayudará a tener éxito» (Nehemías 2:20, NTV). A nosotros solo nos toca decir que sí.

Señor, gracias porque por medio de tu nacimiento comenzaste la obra
de reconstrucción en mi vida.

KO

DICIEMBRE 26

Lectura diaria: Nehemías 4, 5, 6

CON ESPADA EN MANO

¡No le tenga miedo al enemigo! ¡Recuerden al Señor
que es grande y glorioso, y luchen por sus hermanos,
sus hijos, sus hijas, sus esposas y sus casas!
(Nehemías 4:14, NTV)

Cuando la guerra estalló en Ucrania en 2022, familias enteras huyeron del conflicto, sobre todo las más cercanas a la frontera con Rusia. Cuando los talibanes regresaron al poder en Afganistán, vimos escenas conmovedoras de gente tratando de abordar aviones. Sin embargo, muchas familias se quedaron en sus territorios y han tenido que enfrentar la guerra.

Como Nehemías, quizá se han sentido rodeados por el enemigo. ¿Y qué hizo el líder judío cuando escuchó las burlas de los pueblos vecinos y las amenazas a un conflicto bélico? En primer lugar, oró junto con el pueblo a Dios y luego pusieron guardias en la ciudad para protección, de día y de noche. Luego, siguieron reconstruyendo con una espada cerca.

Tal vez nosotras no vivimos un enfrentamiento bélico o una persecución étnica, pero nuestras familias también reciben constantes ataques de los enemigos de Dios a través de la pornografía, la inmoralidad y todo un sistema de creencias contrario a la fe cristiana. Incluso algunos pierden empleos o son víctimas de la inseguridad, sin olvidar los muchos peligros de la drogadicción y los vicios a los que se exponen los niños y jóvenes.

Como el pueblo de Israel, no tengamos miedo. Nuestro Dios es grande y glorioso y «peleará por nosotros» (Nehemías 4:20, NTV). No por eso soltemos la espada, la Palabra de Dios, sino tengámosla firmemente asida y luchemos por nuestros hermanos, nuestros hijos, nuestros cónyuges y nuestros hogares. En todo momento portemos nuestras armas.

Señor, gracias porque tuya es la batalla.

KO

DICIEMBRE 27

Lectura diaria: Nehemías 7, 8, 9

¿CÓMO LEER LA BIBLIA?

Y leían en el libro de la ley de Dios claramente,
y ponían el sentido, de modo que entendiesen la lectura.
(Nehemías 8:8, (RVR60)

¿Has oído hablar del altar familiar? Se trata de un momento diario o semanal en que la familia se reúne para leer la Biblia y orar juntos. Si no has incorporado esta actividad a tu vida familiar, ¡no la pospongas por mucho tiempo! Si tus hijos son pequeños, ¡con más razón!

Sin embargo, sea que leas con la familia o en un estudio bíblico, con jóvenes o personas mayores, mujeres o jovencitas, en el pasaje de hoy aprendemos varias sugerencias de cómo leer con niños, nuevos creyentes y no tan nuevos. En primer lugar, es importante leer juntos. La lectura bíblica no debe ser solo una práctica individual. Segundo, lee en voz alta. La lectura en voz alta provee muchos beneficios y es una manera de unir a las personas.

Tercero, lee y pausa. Explica con claridad el significado de lo que se lee para que todos entiendan el pasaje. Busquen palabras en el diccionario o investiguen el contexto cultural de la época. Hagan conexiones con otras partes de la Biblia y entretejan las historias. Si es necesario, consulten un comentario. Finalmente, invita a los oyentes a la acción.

Algunas veces el resultado de la lectura traerá a flote muchas emociones. Quizá habrá vergüenza o tristeza, alegría o incluso enojo. Las emociones deben fluir, luego encausarse a celebrar porque hemos oído y entendido las palabras de Dios. Como el pueblo de Israel, festejemos que Dios no nos ha olvidado y que el gozo del Señor es nuestra fortaleza.

Señor, quiero leer tu Palabra con otros.

KO

DICIEMBRE 28

Lectura diaria: Nehemías 10, 11

PASOS FIRMES

*Todos los que se habían separado de los pueblos vecinos
para cumplir con la Ley de Dios... se comprometieron,
bajo juramento, a vivir conforme a la Ley que Dios
les había dado por medio de su servidor Moisés.*
(Nehemías 10:28-29, NVI).

La primera novela de J. K. Rowling, autora de la serie de Harry
Potter, fue rechazada por doce editoriales antes de que una la
aceptara. Ahora Rowling ¡ha vendido más de 450 millones de
libros! Algunos escritores famosos no desistieron, aunque recibieron cientos de cartas de rechazo a sus primeros escritos.

Si le preguntamos a la gente qué anhelan en la vida, muchos
dirán: «Quiero ser exitoso". «Quiero ser rico». «Quiero ser famoso». «Quiero ser delgado y musculoso». Pero ¿cuántos están
dispuestos a hacer el esfuerzo para lograr esas metas? ¿Están
dispuestos a estudiar por años y trabajar largas horas, o hacer
docenas de solicitudes, o ir al gimnasio diariamente?

Los israelitas que regresaron del exilio en Babilonia juraron «vivir conforme a la Ley que Dios les había dado por medio de su
servidor Moisés» (Nehemías 10:29, NVI). A continuación, leemos algunos de los mandamientos que se comprometían a guardar, pero implicaba un costo; entre otras cosas, separarse de los
pueblos vecinos para cumplir con la Ley de Dios.

Jesús también nos habló de calcular el costo antes de seguirlo.
Todo lo que vale la pena, a final de cuentas, requiere que digamos
que «no» a algo más. Si acostumbras a fijar metas al llegar al año
nuevo, recuerda que mantenerte firme es esencial para cumplirlas. Aun así, que nuestra principal meta para el siguiente año sea
conocer cada día más a nuestro Dios y ser más como Jesús.

Señor, quiero tomar pasos firmes para avanzar, siempre de tu mano.

MH

DICIEMBRE 29

Lectura Diaria: Nehemías 12, 13

RECUÉRDAME

Recuerda esta obra, oh, Dios mío, y no olvides todo lo que
he hecho por el templo de mi Dios y sus servicios.
(Nehemías 13:14, NTV)

En mi país hubo un comercial, hace muchos años, de un pequeño ganso que pedía al público: «Recuérdame». Curiosamente, esta es la palabra que Nehemías repite más veces en sus oraciones. Siete veces le pide a Dios que recuerde algo, ya sea sus promesas o las mismas acciones de Nehemías.

Quizá cuando leemos sus oraciones nos parecen un tanto altivas o incorrectas. Por supuesto que Dios recuerda lo que hacemos por Él y jamás olvida. ¡Es Dios! ¿Qué pasa con la teología de Nehemías? ¿Acaso no tiene fe? ¿Se ha dejado confundir por las prácticas de Persia y Babilonia? Lo cierto es que en los trece capítulos de este libro Dios no lo reprende por pedir que recuerde algo.

De hecho, el libro termina con esta frase: «Recuerda esto a mi favor, oh, Dios mío» (Nehemías 13:31, NTV). Al ir cerrando un año, quizá tengamos ganas de orar como Nehemías y enumerar las cosas que hemos hecho por amor a Dios. Tal vez nos den ganas de recordar las promesas y clamarlas para nuestras familias y seres queridos. No tengamos miedo de abrir nuestros corazones ante Dios y hablar con sinceridad.

Sin embargo, quizá debamos mirar las cosas también desde el punto de vista de Dios. ¿Y si lo recordamos a Él? ¿Si enlistamos todo lo que Él hizo este año a nuestro favor? ¿Si dedicamos más tiempo a dar gracias que a pedir? Sí, todas queremos que nos recuerden, pero no olvidemos que el Señor también quiere que le recordemos.

Señor, gracias por este año.

KO

DICIEMBRE 30

Lectura diaria: Malaquías 1, 2

UNIÓN PERFECTA

¿Y aún preguntan ustedes por qué? Pues porque el Señor es testigo de que tú has faltado a la promesa que le hiciste a la mujer con quien te casaste cuando eras joven. ¡Era tu compañera, y tú le prometiste fidelidad!
(Malaquías 2:14, DHH)

Cuando fue capturado Salvatore Lo Piccolo, el jefe de jefes de la mafia siciliana, incautaron entre sus pertenencias un documento con «los diez mandamientos» para pertenecer a la «familia». Dos «mandamientos» en especial llaman la atención. No debían desear la mujer de su prójimo ni traicionar a la esposa. Ellos podían robar, matar o traficar droga, pero no podían ser infieles porque, ¿cómo se podía confiar en aquel que había engañado a la persona que duerme con él? El código de honor de un creyente en la Biblia es mucho más alto.

Somos fieles a nuestros cónyuges porque amamos a aquel que murió por nosotros. El matrimonio representa la unión profunda que existe entre las Tres Personas de la Trinidad. Es por eso por lo que en este versículo Dios enfrenta a los desleales con sus esposas. El matrimonio no solo representa la unión entre la Trinidad, sino la unión entre el Señor Jesús y su iglesia. Dios odia el adulterio y el divorcio por igual.

Cuando buscamos una pareja, es necesario que sea alguien que tenga este mismo compromiso delante de Dios y que esté dispuesto a trabajar el resto de su vida para que siempre la unión guarde su profundo significado. Y cuando ya estamos en una relación matrimonial, luchemos con todo por mantenernos unidos y amarnos con fidelidad hasta que la muerte nos separe.

Señor, que mi matrimonio represente la perfecta unión de Cristo y la iglesia.

YF

Diciembre 31

La promesa

*He aquí, yo os envío el profeta Elías, antes que venga
el día de Jehová, grande y terrible.*
(Malaquías 4:6, RVR60)

Hoy concluye un año más y quizá como los judíos del tiempo de Malaquías, solo vemos oscuridad alrededor. La crisis económica empeora, las relaciones familiares se complican y la moralidad en la sociedad decae todavía más. Pero leamos con atención los últimos versículos del Antiguo Testamento.

«Tomen en cuenta que, antes de que llegue el día grande y terrible del Señor, yo les enviaré al profeta Elías. Y él hará que el corazón de los padres se vuelva hacia los hijos y que el corazón de los hijos se vuelva hacia los padres, para que yo no venga a destruir la tierra por completo» (v. 5, 6 RVC).

Los israelitas se encaminaban irremediablemente hacia la destrucción, pero Malaquías profetizó la llegada de buenas noticias. Cuatrocientos años después, el evangelio de Marcos uniría esta promesa con el ministerio de Juan el Bautista quien preparó el camino para la llegada de Jesús, el Mesías. Y como se anunció, Jesús vino a salvar al mundo de sus pecados.

Hoy aguardamos la segunda venida de Cristo, una en la que también habrá juicio, pero nuevamente, un remanente volverá sus corazones a Dios. ¿Cuánto falta? ¿Cuatrocientos años? ¿O siglos? No lo sabemos. Pero el Dios que prometió que el mensajero del Señor vendría, es el mismo que nos ha dicho que Jesús volverá. Es el mismo Dios que dijo: «Porque yo Jehová no cambio» (Malaquías 3:6, RVR60) y: «Ciertamente vengo en breve» (Apocalipsis 22:20, RVR60). Nosotros digamos: «Sí, ven, señor Jesús».

*En tanto espero tu segunda venida, Señor, que tu gracia sea conmigo
todos los días.*

KO

SOBRE LAS AUTORAS

KEILA OCHOA HARRIS es una escritora prolífica con más de veinticinco libros publicados. Su gran pasión es escribir novelas, pero también desea compartir las verdades de Dios con mujeres de todo el mundo. Ama enseñar la Palabra de Dios y aprender cada día más de ella. Casada con Abraham y madre de dos hijos, radica en el norte de México.

MARJORY (MARGIE) HORD DE MÉNDEZ es antropóloga y lingüista, graduada de la Universidad de Américas de Puebla. Ha enseñado inglés, lingüística y traducción a nivel universitario. Es autora del libro *Visión 60/60: Vida en plenitud después de los 60 años*. Es viuda, mamá de Esteban y Linda y abuela de siete nietos. Durante la pandemia caminaba por lo menos 6 mil pasos al día.

MAYRA GRIS es coautora de *Un año con Dios* y cofundadora de Insight Gospel Community. Ha estado casada por más de 30 años con Guillermo Luna. Le gusta pasar tiempo en familia junto a sus hijas Danna, Alisson y su yerno Brandon. Sus gatos Mazapán y Shiro son considerados parte de la familia. Vive en León, Guanajuato, en México.

YURI FLORES es una maestra a punto de jubilarse. Es colíder de la reunión femenil e instructora de chicas adolescentes en un discipulado de la Iglesia Cristiana Eben-ezer de la ciudad de Puebla, México. Además, fue integrante de la Estudiantina Eben-ezer. Hermana de tres mujeres y tres hombres, tía de once sobrinos y nueve sobrinos nietos, los ama con todo el corazón. Viajar es su pasión, así como conocer más al Señor.